모두를 위한
칼리 & 아르니스 (Kali & Arnis) Ⅱ
전술무기 운용편

Kali & Arnis for everyone Ⅱ
Tactical Weapon Application

PROLOGUE

모두를 위한 '칼리 & 아르니스(Kali & Arnis) Ⅱ 전술무기 운용편을 시작하면서...
모두를 위한 '칼리 & 아르니스(Kali & Arnis) 교본 서적이 출판 된지가 4년이란 세월이 흘렀습니다. 4년이란 시간동안 많은분 들에 관심과 성원을 받아 먼저 감사드립니다.

2018년 모두를 위한 '칼리 & 아르니스(Kali & Arnis) Ⅱ 전술무기 운용편을 제작하고 집필하게 된 동기는 하루가 멀다고 발생하는 강력사건에 피해를 조금이나마 줄일 수 있고 자신의 생명 더 나아가 사랑하는 이들을 지킬 수 있도록 보탬이 될 수 있는 서적을 만들고자 하는 열정이 이번 교재를 집필하게 된 동기가 되었습니다.
기존의 자기방어 무술로는 지금의 흉악해진 흉기범죄에 대응하기란 어려움이 많은 것이 현실입니다.
우리가 소위 말하는 자기방어란 불특정 다수의 사람이 위해를 가하려 할 때 자기자신을 방어하는 행위 및 행동을 자기방어라고 이야기 합니다.
현대 사회에서의 자기방어 라는 단어와 행위는 매우 중요한 부분을 차지 하고 있습니다
그만큼 현대사회의 흉폭해지는 범죄가 그져 주변에 남의 일이 아니라 자기 자신에게 돌아올 수 있기 때문입니다.
그럼 자기 방어 즉 자신과 사랑하는 사람을 지켜야 할 때 꼭 필요한 운동 즉 무술은 어떤 형태 여야만 하는가 라는 궁금증이 생깁니다.
우리가 사는 현대사회는 무술의 홍수시대입니다. 그만큼 선택할 수 있는 여러나라의 무술들이 많습니다.
우리가 통상적으로 알고 있는 무술에서 자기방어 기술이 정말 실전에서 통용될 수 있는가?
그런 기술들이 실전에서 통용 되려면 어떠한 수련을 해야 하는가 등등 의구점이 드는게 사실입니다. 무술들과 기술들은 인터넷 상이나 여러 미디어에서 접할 때 누구나 생각하는 사항입니다.
그리고 중요한건 나를 해치려는 상대와 내가 대등 한 관계가 아니고 상대가 나보다 우월한 신체조건과 나를 공격 할 수 있는 흉기나 도구를 들었을 때 여성이 남성과 대적했을 시 최악의 조건에서 정말 자신을 지킬 수 있는 행위를 할 수 있는가라는 부분이 제일 중요 합니다.

예를 들어 교리 에 맞지 않는 비이상적인 흉기 방어 기술을 실전에서 사용 했을 때 나자신에게 치명적인 데미지를 입힐 수 있으며 그로 인해 위험한 상황에 빠트릴 수 있습니다.
차라리 이런 위험한 상황에서는 상대를 흥분 시키지 말고 침착하게 행동하고 그 자리에서 벗어나 주위 사람들에게 도움을 청하는 편이 더욱더 현명한 방법입니다.
그럼 자기자신을 지킬 수 있는 실용적인 무술의 기준은 무엇인가?
앞에서 이야기한 상황에서 자기자신을 보호할 수 있고 그러한 상황을 슬기롭게 벗어날 수 있는
자기방어 시스템은 무엇인가에 대해 이야기 한다면
첫번째로 힘이나 완력이 아닌 교리에 맞는 기술로써 자기방어를 할 수 있는 시스템을 갖추고 있는가
두번째로 극한 실전 상황에서 주변사물 등을 이용하여 자기방어를 할 수 있는 시스템을 갖추고 있는가
세번째로 이러한 길거리 싸움인 스트리트 파이팅에 적합한 기술 시스템을 갖추고 있는가 라는 부분에서 자기방어에 최적인 무술이라고 보고 있습니다.
네번째로 누구나 손 쉽게 배울 수 있는 기술 시스템을 갖추고 있는가
예를 들어 여성이 남성에게 위해를 당했을 때 맨손으로 남성을 상대한다는 것은 매우 힘든
상황입니다. 이러한 부분을 극복하기 위해서 가지고 있는 소지품이나 주변 사물을 이용해
위험한 상황에서 벗어나야만 합니다.

남성을 힘으로 상대한다는 것은 거의 불가능 합니다.
이러한 기술 시스템을 갖추고 있는 여러 무술들이 존재하지만 최적으로 볼 수 있는 자기방어 시스템을 전파하는게 한국아르니스 협회의 목표 입니다.
모두를 위한 '칼리 & 아르니스(Kali & Arnis) Ⅱ 전술무기 운용편에서는 삼단봉 락킹 제압술, 나이프 디펜스 제압술, 톤파 락킹 제압술로 크게 3가지 챕터로 나누어져 있고 실제상황에서 사용할 수 있는 실질적인 기술로 이루어져있으며 실전에 도움이 않되는 기술, 동작은 완전히 배제 하여 집필 하였습니다.
교재 제목과 같이 전술무기 운용과 상대방을 완전히 제압하는 기술로 수록 되어있는 것이 특징입니다. 잔재주나 잔기술이 아닌 실전에서 강력하게 사용 될 수 있는 동작과 기술을 최대한 수록 하여 집필 하였습니다.
수십년에 무술적 노하우를 이교재 한권에 담을 수는 없지만 실제 상황에서 조금이나마 보탬이 될수 있었으면 합니다. 또한 (사) 한국아르니스 협회장인 본 저자는 대한민국에 칼리&아르니스 대중화를 위해 끝없이 정진하고 있으며 대한민국 칼리&아르니스 단체 중 유일하게 사단법인을 설립 하였으며 동아시아에서 칼리 아르니스 메이져 단체 라푼티 그룹의 유일한 시니어 마스터 WEKF (세계 칼리아르니스, 에스크리마 연맹) 부위원장을 역임하고 있으며 군부대 근접격투 기술자문 및 여러 무술 단체들과도 상호교류하고 있습니다.

무도인이 갖추어야 할 덕목으로 끝없는 정진과 겸허한 마음과 멀리해야 할 부분인 자만과 오만 이런 심념을 가슴속에 항상 새기며 한국 아르니스 협회는 앞으로 나아가고 있으며 또한 국가와 국민을 위해 보탬이 될 수 있는 무술, 무도 단체가 되기위해 꾸준히 정진 하고 있습니다.

남녀노소 모든 분들이 칼리 아르니스를 쉽게 접하고 이해하며 즐겁게 수련하고 행복하기를 바라는 마음으로 제목처럼 "모두를 위한 실전 칼리&아르니스Ⅱ" 가 되길 진심으로 기원합니다.

또한 제가 이 자리에 있기까지 저에게 도움과 사랑을 주신 존경하는
Balintawak Eskrima
GM Nicomedes Elizar, Master Norman Cabriana Elizar

Lapunti Arnis De Abanico International
GM Danilo Jorquia ,GM Tyke Abella,Gm Jun Igpit

LAPUNTI-NARAAS PHILIPPINES-Native Arnis de Retirada Antonio Alingasa Style
SGM Antonio Alingasa Sr, GM Enerio Ocariza

Doce Pares SGM diony canete odl

마지막으로 고인이 되신 저의 스승이시고 아버지이신 최고의 파이터 SGM Ondo Caburnay님께 감사와 존경을 표합니다.
감사합니다. GUTS!!

2018년 7월 28일
(사)한국 아르니스 협회 회장 전 성 용

Beginning the Kali & Arnis II Tactical Weapon Operations ….
It has been four years since the book "Kali & Arnis" was published. I would like to thank first and foremost for your interest and encouragement over the period.
In 2018, the motivation for creating and writing "the Kali & Arnis II tactical weapon operation" is to reduce the damage to violent incidents in recent. I would furthermore contribute to help them keep their lovers, kids, and families safe through this book.

With the existing self-defense martial arts, it is challenging to cope with the present A brutal crimes with the murder weapon.
Self-defenses, what we call, is an act of defending oneself when an unspecified number of people try to harm. The word and act of self-defense in modern society is a very important as the widespread crime in the modern society can be returned to oneself rather than others.

So when you have to defend yourself and your loved ones, you have to ask yourself what type of martial art should be valid.
The modern society we live in is full of information in martial arts. There are a lot of martial arts from various countries.
Could the self-defense skills be practical, that we normally know? It is questionable how such techniques need to be practiced to be used in practical situation. Whenever we come across on the Internet or in various media about martial arts and skills, those questions always rise up. The important thing is if I'm able to protect myself when I face the worst scenario in which I am not equal to my opponent, for examples, my opponent has a better physical body condition than me, or a weapon capable of attacking me and a tool to strike me.
For example, if you use a non-ideal defense technique toward a deadly weapon, which is against the doctrine, it could cause fatal damage to yourself, leading you into a dangerous situation. It might be a wiser way to act calmly and get out of the place to get help rather than excite your opponent in such a perilous situation.
So what is standard for a practical martial art that can make you defend yourself? There is a consideration in self-defense systems that you can protect yourself in the situation

First, do you have a system that can self-defend as a skill in doctrine, not as a force?

Second, do you have a system that allows you to self-defend yourself by using nearby objects in extreme situations?

Thirdly, would the self-defense system fit to the unexpected and sudden situation such as street fighting?

Fourth, do you have a technical system that everyone can learn easily? For example, when a man injures a woman, it is challenging to cope with the situation. To overcome this problem, we use the belongings you have to get out of dangerous situations.

It is almost impossible to deal with men by force. Although many martial arts equipped with these technical systems, the goal of the Korean Arunis Association is to spread the self-defense system efficiently and effectively.

The Kali & Arnis II Tactical Weapon Operation is divided into three chapters: Saddle Locking Overpressure, Knife Defense Suppression, and Tone Paw Locking. We describe the useful technology in a practical situation, and I completely excluded the skill and motion that does not help in the real situation,

It is characterized by a tactical weapon operation as well as a textbook title and a technique that completely suppresses the opponent. I have written as much as possible the actions and procedures that can be used actively in the real world.

I cannot put all decades of my martial arts know-how into this book, but I hope this book helps keep your safety in real situations. Also, I am, as president of the Korean Arnis Association, endlessly devoting to the popularization of Kali & Arnis in Korea. Our association is the only one of the Korean Kali & Arnis organizations in Korea. In East Asia, I serve as the sole senior master vice-president of WEKF (World Kali, Arnis, Eskrima Federation), the militarized close combat technical advisors and interact with various martial arts organizations.

With the virtues that the martial artist should have, endless devotion and humble heart are always engraved in my heart to avoid arrogance and conceit. The Korean Arunis Association is moving forward to contribute to the nation and public people.

I would like to sincerely hope that everyone, both young and old, will be able to understand and happily practice Kali &Arnis easily.

I also much appreciate those who help, support and love me until I am here.

Balintawak Eskrima
GM Nicomedes Elizar, Master Norman Cabriana Elizar

Lapunti Arnis De Abanico International
GM Danilo Jorquia ,GM Tyke Abella,Gm Jun Igpit

LAPUNTI-NARAAS PHILIPPINES-Native Arnis de Retirada Antonio Alingasa Style
SGM Antonio Alingasa Sr, GM Enerio Ocariza

Doce Pares SGM diony canete odl

Finally, express my appreciation and admiration to my dear teacher and my father, the best fighter, SGM Ondo Caburnay who already passed away.

GUTS!!
Thank you

July 28, 2018
President of KOREA ARNIS ASSOCIATION
Sung Yong Chun

PROLOGUE

　본 서적 〈모두를 위한 '칼리 & 아르니스'(Kali & Arnis) Ⅱ 전술무기 운용편〉은 본 저자가 전성용 사범님을 비롯한 많은 사범님들과 다년간 무술을 배우고 가르치면서 느끼고 깨달은 바를 바탕으로 돌발적으로,

　때로는 업무적으로 벌어질 수 있는 다양한 위협적인 상황들에서 자신과 주변 사람들을 효율적으로 지키기 위한 기법들을 설명하기 위한 오랜 고민의 결과물입니다.

　효율적으로 설계된 여러 기법들은 복잡한 현대 사회에서 우리들이 만나게 되는 각종 흉기 범죄 등과 혹은 군인, 경찰, 보안요원 들과 같이 타인을 지키기 위해 자신을 희생하는 분들이 만나게 될 위험상황에서

　다양한 전술 무기를 이용하여 안전하게 벗어나거나 통제하기 위한 방법을 제시합니다.

　더불어 여성, 아동, 노약자 등 신체적 약자들이 여러 범죄에 노출됐을 때 전술 무기를 이용하여 자신의 신체적 약점을 보완하고 상황을 안전하게 제어하는 데 사용될 것입니다.

　요즘 우리가 만나게 되는 적대적인 상대들은 흉기를 사용하는 경우가 늘어나고 있습니다. 이런 흉기 범죄와 사건에 적극적으로 대응하고자 한다면 본 서적에 담은 전술무기 응용은 필수라 볼 수 있습니다.

　대한민국은 정당방위를 위한 전술무기 사용을 소극적으로 인정하는 분위기로 개인의 전술 무기 사용에 논란이 있으며 상대를 자극할 수 있다는 의견도 있습니다.

　하지만 자기방어의 중요한 기법 중 하나는 상대방의 공격 의지를 뺏는 것입니다.

　흉기를 든 상대는 흉기를 소지하는 것만으로도 공격 의지가 높아집니다.

　만약 흉기를 든 상대로부터 피할 수 없는 급박한 상황이라면 주변 사물 또는 자신이 소지하고 있는 전술무기들을 최대한 적극적으로 활용함으로써 상대의 공격 의지를 꺾고 실수를 유발해 방어자가 다양한 전략을 구사하는 것이 가능해질 것입니다.

　본 교재가 주로 다루고 있는 자기방어 마지막 단계인 '제압'은 자신을 제어하고 상대방을 압도하며, 상황에 맞게 행동할 수 있는 용기를 갖추는 것이 핵심입니다.

　위의 핵심적인 단계는 반복된 육체적 수련을 통해서 자신을 제어하는 법을 배우고,
　자신의 의지를 빠르고 명확하게 전달하는 훈련으로 상대방을 압도하게 되고,
　여러 두려움의 요소들을 제거함으로써 행동할 수 있는 용기를 갖출 수 있습니다.
　여기에 전술무기의 적절한 응용 기법들을 더하면 '제압'의 효율을 크게 높이게 될 것입니다.

　본 교재를 집필함에 있어 이러한 필요와 목적을 기준으로 최대한 쉽게 이해하고 수련할 수 있도록 노력하였습니다.

　끝으로
　공동 집필의 기회를 주신 한국아르니스협회 전성용회장님과 혜성출판사 김상일대표님,
　훌륭한 가르침을 주신 관장님과 총사범님,
　여러 아르니스 그룹의 SGM, GM분들
　함께 수련하는 수련 동료들
　항상 응원해주는 사랑하는 가족들,

　그리고 본 서적에 관심을 가져주신 독자분들께 감사의 말씀 전합니다.

2018년 7월 28일
(사)한국 아르니스 협회 기술위원장 임 진 욱

CONTENTS

▶ 머리말 (Preface) 002

Chapter 1 삼단봉을 이용한 교전 테크닉 (Combat techniques of using the tactical baton)

01. Professional Skill 맨손 공격시 삼단봉 방어 교전 테크닉 (락킹 제압술)
Defensive techniques of the tactical baton against the unarmed attack (Locking Suppression)

Technique 01	상대방이 오른손 상단 공격할때 (암 홀드 락 / arm hold lock) 012
Option 01	상대방이 오른손 상단 공격할때 (그라운드 응용동작 / Ground Application) 014
Technique 02	상대방이 오른손 상단 공격할때 (암 사이드 락 / arm side lock) 016
Technique 03	상대방이 왼손 상단 공격할때 (리어 초크 락 / rear choke lock) 018
Technique 04	상대방이 왼손 상단 공격할때 (암 사이드 락 / arm side lock) 020
Technique 05	상대방이 오른손 중단 좌측면 공격할때 (바이크 홀드 락 / bike hold lock) 022
Technique 06	상대방이 왼손 중단 우측면 공격할때 (바이크 홀드 락 / bike hold lock) 024
Technique 07	상대방이 오른손 중단 직선 공격할때 (길로틴 초크 락 /guillotine choke lock) 026
Technique 08	상대방이 상단 왼손 오른손 공격할때 (숄더 홀딩 락 / shoulder holding lock) 028
Technique 09	상대방이 상단 왼손 오른손 공격할때 (엘보우 홀딩 락 / elbow holding lock) 030
Technique 10	상대방이 상단 왼손 오른손 공격할때 (레그 크로스 락 / leg cross lock) 032
Technique 11	상대방이 상단 오른손 왼손 공격할때 (암 홀딩 락 / arm holding lock) 034
Technique 12	상대방이 상단 오른손 왼손 공격할때 (엘보우 인사이드 락 / elbow inside lock) ... 036
Technique 13	상대방이 상단 오른손 왼손 공격할때 (니 조인트 락 / knee joint lock) 038
Technique 14	상대방이 테클 공격할때 (바이크 홀드 락 / bike hold lock) 040
Technique 15	상대방이 테클 공격할때 (길로틴 초크 락 / guillotine choke lock) 042

02. Professional Skill 맨손 공격시 맨손 방어 락킹 응용 기술
The locking skill of unarmed defense against the unarmed attack

Technique 01	상대방이 상단 왼손 오른손 공격할때 044
Technique 02	상대방이 왼손 상단 오른손 중단 공격할때 046
Technique 03	상대방이 왼손 상단 오른손 좌측면 중단 공격할때 048

03. Professional Skill 맨손공격시 넥타이 , 버클 , 로프를 이용한 방어 락킹 응용 기술
Application for the necktie, buckle, rope against the unarmed attack

Technique 01	상대방이 상단 왼손 오른손 공격할때 050
Technique 02	상대방이 상단 왼손 오른손 공격할때 052
Technique 03	상대방이 상단 오른손 왼손 공격할때 054
Technique 04	상대방이 상단 오른손 왼손 공격할때 056
Technique 05	상대방이 상단 오른손 왼손 우측면 중단 공격할때 058
Technique 06	상대방이 오른손 상단 왼손 우측면 중단 공격할때 060

04. Professional Skill 나이프 공격시 삼단봉 방어 교전 테크닉 (락킹 제압술)
Defense techniques of the tactical baton against the knife attack (Locking restriction skill)

Technique 01	상대방이 왼쪽 목을 향해 공격할때 (포워드 나이프 그립) 062
Technique 02	상대방이 오른쪽 목을 향해 공격할때 (포워드 나이프 그립) 064
Technique 03	상대방이 왼쪽 옆구리를 향해 공격할때 (포워드 나이프 그립) 066
Technique 04	상대방이 오른쪽 옆구리를 향해 공격할때 (포워드 나이프 그립) 068
Option 01	상대방이 오른쪽 옆구리를 향해 공격할때 (응용동작 / Application) 070
Technique 05	상대방이 중앙 복부를 향해 공격할때 (포워드 나이프 그립) 072
Option 01	상대방이 중앙 복부를 향해 공격할때 (응용동작 / Application) 074
Technique 06	상대방이 목 정면을 향해 공격할때 (포워드 나이프 그립) 076
Option 01	상대방이 목 정면을 향해 공격할때 (아웃사이드 방어 / Outside Defense) 078
Option 02	상대방이 목 정면을 향해 공격할때 (인사이드 방어 / Inside Defense) 080
Option 03	상대방이 목 정면을 향해 공격할때 (인사이드 방어 그라운드 응용동작 / Inside Defense Ground Application) 083
Option 04	상대방이 목 정면을 향해 공격할때 (인사이드 방어 응용동작 / Inside Defense Application) 084

05. Professional Skill 나이프 공격시 삼단봉 아바니코 (팬스트라이크) 기술 교전 테크닉 (락킹 제압술)
The Abanico skill against the knife attack (Locking suppression)

Technique 01	상대방이 왼쪽 목을 향해 공격할때 (리버스 나이프 그립)	086
Technique 02	상대방이 오른쪽 목을 향해 공격할때 (리버스 나이프 그립)	088
Technique 03	상대방이 왼쪽 옆구리를 향해 공격할때 (리버스 나이프 그립)	090
Technique 04	상대방이 오른쪽 옆구리를 향해 공격할때 (리버스 나이프 그립)	092
Technique 05	상대방이 중앙 복부를 향해 공격할때 (포워드 나이프 그립)	094
Option 01	상대방이 중앙 복부를 향해 공격할때 (그라운드 응용동작 / Ground Application)	095
Option 02	상대방이 중앙 복부를 향해 공격할때 (응용동작 / Application)	096
Option 03	상대방이 중앙 복부를 향해 공격할때 (응용동작 / Application)	098
Technique 06	상대방이 목 정면을 향해 공격할때 (포워드 나이프 그립)	100
Option 01	상대방이 목 정면을 향해 공격할때 (응용동작 / Application)	102

06. Professional Skill 쇠파이프 및 무성무기 공격시 삼단봉 방어 교전 테크닉 (락킹 제압술)
Defense techniques of the tactical baton against the pipe or soundless weapons attack (Locking suppression)

Technique 01	상대방이 왼쪽 머리를 향해 공격할때	104
Option 01	상대방이 왼쪽 머리를 향해 공격할때 (응용동작 / Application)	106
Technique 02	상대방이 오른쪽 머리를 향해 공격할때	108
Technique 03	상대방이 왼쪽 옆구리를 향해 공격할때	110
Technique 04	상대방이 오른쪽 옆구리를 향해 공격할때	112
Technique 05	상대방이 얼굴 정면을 향해 공격할때	114
Option 01	상대방이 얼굴 정면을 향해 공격할때 (응용동작 / Application)	116

Chapter 2 나이프 디펜스 테크닉 (Defense Techniques for knife attack)

01. Professional Skill 나이프 디펜스 동작 메카니즘 테크닉
Mechanism of defense posture against the knife attack

Technique 01	원핸드 블락 설명 타점 설명	120
Technique 02	투 핸드 블락 설명 타점 설명	121
Technique 03	투 핸드 엑스블락 설명 타점 설명	121
Technique 04	투 핸드 펀치 블락 설명 타점 설명	122
Technique 05	투 핸드 블락 홀딩 설명 타점 설명	122

02. Professional Skill 왼손 (오른손) 공격 후 나이프 공격시 나이프 방어 동작 메카니즘 테크닉
The defense mechanism when attacking with a knife as opponent pushes with a hand

Technique 01	상대방이 왼쪽 목을 향해 공격할때	123
Option 01	상대방이 왼쪽 목을 향해 공격할때 (엑스블락 홀딩 / X Black Hold)	124
Technique 02	상대방이 왼쪽 옆구리를 향해 공격할때	125
Technique 03	상대방이 중앙 복부를 향해 공격할때	125
Technique 04	상대방이 목 정면을 향해 공격할때	126
Option 01	상대방이 목 정면을 향해 공격할때 (아웃사이드 / Outside)	127

03. Professional Skill 나이프 공격시 맨손 디펜스 어택 및 썬더볼트 테크닉
Unarmed Defense, Attack, and Thunderbolt Technique against a knife attack

Technique 01	상대방이 왼쪽 목을 향해 공격할때 (리버스 나이프 그립)	128
Technique 02	상대방이 오른쪽 목을 향해 공격할때 (리버스 나이프 그립)	130
Technique 03	상대방이 왼쪽 옆구리를 향해 공격할때 (리버스 나이프 그립)	132
Technique 04	상대방이 중앙 복부를 향해 공격할때 (포워드 나이프 그립)	134
Technique 05	상대방이 왼쪽 목을 향해 공격할때 (포워드 나이프 그립)	134
Technique 06	상대방이 오른쪽 목을 향해 공격할때 (포워드 나이프 그립)	135

| Technique 07 | 상대방이 목 정면을 향해 공격할때 (포워드 나이프 그립) | 136 |

04. Professional Skill 나이프 공격시 디스암 (무장해제) 및 락킹을 이용한 방어 테크닉
Defense techniques using disarm or locking against a knife attack

Technique 01	상대방이 왼쪽 목을 향해 공격할때 (리버스 나이프 그립)	138
Option 01	상대방이 왼쪽 목을 향해 공격할때 (리버스 나이프 그립) (응용동작 / Application)	140
Option 02	상대방이 왼쪽 목을 향해 공격할때 (리버스 나이프 그립) (응용동작 / Application)	142
Option 03	상대방이 왼쪽 목을 향해 공격할때 (리버스 나이프 그립) (응용동작 / Application)	144
Technique 02	상대방이 오른쪽 목을 향해 공격할때 (리버스 나이프 그립)	146
Option 01	상대방이 오른쪽 목을 향해 공격할때 (리버스 나이프 그립) (응용동작 / Application)	148
Option 02	상대방이 오른쪽 목을 향해 공격할때 (리버스 나이프 그립) (응용동작 / Application)	150
Technique 03	상대방이 왼쪽 옆구리를 향해 공격할때 (포워드 나이프 그립)	152
Technique 04	상대방이 오른쪽 옆구리를 향해 공격할때 (리버스 나이프 그립)	154
Technique 05	상대방이 중앙 복부를 향해 공격할때 (포워드 나이프 그립)	156
Technique 06	상대방이 목 정면을 향해 공격할때 (포워드 나이프 그립)	158
Option 01	상대방이 목 정면을 향해 공격할때 (포워드 나이프 그립) (인사이드 / Inside)	160

05. Professional Skill 나이프 공격시 암드로우 어플리케이션을 이용한 방어 테크닉
Defense techniques using arm draw application against a knife attack

Technique 01	상대방이 왼쪽 목을 향해 공격할때 (리버스 나이프 그립)	162
Technique 02	상대방이 오른쪽 목을 향해 공격할때 (리버스 나이프 그립)	164
Technique 03	상대방이 왼쪽 옆구리를 향해 공격할때 (리버스 나이프 그립)	166
Option 01	상대방이 왼쪽 옆구리를 향해 공격할때 (리버스 나이프 그립) (응용동작 / Application)	168
Technique 04	상대방이 오른쪽 옆구리를 향해 공격할때 (리버스 나이프 그립)	170
Technique 05	상대방이 중앙 복부를 향해 공격할때 (포워드 나이프 그립)	172
Option 01	상대방이 중앙 복부를 향해 공격할때 (포워드 나이프 그립) (응용동작 / Application)	174
Technique 06	상대방이 목 정면을 향해 공격할때 (포워드 나이프 그립)	176
Option 01	상대방이 목 정면을 향해 공격할때 (포워드 나이프 그립) (응용동작 / Application)	178

06. Professional Skill 나이프 공격시 홀딩 어택 어플리케이션을 이용한 방어 테크닉 (군용버젼)
Defense techniques using a holding-attack against a knife attack (Military Version)

Technique 01	상대방이 왼쪽 목을 향해 공격할때 (포워드 나이프 그립)	180
Option 01	상대방이 왼쪽 목을 향해 공격할때 (포워드 나이프 그립) (응용동작 / Application)	182
Option 02	상대방이 왼쪽 목을 향해 공격할때 (포워드 나이프 그립) (응용동작 / Application)	184
Technique 02	상대방이 오른쪽 목을 향해 공격할때 (포워드 나이프 그립)	186
Technique 03	상대방이 왼쪽 옆구리를 향해 공격할때 (포워드 나이프 그립)	188
Technique 04	상대방이 오른쪽 옆구리를 향해 공격할때 (포워드 나이프 그립)	190
Technique 05	상대방이 중앙 복부를 향해 공격할때 (포워드 나이프 그립)	192
Technique 06	상대방이 목 정면을 향해 공격할때 (포워드 나이프 그립)	194
Option 06	상대방이 목 정면을 향해 공격할때 (포워드 나이프 그립) (인사이드 응용동작 / Inside Application)	196

07. Professional Skill 나이프 공격시 더블 암락 어플리케이션을 이용한 방어 테크닉
Defense techniques using double arm-lock application against a knife attack

Technique 01	상대방이 왼쪽 목을 향해 공격할때 (리버스 나이프 그립)	198
Option 01	상대방이 왼쪽 목을 향해 공격할때 (리버스 나이프 그립) (응용동작 / Application)	200
Technique 02	상대방이 오른쪽 목을 향해 공격할때 (리버스 나이프 그립)	202
Option 01	상대방이 오른쪽 목을 향해 공격할때 (리버스 나이프 그립) (응용동작 / Application)	204
Technique 03	상대방이 왼쪽 옆구리를 향해 공격할때 (리버스 나이프 그립)	206
Option 01	상대방이 왼쪽 옆구리를 향해 공격할때 (리버스 나이프 그립) (응용동작 / Application)	208
Technique 04	상대방이 오른쪽 옆구리를 향해 공격할때 (리버스 나이프 그립)	210
Technique 05	상대방이 중앙 복부를 향해 공격할때 (포워드 나이프 그립)	212
Option 01	상대방이 중앙 복부를 향해 공격할때 (포워드 나이프 그립) (응용동작 / Application)	214
Technique 06	상대방이 목 정면을 향해 공격할때 (포워드 나이프 그립)	216
Option 01	상대방이 목 정면을 향해 공격할때 (포워드 나이프 그립) (응용동작 / Application)	218

08. Professional Skill 그라운드 나이프 공격시 방어동작 메커니즘
The mechanism of defense posture against a ground knife attack

- **Technique 01** 원핸드 페리 블락 ··· 220
- **Technique 02** 투핸드 인사이드 타피 블락 ·· 222
- **Technique 03** 투핸드 아웃사이드 엘보우 블락 ·· 224

09. Professional Skill 그라운드 나이프 공격시 디펜스 테크닉
Defense techniques against a ground knife attack

- **Technique 01** 상대방이 하프 스텐딩 할때 나이프 공격 디펜스 테크닉 ·················· 226
- **Technique 02** 상대방이 하프 마운트 할때 나이프 공격 디펜스 테크닉 ·················· 228
- **Option 01** 상대방이 하프 마운트 할때 나이프 공격 디펜스 테크닉 (응용동작 / Application) ······ 230
- **Technique 03** 상대방이 풀 마운트 할때 나이프 공격 디펜스 테크닉 ······················· 232

10. Professional Skill 나이프 파이팅 교전시 락킹 테크닉
locking techniques under the Knife Fighting

- **Technique 01** 상대방이 왼쪽 목을 향해 공격할때 (리버스 나이프 그립) ·············· 234
- **Technique 02** 상대방이 오른쪽 목을 향해 공격할때 (리버스 나이프 그립) ·········· 236
- **Technique 03** 상대방이 왼쪽 옆구리를 향해 공격할때 (리버스 나이프 그립) ······ 238
- **Technique 04** 상대방이 오른쪽 옆구리를 향해 공격할때 (리버스 나이프 그립) ·· 240
- **Technique 05** 상대방이 중앙 복부를 향해 공격할때 (포워드 나이프 그립) ·········· 242
- **Technique 06** 상대방이 목 정면을 향해 공격할때 (포워드 나이프 그립) ·············· 244
- **Option 01** 상대방이 목 정면을 향해 공격할때 (리버스 나이프 그립) (응용동작 / Application) ·· 246

Chapter 3 톤파을 이용한 교전 테크닉 (Combat technique of using Tonfa)

01. Professional Skill 나이프 공격시 톤파 방어 교전 테크닉 (락킹 제압술)
Defense skills using Tonfa against a knife attack (Locking Suppression)

- **Technique 01** 상대방이 왼쪽 목을 향해 공격할때 (리버스 나이프 그립) ·············· 250
- **Technique 02** 상대방이 오른쪽 목을 향해 공격할때 (리버스 나이프 그립) ·········· 252
- **Technique 03** 상대방이 왼쪽 옆구리를 향해 공격할때 (리버스 나이프 그립) ······ 254
- **Technique 04** 상대방이 오른쪽 옆구리를 향해 공격할때 (리버스 나이프 그립) ·· 256
- **Technique 05** 상대방이 중앙 복부를 향해 공격할때 (포워드 나이프 그립) ·········· 258
- **Technique 06** 상대방이 목 정면을 향해 공격할때 (포워드 나이프 그립) ·············· 260
- **Option 01** 상대방이 목 정면을 향해 공격할때 (포워드 나이프 그립) (인사이드 응용동작 / Inside Application) ·· 262

02. Professional Skill 야구배트 및 무성무기 공격시 톤파 방어 교전 테크닉 (락킹 제압술)
Defense skills using tonfa against baseball bat or soundless weapon attack (Locking Suppression)

- **Technique 01** 상대방이 왼쪽 머리를 향해 공격할때 ·· 264
- **Technique 02** 상대방이 오른쪽 머리를 향해 공격할때 ·· 266
- **Option 01** 상대방이 오른쪽 머리를 향해 공격할때 (응용동작 / Application) ···· 268
- **Technique 03** 상대방이 왼쪽 옆구리를 향해 공격할때 ·· 270
- **Technique 04** 상대방이 오른쪽 옆구리를 향해 공격할때 ·· 272
- **Technique 05** 상대방이 얼굴 정면을 향해 공격할때 ·· 274

▶ 전성용 마스터 (profile) ·· 276
▶ Staff (profile) ·· 277

Chapter 1
삼단봉을 이용한 교전 테크닉
Combat techniques of using the tactical baton

맨손 공격시 삼단봉 방어 교전 테크닉 (락킹 제압술)
Defensive techniques of the tactical baton against the unarmed attack (Locking Suppression)

Technique 01 상대방이 오른손 상단 공격할때 (암 홀드 락/ arm hold lock)

01 ▶ 온가드 파이팅 스텐스 (On Guard fighting stance)

02 ▶ 상대방이 오른손으로 상단을 공격한다.

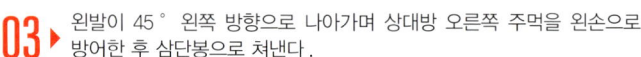

03 ▶ 왼발이 45° 왼쪽 방향으로 나아가며 상대방 오른쪽 주먹을 왼손으로 방어한 후 삼단봉으로 쳐낸다.

(반대편 각도)

04 ▶ 온가드 파이팅 스텐스 (On Guard fighting stance)

05 ▶ 상대방의 주먹을 방어한 후 삼단봉 중간 부분으로 상대방의 목에 걸어준다.

(반대편 각도) 이때 왼손으로 삼단봉 끝부분을 잡아준다.

06 ▶ 상대방의 목을 삼단봉으로 잡아 당긴다.

(반대편 각도)

07 ▶ 삼단봉 손잡이 부분을 왼쪽 겨드랑이 안쪽으로 신속히 넣어 준다.

(반대편 각도)

08 ▶ 왼발이 뒤로 빠지면서 삼단봉을 왼쪽 45° 각도 아래로 잡아 당겨준다.

09 ▶ 삼단봉으로 상대방의 목을 압박해 왼쪽 45° 각도 아래로 강하게 던진다.

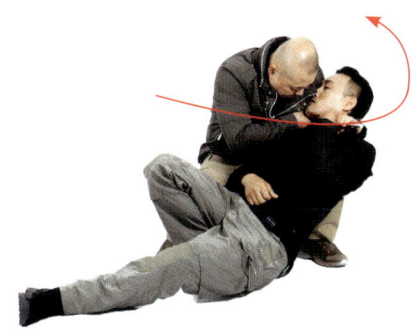

10 ▶ 상대방의 목 (경동맥과 기도 부분) 을 삼단봉으로 조여서 완전히 제압한다.

Techniques 01 — Professional Skill

맨손 공격시 삼단봉 방어 교전 테크닉 (락킹 제압술)
Defensive techniques of the tactical baton against the unarmed attack (Locking Suppression)

Option 01 상대방이 오른손 상단 공격할때 (그라운드 응용동작 / Ground Application)

01 ▶ 온가드 파이팅 스텐스 (On Guard fighting stance)

02 ▶ 상대방이 오른손으로 상단을 공격한다.

03 ▶ 상대방의 주먹을 왼손으로 쳐낸다.

04 ▶ 왼발이 왼쪽 45° 방향으로 나아가며 상대방의 오른쪽 주먹을 왼손으로 방어한 후 스틱으로 쳐낸다.

05 ▶ 방어와 동시에 삼단봉으로 상대방의 목을 걸어준다.

06 ▶ 상대방의 주먹을 방어한 후 삼단봉 중간 부분으로 상대방의 목을 걸어준다. 이때 왼손으로 삼단봉 끝부분을 잡아준다.

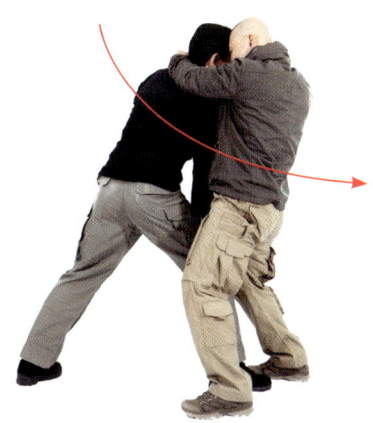

07 ▶ 상대방의 목을 삼단봉으로 잡아 당겨준다.

08 ▶ 삼단봉 손잡이 부분을 왼쪽 겨드랑이 안쪽으로 신속히 넣어 준다.

09 ▶ 왼발이 뒤로 빠지면서 삼단봉을 왼쪽 45° 각도 아래로 잡아 당겨준다.

10 ▶ 삼단봉으로 상대방의 목을 압박해 왼쪽 45° 각도 아래로 강하게 던진다.

11 ▶ 상대방과 같이 쓰러진다.

12 ▶ 사이드 카운트 자세
삼단봉 그립을 그대로 유지한 상태에서 상대방의 목을 삼단봉으로 강하게 압박하여 제압한다.

맨손 공격시 삼단봉 방어 교전 테크닉 (락킹 제압술)
Defensive techniques of the tactical baton against the unarmed attack (Locking Suppression)

Technique 02 상대방이 오른손 상단 공격할때 (암 사이드 락/ arm side lock)

01 ▶ 온가드 파이팅 스텐스 (On Guard fighting stance)

02 ▶ 상대방이 오른손으로 상단을 공격한다.

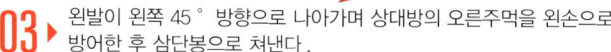

03 ▶ 왼발이 왼쪽 45° 방향으로 나아가며 상대방의 오른주먹을 왼손으로 방어한 후 삼단봉으로 쳐낸다.

(반대편 각도)

04 ▶ 상대방의 주먹을 방어한 후 왼손으로 삼단봉 끝부분을 잡아준다.

맨손 공격시 삼단봉 방어 교전 테크닉 (락킹 제압술)
Defensive techniques of the tactical baton against the unarmed attack (Locking Suppression)

Technique 04 상대방이 왼손 상단 공격할때 (암 사이드 락/ arm side lock)

01 ▶ 온가드 파이팅 스텐스 (On Guard fighting stance) 　　　　　(반대편 각도)

02 ▶ 상대방이 왼손으로 상단을 공격한다　　　　　(반대편 각도)

03 ▶ 오른발이 오른쪽 45°로 나아가면서 삼단봉으로 상대방의 왼손을 쳐내면서 오른손으로 방어한다.　　　　　(반대편 각도)

04 ▶ 방어한 후 오른손에 있는 삼단봉을 상대방의 목을 걸어준다.

05 ▶ 이때 삼단봉 끝부분을 왼손으로 잡고 상대방의 목을 강하게 가슴 안쪽으로 잡아끌어 준다.

06 ▶ 삼단봉으로 상대방의 목을 잡고, 가슴 안쪽으로 당겨 삼단봉 손잡이 부분을 왼쪽 겨드랑이 부분으로 넣어 준다. 이때 왼발이 뒤로 빠지면서 백 포지션으로 전환한다.

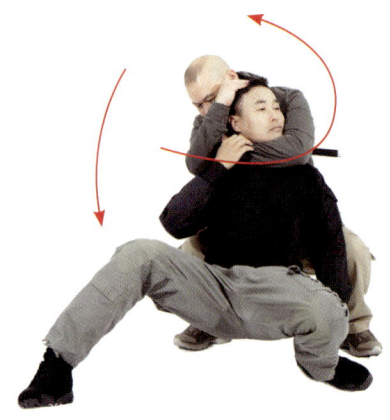

07 ▶ 상대방을 뒤로 끌어 당기면서 앉는다. 이때 상대방의 목을 삼단봉으로 압박해 제압 한다.

04 ▶ 방어와 동시에 오른손으로 삼단봉 끝부분을 잡고 삼단봉 중간 부분으로 상대방의 왼쪽 쇄골뼈를 강하게 내려 쳐준다.

(반대편 각도)

05 ▶ 오른손으로 상대방의 목을 감싸며 삼단봉 끝부분을 잡아준다.

(반대편 각도)

06 ▶ 삼단봉으로 상대방의 목을 오른쪽 방향으로 강하게 조른다.

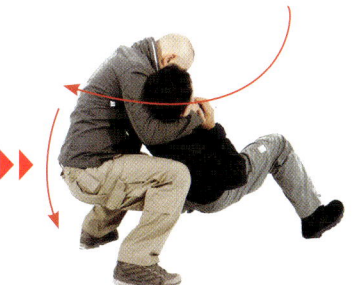

07 ▶ 오른발이 뒤로 빠지며 상대방을 끌어 안아 던진다.

(반대편 각도)

08 ▶ 삼단봉으로 상대방의 목을 강하게 압박 하여 제압한다.

(반대편 각도)

Techniques 01 Professional Skill

맨손 공격시 삼단봉 방어 교전 테크닉 (락킹 제압술)
Defensive techniques of the tactical baton against the unarmed attack (Locking Suppression)

Technique 05 상대방이 오른손 중단 좌측면 공격할때 (바이크 홀드 락/ bike hold lock)

01 ▶ 온가드 파이팅 스텐스 (On Guard fighting stance)

02 ▶ 상대방이 오른손으로 중단 옆구리를 공격한다.

03 ▶ 왼손으로 상대방의 주먹을 막고 동시에 삼단봉으로 상대방의 오른손을 쳐낸다.

04 ▶ 방어한 왼손으로 상대방의 오른쪽 귀 부분을 손바닥으로 올려 친다.

05 ▶ 왼발이 뒤로 빠지면서 왼손으로 상대방의 머리를 감싸 눌러 준다.

06 ▶ 상대방의 오른쪽 목을 삼단봉으로 올려 쳐준다.

07 ▶ 왼손으로 삼단봉을 잡는다.

08 ▶ 상대방의 목을 삼단봉으로 강하게 가슴 안쪽으로 당겨 조른다.

09 ▶ 상대방의 목을 조른후 오른손을 상대방의 목에 밀착 시킨다.

10 ▶ 삼단봉의 끝부분을 오른쪽 겨드랑이 안쪽으로 넣어 준다.

11 ▶ 왼발이 앞으로 나오며 상대방의 목을 삼단봉으로 강하게 눌러 주며 조른다.

(반대편 각도)

 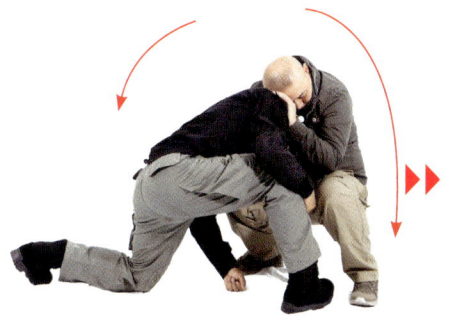 

12 ▶ 왼손을 삼단봉 손잡이 안쪽으로 넣어 주며 상대방의 목을 감싸준다.

13 ▶ 삼단봉을 상대방의 목에 걸어준상태에서 길로틴 초크로 상대방을 제압 한다.

(반대편 각도)

맨손 공격시 삼단봉 방어 교전 테크닉 (락킹 제압술)
Defensive techniques of the tactical baton against the unarmed attack (Locking Suppression)

Technique 06 상대방이 왼손 중단 우측면 공격할때 (바이크 홀드 락/ bike hold lock)

01 ▶ 온가드 파이팅 스텐스 (On Guard fighting stance)

02 ▶ 상대방이 왼손으로 중단 옆구리를 공격 한다.

03 ▶ 왼발이 왼쪽 45° 방향으로 나아가며 상대방의 주먹을 삼단봉으로 방어 한다.

04 ▶ 방어한 후 왼손으로 상대방의 오른쪽 귀 부분을 손바닥으로 올려 친다.

05 ▶ 왼발이 뒤로 빠지면서 왼손으로 상대방의 머리를 감싸 눌러 준다.

06 ▶ 상대방의 목을 삼단봉으로 강하게 가슴 안쪽으로 당겨 조른다.

07 ▶ 오른발이 뒤로 빠지면서 상대방의 목을 삼단봉으로 끌어 당겨 준다.

08 ▶ 상대방의 목을 삼단봉으로 강하게 가슴 안쪽으로 압박한다.

09 ▶ 왼팔 팔꿈치 안쪽으로 삼단봉을 끌어 당겨서 상대방의 목을 압박하여 제압한다.

맨손 공격시 삼단봉 방어 교전 테크닉 (락킹 제압술)
Defensive techniques of the tactical baton against the unarmed attack (Locking Suppression)

Technique 07 상대방이 오른손 중단 직선 공격할때 (길로틴 초크 락/guillotine choke lock)

01 ▶ 온가드 파이팅 스텐스 (On Guard fighting stance)

02 ▶ 상대방이 오른손으로 복부중앙을 공격 한다.

03 ▶ 상대방의 주먹을 왼손으로 막으면서 동시에 삼단봉으로 상대방의 오른손을 쳐준다.

04 ▶ 방어한 후 삼단봉을 회수 한다.

(반대편 각도)

05 ▶ 삼단봉을 잡은 오른팔 팔날 부분으로 상대방의 목을 가격한다.

(반대편 각도)

06 ▶ 삼단봉 손잡이 끝부분으로 상대방의 목을 잡아당기며 오른쪽 무릎으로 상대방의 앞면을 타격한다.

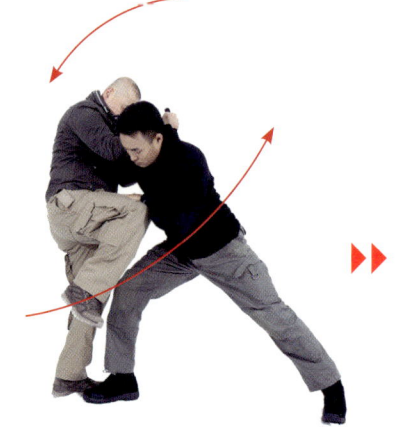

(반대편 각도)

07 ▶ 가격한 후 삼단봉으로 상대방의 오른쪽 겨드랑이 안쪽 부분을 걸어 준다.

08 ▶ 왼손으로 삼단봉 끝부분을 잡고 가슴 안쪽으로 잡아당겨 준다.

(반대편 각도)

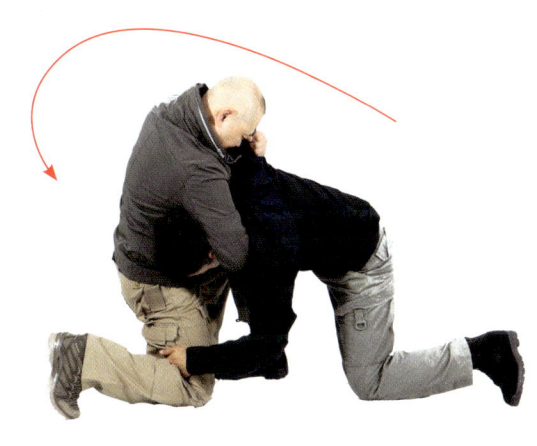

09 ▶ 그대로 주저앉아 상대방의 목과 겨드랑이를 강하게 삼단봉으로 압박해 제압한다.

(반대편 각도)

10 ▶ 그라운드 상황시
상대방이 앞으로 밀어붙일 때, 이때는 상대방의 힘에 저항하지 않고 그대로 쓰러진다.

상대방의 허리를 다리로 감싸고 삼단봉으로 상대방의 목을 압박해 제압한다.

Techniques 01 Professional Skill

맨손 공격시 삼단봉 방어 교전 테크닉 (락킹 제압술)
Defensive techniques of the tactical baton against the unarmed attack (Locking Suppression)

Technique 08 상대방이 상단 왼손 오른손 공격할때 (숄더 홀딩 락/ shoulder holding lock)

01 ▶ 온가드 파이팅 스텐스 (On Guard fighting stance)

02 ▶ 상대방이 왼손으로 공격할 때 삼단봉으로 왼손을 쳐낸다.

03 ▶ 왼발이 왼쪽 45° 방향으로 나아가면서, 동시에 오른손 공격을 왼손으로 쳐내면서 삼단봉으로 방어한다.

04 ▶ 삼단봉으로 상대방의 오른손을 강하게 쳐낸다.

05 ▶ 방어한 후 상대방의 오른팔 겨드랑이 안쪽 부분을 삼단봉으로 감싸 안아준다.

06 ▶ 왼발이 앞으로 나아가며 왼손으로 상대방의 오른손 손목을 잡아준다.

07 ▶ 오른발을 뒤로 빼며 왼쪽으로 돌아서 이동한다.

견갑골

08 ▶ 상대방의 오른팔 어깨뼈 (견갑골)를 삼단봉 손잡이 끝부분 (버팅) 으로 강하게 눌러 준다.

09 ▶ 상대방의 오른쪽 손목을 꺾어주며 삼단봉 중간 부분으로 상대방 오른쪽 팔꿈치 안쪽을 꺾어준다.

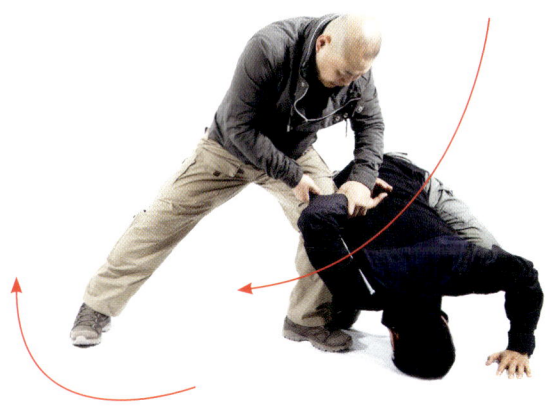

10 ▶ 왼발이 앞으로 나아가며 상대방의 오른팔 팔꿈치를 꺾어 제압한다.

맨손 공격시 삼단봉 방어 교전 테크닉 (락킹 제압술)
Defensive techniques of the tactical baton against the unarmed attack (Locking Suppression)

Technique 09 상대방이 상단 왼손 오른손 공격할때 (엘보우 홀딩 락/ elbow holding lock)

01 ▶ 온가드 파이팅 스텐스 (On Guard fighting stance)

02 ▶ 상대방이 왼손으로 공격할 때 삼단봉으로 왼손을 쳐낸다.

03 ▶ 왼발이 왼쪽 45° 방향으로 나아가며, 동시에 상대방의 오른손 공격을 외손으로 쳐내고 삼단봉으로 방어한다.

04 ▶ 방어한 후 왼손으로 상대방의 손목을 빠르게 잡으면서 삼단봉으로 상대방의 복부를 쳐준다.

05 ▶ 삼단봉을 든 오른손 팔등 부분으로 상대방의 오른쪽 팔꿈치 부분을 강하게 쳐준다.

(반대편 각도)

06 ▶ 상대방의 목부분에 삼단봉을 걸어준다.

07 ▶ 왼손을 상대방의 오른팔 팔꿈치 안쪽 부분으로 밀어 넣어준다.

(반대편 각도)

08 ▶ (반대편 각도)

왼손으로 상대방의 팔꿈치 관절을 끌어 올려 꺾어준다.

09 ▶ 상대방의 오른팔을 몸쪽으로 당겨주며 강하게 위로 꺾어준다.

10 ▶ 그대로 주저앉아 상대방의 오른팔과 어깨를 꺾어 제압한다.

(반대편 각도)

맨손 공격시 삼단봉 방어 교전 테크닉 (락킹 제압술)
Defensive techniques of the tactical baton against the unarmed attack (Locking Suppression)

Technique 10 상대방이 상단 왼손 오른손 공격할때 (레그 크로스 락/ leg cross lock)

01 ▶ 온가드 파이팅 스텐스 (On Guard fighting stance)

02 ▶ 상대방이 왼손으로 공격할 때 삼단봉으로 상대방의 왼손을 쳐낸다.

03 ▶ 왼발이 왼쪽 45° 방향으로 나아가며, 동시에 오른손 공격을 왼손으로 쳐내고 삼단봉으로 방어한다.

04 ▶ 삼단봉으로 상대방의 오른손을 강하게 쳐낸다.

05 ▶ 왼발이 앞으로 나아가며 삼단봉을 상대방의 다리 가랑이 사이 넣어준다.

06 ▶ 삼단봉을 강하게 앞쪽으로 밀어 상대방의 다리가 꺾이게 한다.

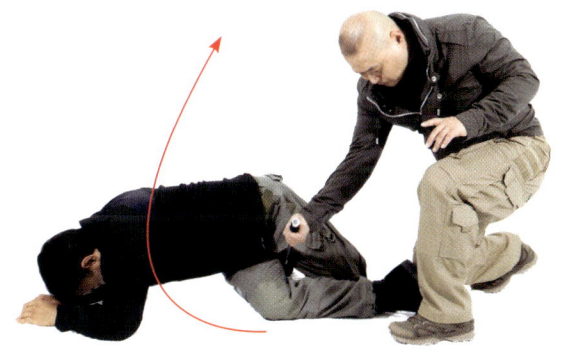

07 ▶ 삼단봉으로 상대방의 다리를 꺾어 상대방을 넘어뜨려 제압한다.

맨손 공격시 삼단봉 방어 교전 테크닉 (락킹 제압술)
Defensive techniques of the tactical baton against the unarmed attack (Locking Suppression)

Technique 11 상대방이 상단 오른손 왼손 공격할때 (암 홀딩 락/ arm holding lock)

01 ▶ 온가드 파이팅 스텐스 (On Guard fighting stance)

02 ▶ 상대방이 오른손으로 공격 한다.

03 ▶ 몸을 뒤로 빼주면서 상대방의 오른손 주먹을 삼단봉으로 쳐낸다.

04 ▶ 상대방이 다시 왼손으로 공격할 때 오른쪽 다리가 오른쪽 45°로 나아가며 삼단봉으로 상대방의 왼손 주먹을 쳐내며 왼손으로 상대방의 주먹 (손목) 부분을 동시에 잡는다.

05 ▶ 상대방의 복부를 삼단봉 중간 부분으로 가격 한다.

06 ▶ 가격한 후 상대방의 왼쪽 팔꿈치 안쪽 부분을 삼단봉으로 강하게 걸어준다.

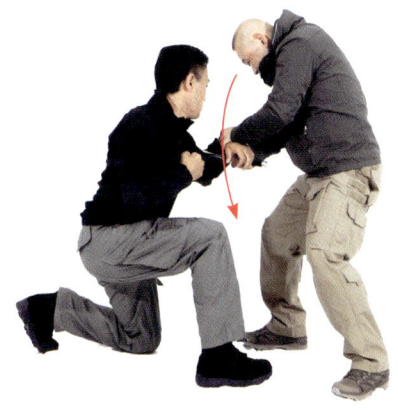

07 ▶ 상대방의 팔꿈치 안쪽을 걸어준 삼단봉으로 강하게 밑으로 눌러 준다.

08 ▶ 왼발을 뒤로 빼면서, 삼단봉으로 상대방의 목 뒷부분을 걸어준다.

09 ▶ 삼단봉으로 상대방의 목을 눌러서 던진다.

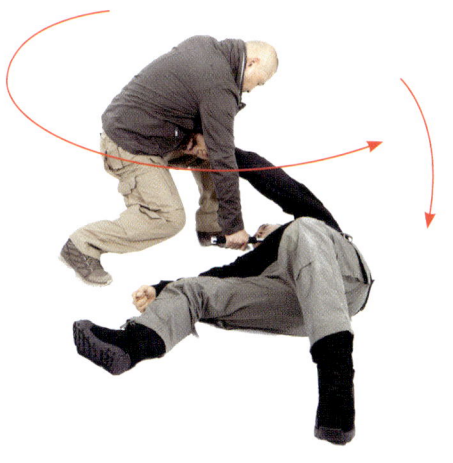

10 ▶ 상대방을 던진 후 상대방의 목을 삼단봉으로 압박하여 제압한다.

Techniques 01 Professional Skill

맨손 공격시 삼단봉 방어 교전 테크닉 (락킹 제압술)
Defensive techniques of the tactical baton against the unarmed attack (Locking Suppression)

Technique 12 상대방이 상단 오른손 왼손 공격할때 (엘보우 인사이드 락 / elbow inside lock)

01 ▶ 온가드 파이팅 스텐스 (On Guard fighting stance)

02 ▶ 상대방이 오른손으로 공격 한다.

03 ▶ 몸을 뒤로 빼주면서 상대방의 오른쪽 주먹을 삼단봉으로 쳐낸다.

04 ▶ 상대방이 바로 왼손으로 공격 한다.

05 ▶ 상대방의 주먹을 삼단봉으로 쳐내며 방어한다.

06 ▶ 오른쪽 다리가 오른쪽 45°로 나아가며 삼단봉으로 상대방의 왼손 주먹을 쳐내며 왼손으로 상대방 오른손 주먹 (손목) 부분을 동시에 잡는다.

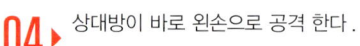

07 ▶ 상대방의 복부를 삼단봉 중간 부분으로 가격 한다.

08 ▶ 가격한 후 상대방의 왼팔 팔꿈치 안쪽 부분을 삼단봉으로 강하게 걸어준다.

09 ▶ 왼손으로 삼단봉 끝부분을 잡아준다.

이때 왼손 팔뚝 부분으로 상대방의 왼팔 팔등 부분을 밀착시켜서 강하게 눌러 압박한다.

10 ▶ 오른발을 뒤로 빼면서 오른팔 팔꿈치 안쪽을 삼단봉으로 강하게 걸어준다.

(반대편 각도)

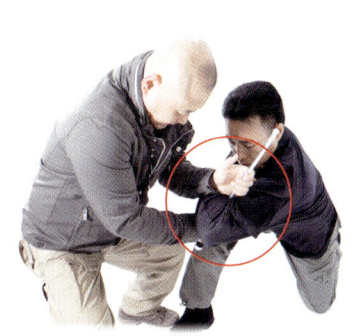 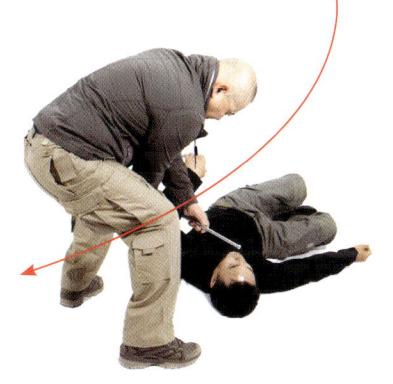 

11 ▶ 이때 왼손 팔뚝날 부분으로 상대방의 왼팔을 밀착시켜 강하게 눌러 압박한다.

12 ▶ 오른발을 뒤로 빼면서 오른쪽 45° 아래로 상대방을 던진다.

(반대편 각도)

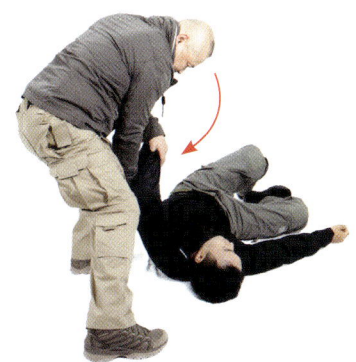 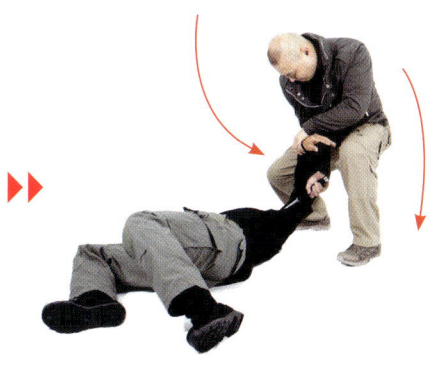

13 ▶ 상대방을 던진 후 삼단봉으로 상대방의 목과 팔을 동시에 꺾어 제압한다.

(반대편 각도)

Techniques 01 Professional Skill

맨손 공격시 삼단봉 방어 교전 테크닉 (락킹 제압술)
Defensive techniques of the tactical baton against the unarmed attack (Locking Suppression)

Technique 13 상대방이 상단 오른손 왼손 공격할때 (니 조인트 락/ knee joint lock)

01 ▶ 온가드 파이팅 스텐스 (On Guard fighting stance)

02 ▶ 상대방이 오른손으로 공격 한다. 이때 삼단봉으로 상대방의 주먹을 쳐내며 방어한다.

03 ▶ 오른쪽 다리가 오른쪽 45°로 나아가며 삼단봉으로 상대방의 왼손 주먹을 쳐내면서 방어한다.

 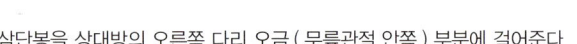 

04 ▶ 삼단봉을 상대방의 오른쪽 다리 오금 (무릎관절 안쪽) 부분에 걸어준다.

05 ▶ 왼손으로 삼단봉 끝부분을 잡아준다.

06 ▶ 다리를 뒤로 이동하는 동시에 삼단봉으로 상대방의 오른쪽 다리 오금 (무릎관절 안쪽) 부분을 강하게 끌어 당겨 준다.

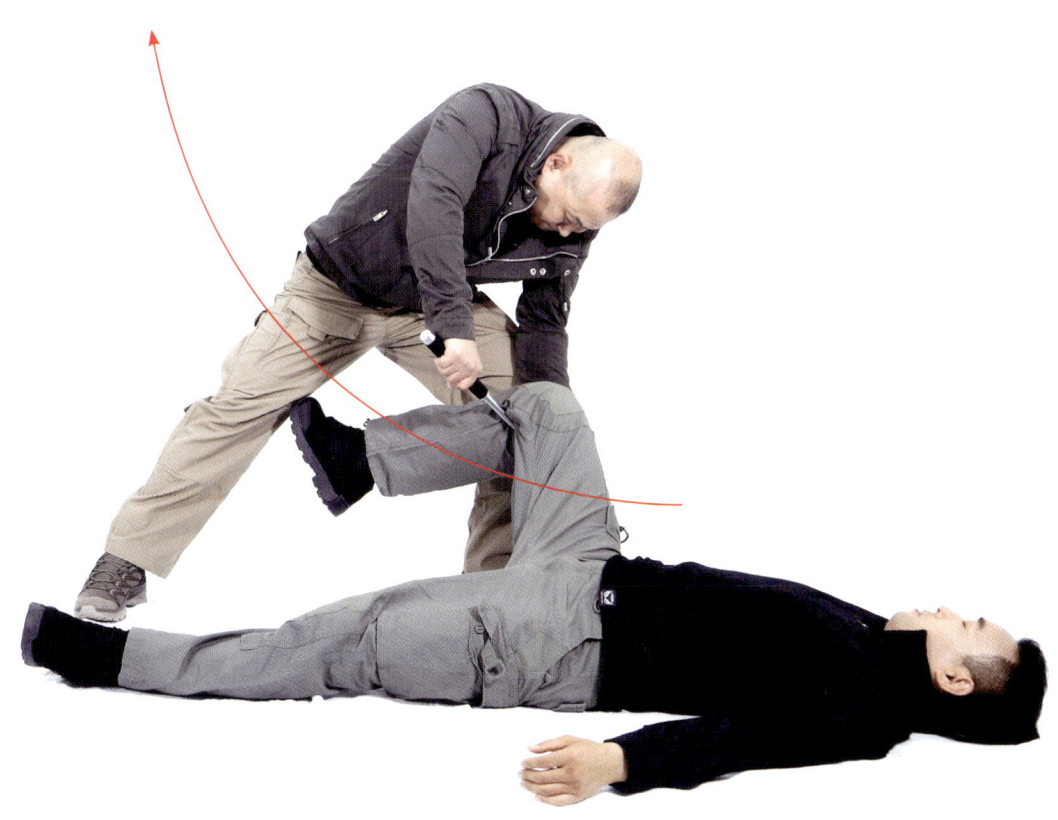

07 ▶ 삼단봉을 강하게 안쪽으로 끌어 당겨서 상대방을 넘어뜨려 제압한다.

Techniques 01 Professional Skill

맨손 공격시 삼단봉 방어 교전 테크닉 (락킹 제압술)
Defensive techniques of the tactical baton against the unarmed attack (Locking Suppression)

Technique 14 상대방이 태클 공격할때 (바이크 홀드 락/ bike hold lock)

01 ▶ 온가드 파이팅 스텐스 (On Guard fighting stance)

02 ▶ 상대방이 태클로 공격한다.

03 ▶ 이때 삼단봉으로 상대방의 오른쪽 쇄골뼈 부분을 쳐서 방어한다.

(반대편 각도)

04 ▶ 방어한 후 왼쪽 다리를 뒤로 이동한다.

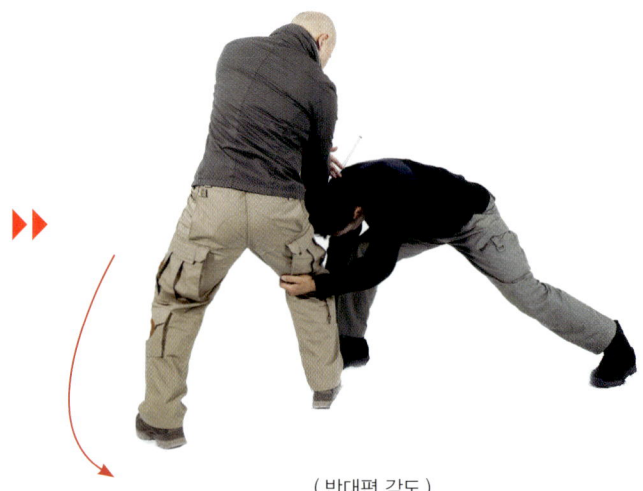

(반대편 각도)

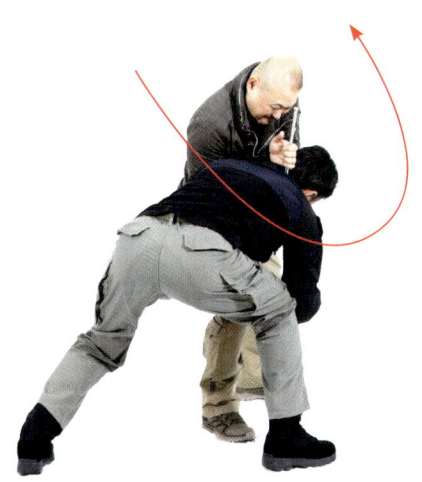

05 ▶ 삼단봉으로 상대방의 목을 걸어주는 동시에 왼손으로 삼단봉 끝부분을 잡고 상대방의 목을 조른다.

06 ▶ 오른손 팔등을 상대방의 목에 밀착 시킨다.

07 ▶ 삼단봉 끝부분을 오른쪽 겨드랑이 안쪽으로 넣어 준다.

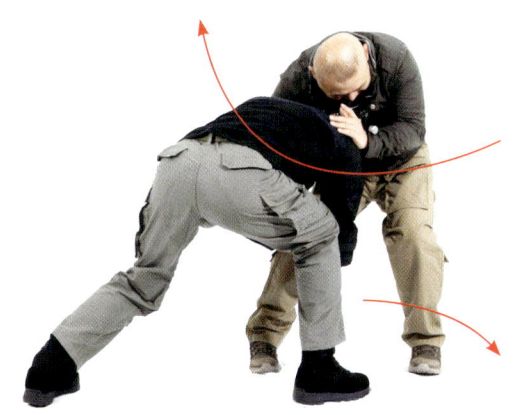

08 ▶ 왼발이 앞으로 나오면서, 상대방의 목을 삼단봉으로 강하게 눌러 주며 조른다.

09 ▶ 삼단봉을 상대방의 목에 걸어준 상태에서 길로틴 초크로 상대방을 제압 한다.

맨손 공격시 삼단봉 방어 교전 테크닉 (락킹 제압술)
Defensive techniques of the tactical baton against the unarmed attack (Locking Suppression)

Technique 15 상대방이 태클 공격할때 (길로틴 초크 락/ guillotine choke lock)

01 ▶ 온가드 파이팅 스텐스 (On Guard fighting stance)

02 ▶ 상대방이 태클로 공격한다.

03 ▶ 이때 삼단봉으로 상대방의 왼쪽 쇄골뼈 부분을 쳐서 방어한다.

04 ▶ 방어한 후 왼손을 상대방 목 안쪽으로 밀어 넣어 준다.

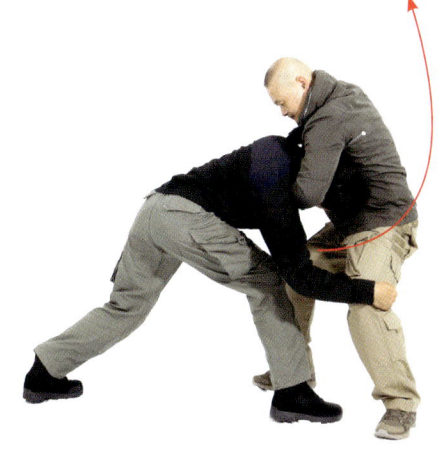

05 ▶ 삼단봉을 왼쪽 겨드랑이 안쪽으로 넣어 준다.

06 ▶ 왼발을 뒤로 빼면서 상대방의 목을 압박하면서 주저앉는다.

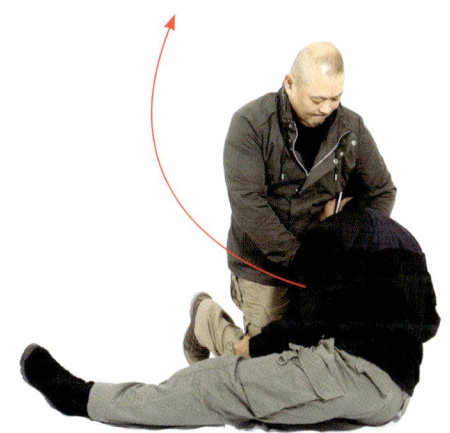

07 ▶ 상대방의 목을 삼단봉으로 강하게 조르면서 제압한다.

Techniques 02 Professional Skill

맨손 공격시 맨손 방어 락킹 응용 기술
The locking skill of unarmed defense against the unarmed attack

Technique 01 상대방이 상단 왼손 오른손 공격할때

01 ▶ 파이팅 스탠스 (fighting stance)

02 ▶ 상대방이 왼손으로 공격할 때, 오른손 손바닥으로 왼손을 쳐낸다.

03 ▶ 왼발을 왼쪽으로 45° 방향으로 나아가며, 동시에 오른손 공격을, 왼손으로 쳐내 방어한다.

04 ▶ 왼손으로 방어와 동시에 오른손 팔등으로 상대방의 주먹을 방어한다.

05 ▶ 방어한 후 왼손으로 상대방의 어깨를 밀어주고 오른손 팔날로 상대방의 목을 타격한다.

06 ▶ 오른팔로 상대방의 목을 낚아챌 때 왼손으로 오른손 손바닥을 강하게 잡는다.

07 ▶ 왼발을 뒤로 이동하면서 상대방 목을 잡아 던진다.

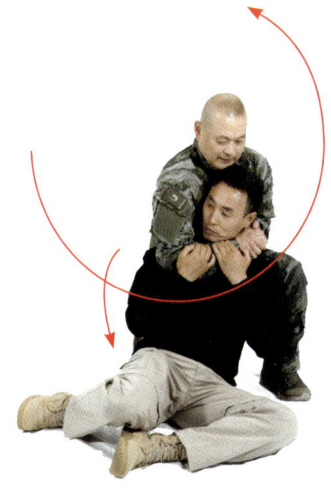

08 ▶ 오른손으로 상대방의 목을 압박할 때, 상대방이 잡혀 있는 자신의 목을 방어하면

09 ▶ 목을 잡고있는 오른손을 풀어주면서 왼손 팔날 부분으로 손을 바꾸어 잡고 상대방의 목을 조른다.

10 ▶ 오른손으로 상대방의 머리를 감싸안는다.

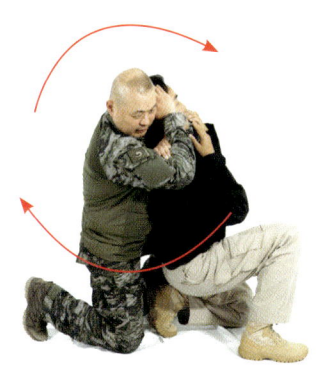

11 ▶ 리얼네이키드 초크
상대방의 목(경동맥)을 왼손과 오른손으로 압박해 제압한다.

12 ▶ 상대방이 강하게 뒤로 밀어 부친다.

13 ▶ 상대방에게 저항하지 않고 그대로 뒤로 넘어 간다.

14 ▶ 리얼네이키드 초크
상대방의 허리를 다리로 조여주며 그대로 목(경동맥)을 왼손과 오른손으로 압박해 제압한다.

맨손 공격시 맨손 방어 락킹 응용 기술
The locking skill of unarmed defense against the unarmed attack

Technique 02 상대방이 왼손 상단 오른손 중단 공격할때

01 ▶ 파이팅 스탠스 (fighting stance)

02 ▶ 상대방이 왼손으로 공격할 때.

03 ▶ 오른손 팔날로 상대방의 왼손을 쳐낸다.

04 ▶ 상대방이 오른손으로 중단 옆구리를 공격한다.

05 ▶ 왼손으로 방어와 동시에 오른손 저장(손바닥)으로 상대방의 어깨를 타격한다.

06 ▶ 타격한 후 왼손 팔날로 상대방의 목을 타격한다.

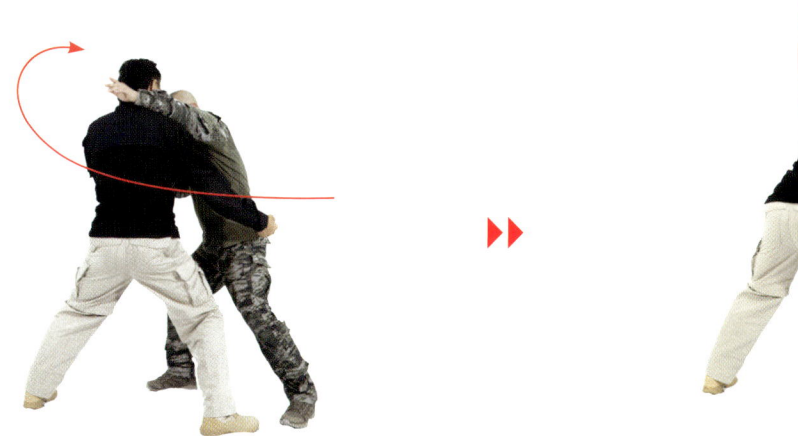

07 ▸ 왼발을 뒤로 빼면서 왼손으로 상대방의 머리를 감싸 눌러 준다.

08 ▸ 상대방의 오른쪽 목을 왼손 팔날부분으로 쳐준다.

09 ▸ 상대방의 목을 왼손과 오른손으로 강하게 가슴 안쪽으로 당겨주면서 목을 조른다.

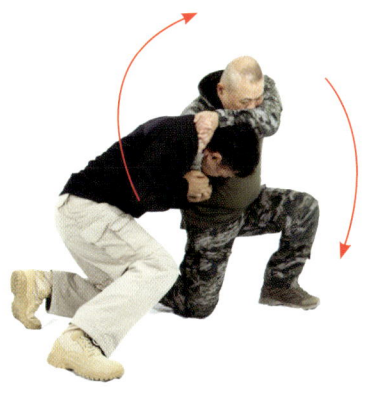

10 ▸ 상대방을 가슴 안쪽으로 끌어 당겨 목을 압박해 제압한다.

맨손 공격시 맨손 방어 락킹 응용 기술
The locking skill of unarmed defense against the unarmed attack

Technique 03 상대방이 왼손 상단 오른손 좌측면 중단 공격할때

01 ▶ 파이팅 스탠스 (fighting stance)

02 ▶ 상대방이 왼손으로 공격할 때 .

03 ▶ 오른손 팔날로 상대방의 왼손을 쳐낸다 .

04 ▶ 상대방이 오른손으로 중단 복부를 공격한다 .

05 ▶ 왼손으로 방어와 동시에 오른손 저장 (손바닥) 으로 상대방의 어깨를 타격한다 .

06 ▶ 왼발이 앞으로 나아가면서 오른손 팔날로 상대방의 목을 타격한다 .

07 ▶ 타격과 동시에 상대방의 목을 감싸 안는다.

08 ▶ 오른손과 왼손으로 상대방의 목을 감아 압박한다.

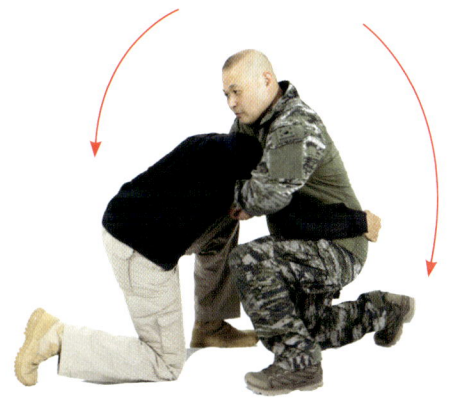

09 ▶ 상대방의 상체를 밑으로 눌러 준다.

10 ▶ 상대방이 강하게 앞으로 밀어 붙이면,

11 ▶ 자연스럽게 뒤로 넘어진다.

12 ▶ 상대방의 허리를 다리로 조여주며, 오른손과 왼손으로 상대방의 목을 압박해 제압한다.

맨손공격시 넥타이, 버클, 로프를 이용한 방어 락킹 응용 기술

Application for the necktie, buckle, rope against the unarmed attack

Technique 01 상대방이 상단 왼손 오른손 공격할때

01 ▶ 파이팅 스탠스 (fighting stance)

02 ▶ 상대방이 왼손으로 공격할 때.

03 ▶ 오른손 팔날로 왼손을 쳐낸다.

04 ▶ 왼발이 왼쪽 45° 방향으로 나아가며.

05 ▶ 동시에 오른손 공격을 왼손 팔날로 쳐내 방어한다.

06 ▶ 방어한 후 왼손으로 상대방 어깨를 밀어주고 오른손 팔날로 상대방의 목을 타격한다.

07 ▶ 스카프를 잡은 오른손으로 상대방의 목에 신속히 스카프를 감아준다.

08 ▶ 왼손을 앞으로 밀어서 스카프로 상대방의 목을 조른다.

09 ▶ 왼발을 뒤로 이동하면서 상대방을 잡아 던진다.

10 ▶ 오른손을 아래로 압박하고 왼손을 당겨주면서 상대방의 목을 스카프로 압박해 제압한다.

Techniques 03 Professional Skill

맨손공격시 넥타이, 버클, 로프를 이용한 방어 락킹 응용 기술
Application for the necktie, buckle, rope against the unarmed attack

Technique 02 　상대방이 상단 왼손 오른손 공격할때

01 ▶ 파이팅 스탠스 (fighting stance)

02 ▶ 상대방이 왼손으로 공격할 때.

03 ▶ 오른손 팔날로 왼손을 쳐낸다.

04 ▶ 왼발이 왼쪽 45° 방향으로 나아가며, 동시에 상대방의 오른손 공격을 왼손 팔날로 쳐내 방어한다.

05 ▶ 왼손으로 방어와 동시에 오른손 팔등으로 상대방의 오른손 주먹을 방어한다.

06 ▶ 방어한 후 왼발이 앞으로 나아가며 버클 앞부분으로 상대방의 가슴을 타격한다.

07 ▸ 타격한 후 왼손 팔날로 상대방 목 뒷부분을 타격한다.

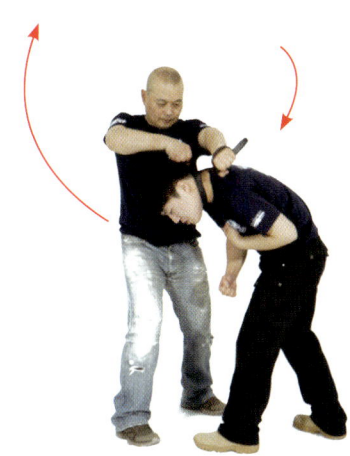

08 ▸ 오른손으로 상대방 목을 버클로 감아 올린다.

09 ▸ 왼발이 뒤로 이동하면서 상대방을 잡아 던진다.

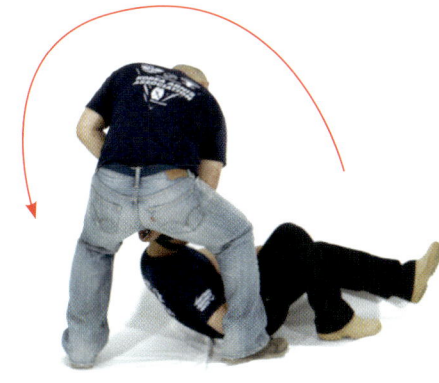

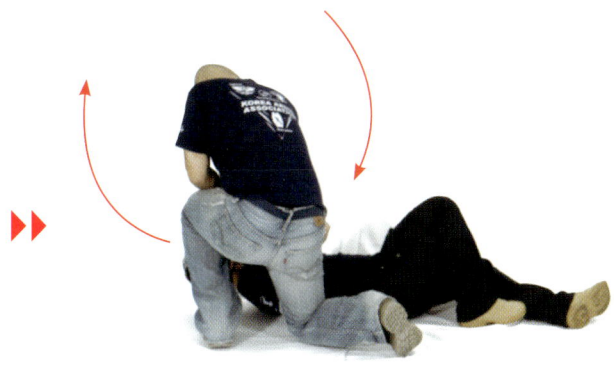

10 ▸ 오른손을 아래로 압박하고 왼손을 당겨주면서 상대방의 목을 버클로 압박해 제압한다.

맨손공격시 넥타이, 버클, 로프를 이용한 방어 락킹 응용 기술

Application for the necktie, buckle, rope against the unarmed attack

Technique 03 상대방이 상단 오른손 왼손 공격할때

01▶ 파이팅 스탠스 (fighting stance)

02▶ 상대방이 오른손으로 공격할 때,

03▶ 왼손 팔날로 상대방의 오른손을 쳐낸다.

04▶ 오른발이 오른쪽 45° 방향으로 나아가며, 동시에 상대방의 왼손 공격을 오른 팔날로 쳐내 방어하는 동시에 왼손 팔등으로 상대방의 왼손 주먹을 방어한다.

05▶ 오른발이 앞으로 나아가며 왼팔로 상대방 목을 감싼다.

06 ▶ 왼발이 뒤로 이동 한다.

07 ▶ 오른손 팔날로 상대방 목뒤를 올려 쳐주며 동시에 왼손을 잡아 당긴다.

08 ▶ 왼손을 앞으로 오른손을 뒤로 강하게 당겨 상대방의 목을 스카프로 압박한다.

09 ▶ 왼발이 뒤로 이동하면서 상대방을 잡아 던진다.

10 ▶ 오른손을 아래로 압박하고 왼손을 당겨주면서 상대방의 목을 스카프로 압박해 제압한다.

Techniques 03 Professional Skill

맨손공격시 넥타이, 버클, 로프를 이용한 방어 락킹 응용 기술
Application for the necktie, buckle, rope against the unarmed attack

Technique 04 상대방이 상단 오른손 왼손 공격할때

01 ▶ 파이팅 스탠스 (fighting stance)

02 ▶ 상대방이 오른손으로 공격할 때, 왼손 팔날로 상대방의 오른손을 쳐낸다.

03 ▶ 오른발이 오른쪽 45° 방향으로 나아가며, 동시에 오른손 공격을 왼손 팔날로 쳐내서 방어한다.

04 ▶ 방어와 동시에 버클을 든 왼손과 오른손을 직선으로 펴준다.

05 ▶ 버클 앞부분으로 상대방의 등을 타격한다.

06 ▶ 타격한 후 왼손 팔날로 상대방 머리를 감싸 안는다.

07 ▶ 왼발을 뒤로 이동 한다.

08 ▶ 오른손 팔날로 상대방 목뒤를 올려쳐주며 동시에 왼손을 잡아 당긴다.

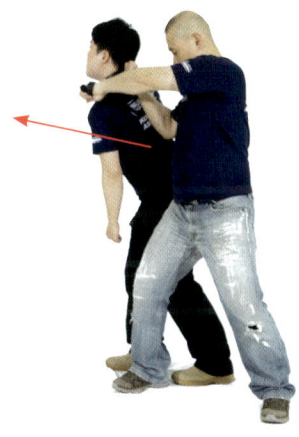

09 ▶ 오른손을 앞으로 왼손을 뒤로 당겨주면서 상대방의 목을 버클로 압박한다.

10 ▶ 왼발이 뒤로 이동하면서 상대방을 잡아 던진다.

11 ▶ 오른손을 아래로 압박하고 왼손을 당겨주며 상대방의 목을 버클로 압박해 제압한다.

맨손공격시 넥타이, 버클, 로프를 이용한 방어 락킹 응용 기술
Application for the necktie, buckle, rope against the unarmed attack

Technique 05) 상대방이 상단 오른손 왼손 우측면 중단 공격할때

01 ▶ 파이팅 스탠스 (fighting stance)

02 ▶ 상대방이 오른손으로 공격할 때, 왼손 팔날로 상대방의 오른손을 쳐낸다.

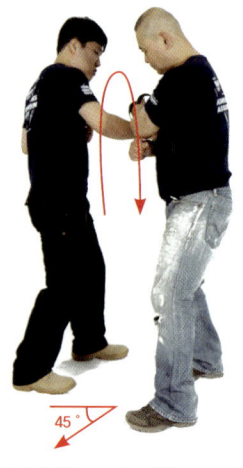

03 ▶ 방어와 동시에 왼발이 왼쪽 45° 방향으로 나아간다.

04 ▶ 또다시 상대방이 왼손으로 중단 복부를 공격하면, 오른손 팔날로 방어한다.

05 ▶ 방어한 후 왼손 팔날 로 상대방 목을 타격한다.

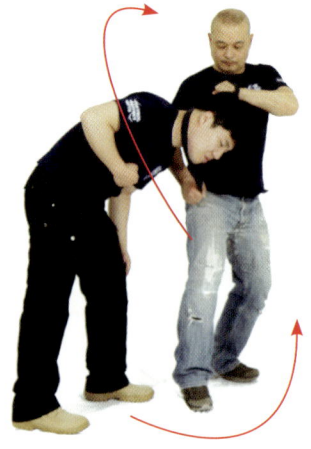

06 ▶ 왼발이 뒤로 빠지면서 왼손으로 상대방의 머리를 감싸 눌러 준다.

07 ▶ 오른손 팔날로 상대방의 목을 올려쳐주며 동시에 버클을 잡은 왼손을 강하게 잡아 당긴다.

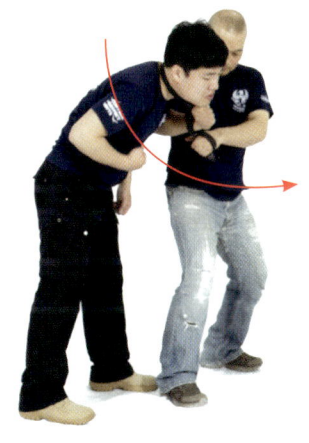 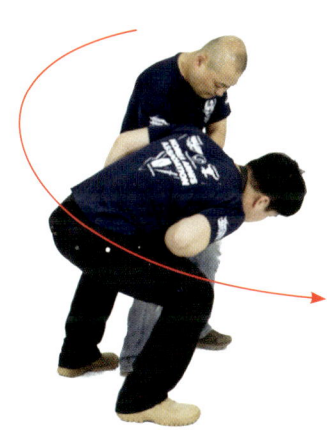

08 ▶ 오른손을 앞으로 왼손을 뒤로 당겨주며 상대방의 목을 버클로 압박한다.

09 ▶ 상대방을 강하게 앞쪽으로 잡아 던진다.

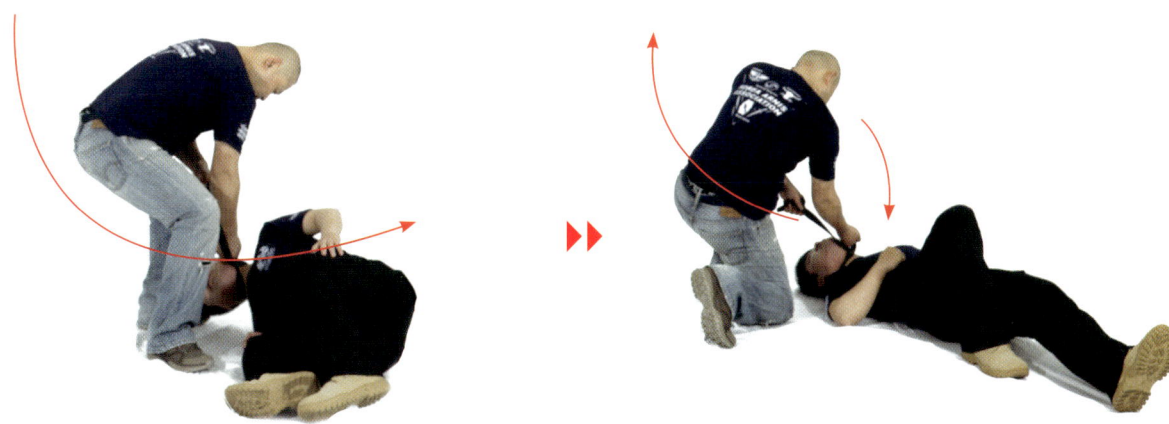

10 ▶ 오른손을 아래로 압박하고 왼손을 당겨주며 상대방의 목을 버클로 압박해 제압한다.

맨손공격시 넥타이, 버클, 로프를 이용한 방어 락킹 응용 기술

Application for the necktie, buckle, rope against the unarmed attack

Technique 06 상대방이 오른손 상단 왼손 우측면 중단 공격할때

01 ▶ 파이팅 스탠스 (fighting stance)

02 ▶ 상대방이 오른손으로 공격할 때 왼손 팔날로 상대방의 오른손을 쳐낸다.

03 ▶ 상대방이 왼손으로 중단 복부를 공격할 때 오른손 팔날로 방어한다. 이때 왼발이 왼쪽 방향으로 15°로 나아간다.

04 ▶ 방어와 동시에 상대방의 어깨를 종권으로 강하게 타격한다.

05 ▶ 방어한 후 오른손 팔날로 상대방 목을 타격한다.

06 ▶ 오른발이 뒤로 빠지면서 오른손으로 상대방의 머리를 감싸 눌러 준다.

(반대편 각도)

07 ▶ 왼손을 앞으로, 오른손을 뒤로 당겨주면서 상대방의 목을 스카프로 압박한다.

08 ▶ 왼손을 앞으로, 오른손을 뒤로 당겨주면서 상대방의 목을 스카프로 압박한다.

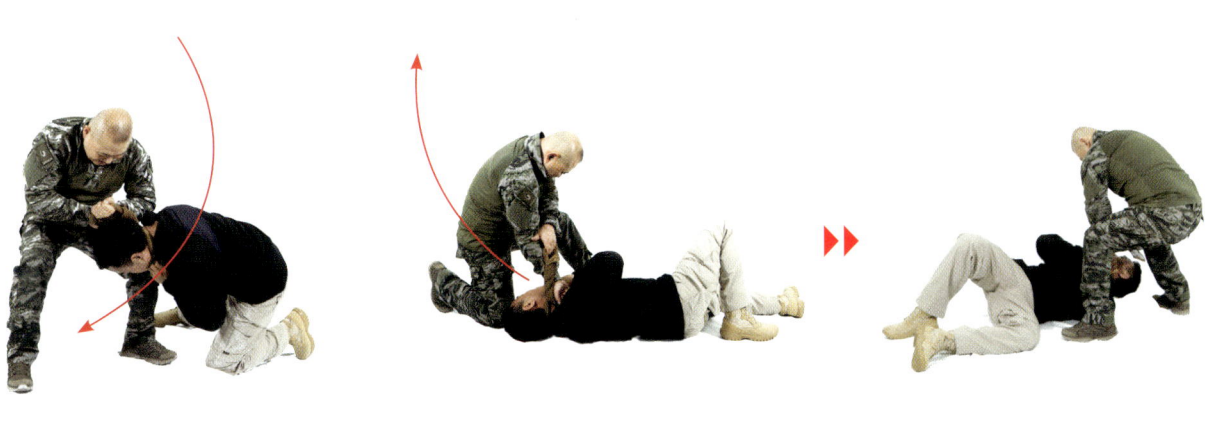

09 ▶ 상대방을 강하게 앞으로 잡아 던진다.

10 ▶ 오른손을 아래로 압박하고, 왼손을 당겨주면서 상대방의 목을 스카프로 압박해 제압한다.

(반대편 각도)

Techniques 04 Professional Skill

나이프 공격시 삼단봉 방어 교전 테크닉 (락킹 제압술)
Defense techniques of the tactical baton against the knife attack (Locking restriction skill)

Technique 01 상대방이 왼쪽 목을 향해 공격할때 (포워드 나이프 그립)

01 ▶ 온가드 파이팅 스텐스 (On Guard fighting stance)

02 ▶ 상대방이 나이프로 왼쪽 목을 공격할 때 오른발을 오른쪽으로 45° 이동후 삼단봉으로 상대방의 팔 안쪽을 강하게 치고

03 ▶ 동시에 왼손으로 상대방의 나이프를 든 손목 부분을 잡는다.

늑골

04 ▶ 삼단봉 손잡이 끝 (버팅) 부분으로 상대방의 늑골을 강하게 친다.

05 ▶ 공격후 왼발이 왼쪽으로 45° 앞으로 나아간다.

06 ▶ 오른손을 상대방의 겨드랑이 안쪽으로 밀어 넣어 준다.

07 ▶ 이때 오른발이 뒤로 이동한다.

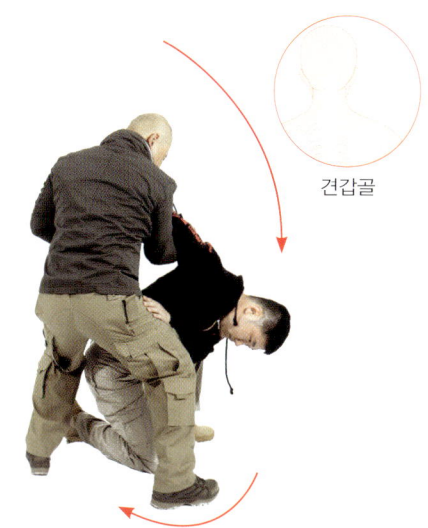

견갑골

08 ▶ 삼단봉 손잡이 끝 (버팅) 부분으로 상대방의 어깨뼈 (견갑골) 를 강하게 눌러 준다.

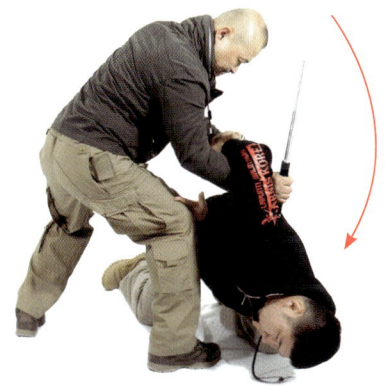

09 ▶ 삼단봉 중간 부분으로 상대방의 팔안쪽을 꺾어 제압한다.

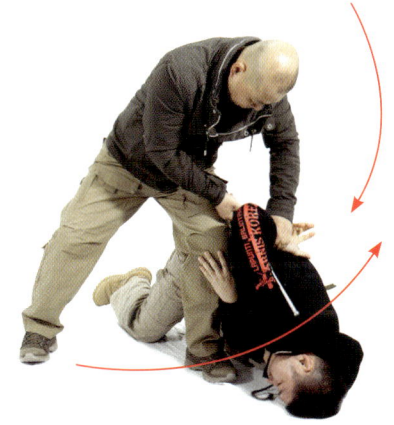

Techniques 04 Professional Skill

나이프 공격시 삼단봉 방어 교전 테크닉 (락킹 제압술)

Defense techniques of the tactical baton against the knife attack (Locking restriction skill)

Technique 02 상대방이 오른쪽 목을 향해 공격할때 (포워드 나이프 그립)

01 ▶ 온가드 파이팅 스텐스 (On Guard fighting stance)

02 ▶ 상대방이 나이프로 오른쪽 목을 공격한다.

03 ▶ 왼발이 45° 앞으로 나아가며 삼단봉으로 상대방의 나이프를 든 손목 부분을 강하게 후려쳐 나이프를 디스암 한다.

04 ▶ 이때 왼손으로 상대방의 오른손 손목을 잡아준다.

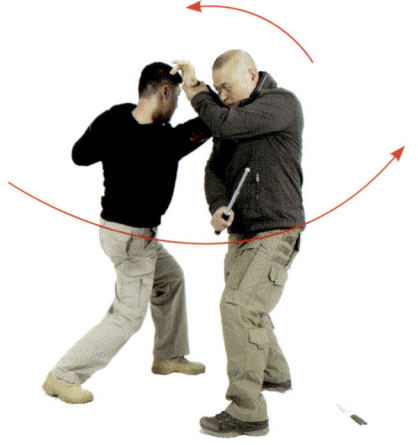

05 ▶ 상대방의 오른손을 위로 꺾어 올려주며 삼단봉으로 상대방의 복부를 강하게 후려 쳐준다.

07 ▶ 삼단봉을 상대방의 목에 걸어준다.

09 ▶ 상대방의 오른손을 잡아 아래로 내리며, 삼단봉으로 목을 걸어 던진다.

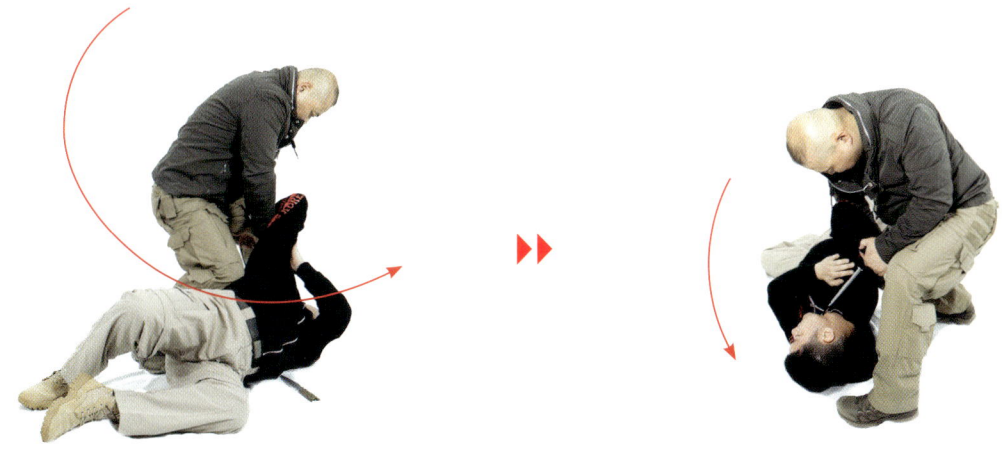

11 ▶ 상대방을 던진 후 삼단봉으로 목을 조여 제압한다.

나이프 공격시 삼단봉 방어 교전 테크닉 (락킹 제압술)

Defense techniques of the tactical baton against the knife attack (Locking restriction skill)

Technique 03 상대방이 왼쪽 옆구리를 향해 공격할때 (포워드 나이프 그립)

01 ▶ 온가드 파이팅 스텐스 (On Guard fighting stance)

02 ▶ 상대방이 나이프로 왼쪽 옆구리를 공격한다.

03 ▶ 오른발이 45° 오른쪽으로 이동 후 왼손 팔뚝과 삼단봉으로 상대방의 나이프를 동시에 방어한다.

04 ▶ 왼발이 45° 왼쪽으로 나아가며 왼손을 상대방의 오른팔 안쪽으로 넣어주며 오른손 팔뚝으로 상대방의 목을 타격한다.

05 ▶ 삼단봉 손잡이 끝부분으로 상대방의 목을 끌어 당긴다.

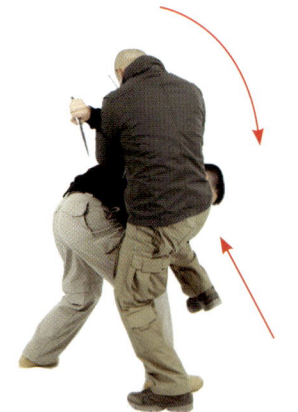

06 ▶ 끌어 당기며 무릎차기로 상대방의 앞면을 타격한다.

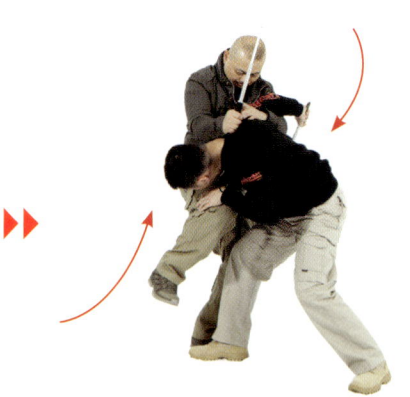

(반대편 각도)

07 ▶ 타격한 후 삼단봉으로 상대방의 목을 왼쪽 무릎으로 끌어 당겨준다.

08 ▶ 상대방의 왼팔을 가슴 안쪽으로 끌어당긴다.

09 ▶ 기무라 락으로 상대방의 오른팔을 꺾는다.

10 ▶ 그대로 주저앉아 상대방의 팔을 가슴 안쪽으로 끌어당겨 꺾는다.

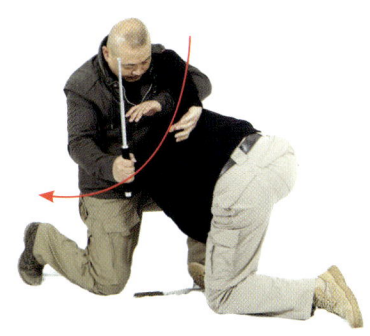

11 ▶ 삼단봉 끝부분으로 상대방의 나이프를 디스암 한다.

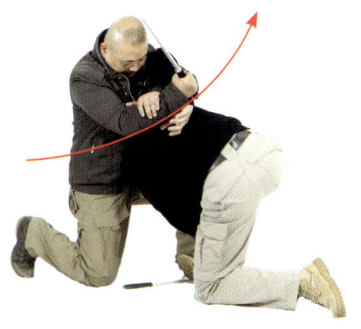

12 ▶ 디스암후 다시 기무라 락으로 상대방의 오른 팔을 꺾어 제압한다.

13 ▶ 중심을 뒤로 이동해 상대방의 팔과 어깨를 강하게 꺾어 올려서 제압한다.

Techniques 04 — Professional Skill

나이프 공격시 삼단봉 방어 교전 테크닉 (락킹 제압술)

Defense techniques of the tactical baton against the knife attack (Locking restriction skill)

Technique 04 ▸ 상대방이 오른쪽 옆구리를 향해 공격할때 (포워드 나이프 그립)

01 ▸ 온가드 파이팅 스텐스 (On Guard fighting stance)

02 ▸ 상대방이 나이프로 오른쪽 옆구리를 공격한다.

03 ▸ 왼발이 45° 왼쪽으로 나아가며 삼단봉으로 상대방의 손목을 강하게 후려쳐 나이프를 디스암 한다.

04 ▸ 이때 왼손으로 상대방의 오른쪽 손목을 잡아준다.

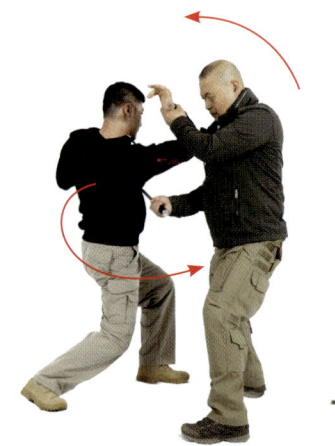 ▶▶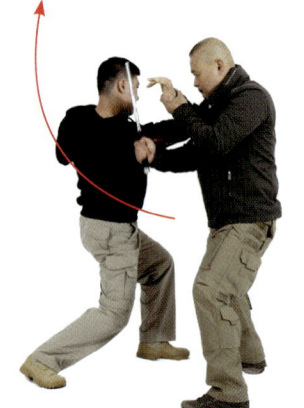

05 ▸ 상대방의 오른손을 위로 꺾어 올려주며 삼단봉으로 상대방의 복부를 강하게 후려 쳐준다.

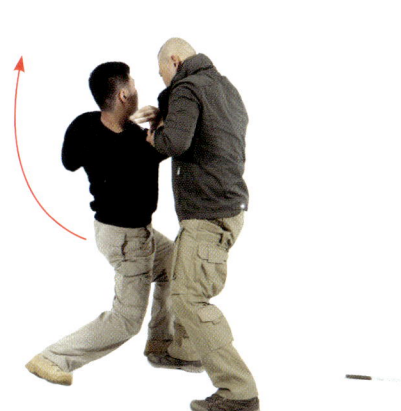

06 ▶ 삼단봉을 상대방의 목에 걸어준다.

07 ▶ 왼손을 상대방의 목뒤로 넣어주며 삼단봉 끝부분을 잡는다.

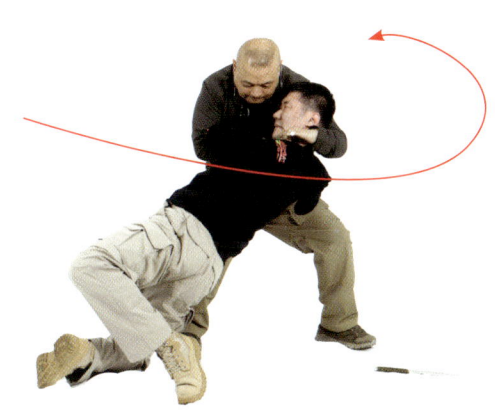

08 ▶ 삼단봉으로 상대방의 목을 압박하며 왼발이 뒤로 빠지면서 던진다.

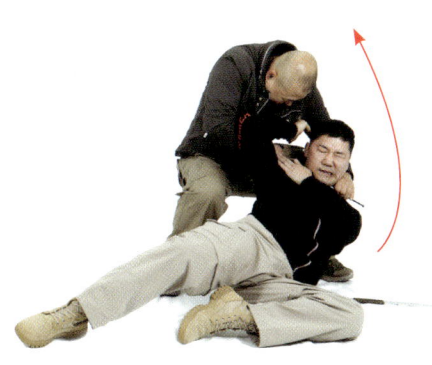

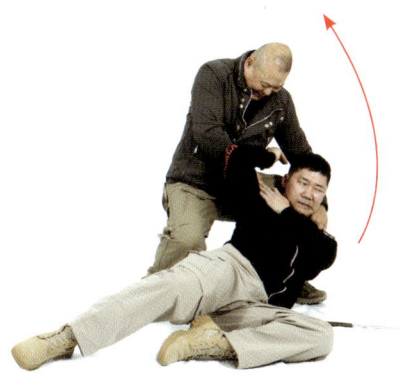

09 ▶ 상대방의 목 기도부분을 삼단봉으로 끌어당겨 압박하여 제압한다.

나이프 공격시 삼단봉 방어 교전 테크닉 (락킹 제압술)

Defense techniques of the tactical baton against the knife attack (Locking restriction skill)

Option 01 상대방이 오른쪽 옆구리를 향해 공격할때 (응용동작 / Application)

01 ▶ 온가드 파이팅 스텐스 (On Guard fighting stance)

02 ▶ 상대방이 나이프로 오른쪽 옆구리 를 공격한다 .

03 ▶ 왼발이 45 ° 왼쪽으로 나아가며 삼단봉으로 상대방의 손목을 강하게 후려쳐 나이프를 디스암 한다 .

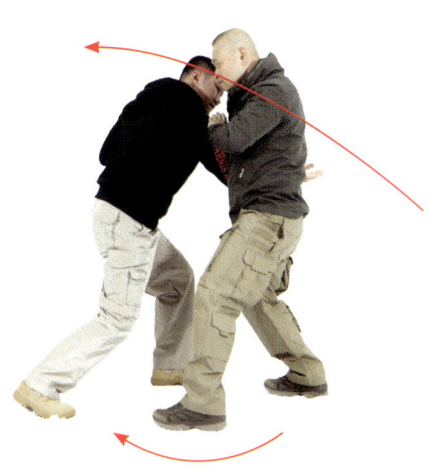

04 ▶ 왼발이 앞으로 나아간다 .

05 ▶ 삼단봉으로 상대방의 목을 걸어주는 동시에 왼손으로 삼단봉 끝부분을 잡는다 .

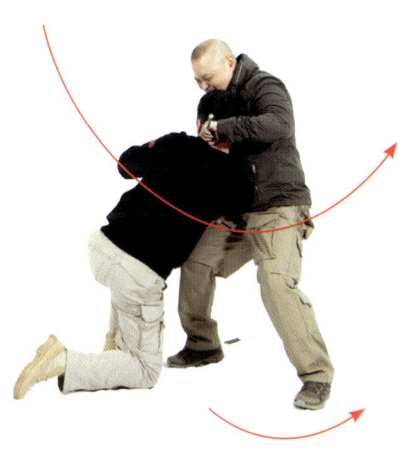

06 ▶ 왼발을 뒤로 빼면서 던진다 .

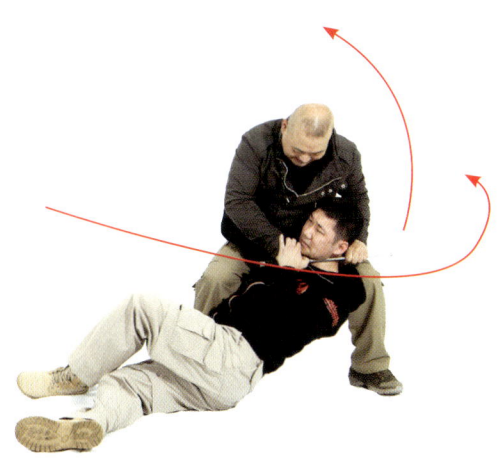

07 ▶ 삼단봉으로 상대방의 목을 끌어당겨 제압한다 .

나이프 공격시 삼단봉 방어 교전 테크닉 (락킹 제압술)

Defense techniques of the tactical baton against the knife attack (Locking restriction skill)

Technique 05 상대방이 중앙 복부를 향해 공격할때 (포워드 나이프 그립)

01 ▸ 온가드 파이팅 스텐스 (On Guard fighting stance)

02 ▸ 상대방이 나이프로 정면 복부를 공격할 때 오른발이 45° 오른쪽 방향으로 나아가면서, 왼손으로 상대방의 나이프를 든 손목을 막고 삼단봉으로 동시에 상대방의 팔을 타격한다.

03 ▸ 타격한 후 삼단봉을 든 오른손을 상대방의 손목 안쪽으로 넣어 준다.

04 ▸ 오른쪽 다리를 뒤로 빼면서, 삼단봉으로 상대방의 손목을 밑으로 꺾어 내린다.

(반대편 각도)

05 ▸ 삼단봉 끝부분 (버팅) 으로 꺾어 내려 상대방의 나이프를 디스암 한다.

06 ▸ 디스암후 왼발이 앞으로 나아간다.

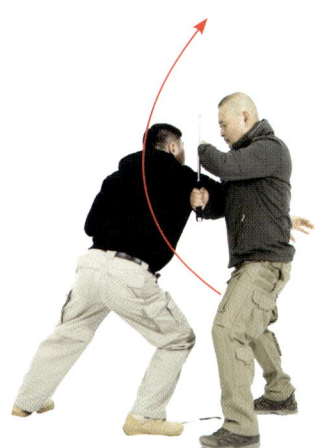
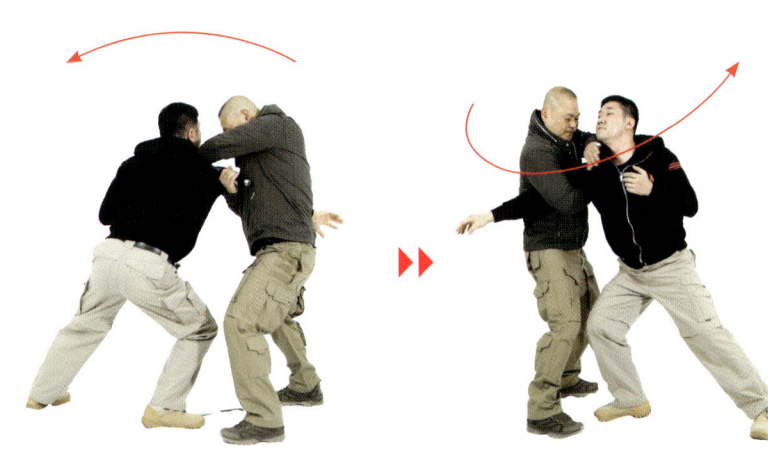

07 ▶ 상대방의 오른팔 겨드랑이 안쪽 부분으로 삼단봉을 밀어 넣어 준다.

08 ▶ 삼단봉을 상대방의 목에 걸어준다.

(반대편 각도)

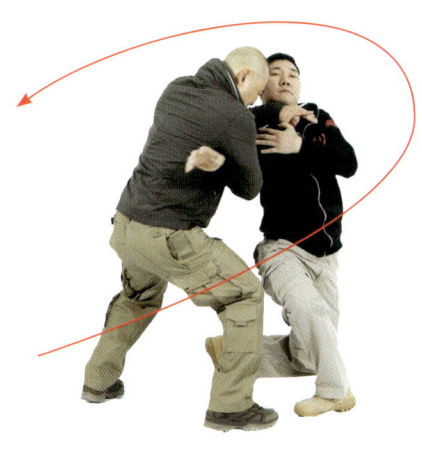

09 ▶ 왼발을 뒤로 빼면서 상대방을 강하게 던진다.

(반대편 각도)

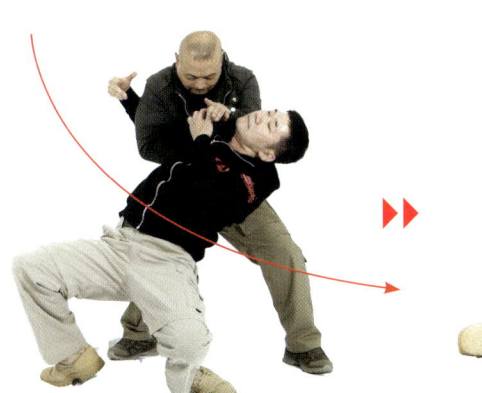
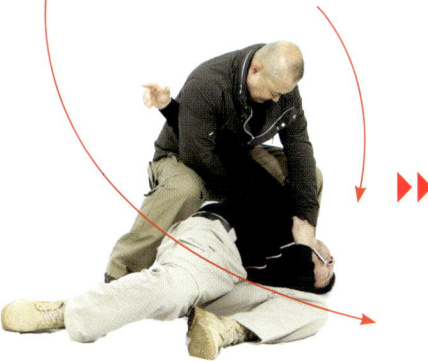

10 ▶ 상대방을 강하게 던진 후 삼단봉으로 상대방의 목을 압박해 제압한다.

이때 오른팔로 상대방의 오른팔 팔꿈치 관절을 꺾어서 제압한다.

나이프 공격시 삼단봉 방어 교전 테크닉 (락킹 제압술)

Defense techniques of the tactical baton against the knife attack (Locking restriction skill)

Option 01 상대방이 중앙 복부를 향해 공격할때 (응용동작 / Application)

01 ▸ 온가드 파이팅 스텐스 (On Guard fighting stance)

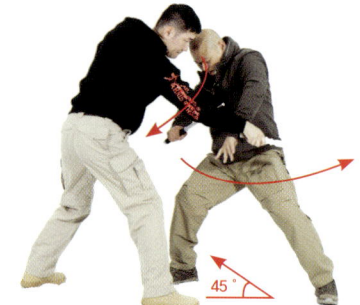

02 ▸ 상대방이 나이프로 정면 복부를 공격할 때 오른발이 45° 오른쪽으로 나아가며 왼손으로 상대방의 나이프를 든 손목을 막고 삼단봉으로 동시에 타격한다.

03 ▸ 타격한 후 삼단봉을 든 오른손을 상대방의 오른손 손목 안쪽으로 넣어 준다.

05 ▸ 오른다리가 뒤로 빠지면서 삼단봉으로 상대방의 손목을 밑으로 꺾어 내린다.

06 ▸ (반대편 각도)

07 ▸ 삼단봉 끝부분 (버팅) 으로 상대방의 오른손 손목을 꺾어 내려 상대방의 나이프를 디스암 한다.

08 ▸ 디스암 후 왼발이 앞으로 나아간다.

(반대편 각도)

09 ▸ 오른손을 상대방의 오른팔 팔 안쪽으로 밀어 넣어 준다.

10 ▶ 삼단봉을 상대방의 오른팔 팔꿈치 관절 윗 부분에 밀착시킨 후 왼손으로 삼단봉 끝부 분을 잡아준다.

11 ▶ 삼단봉으로 상대방의 오른팔을 강하게 압박한다.

(반대편 각도)

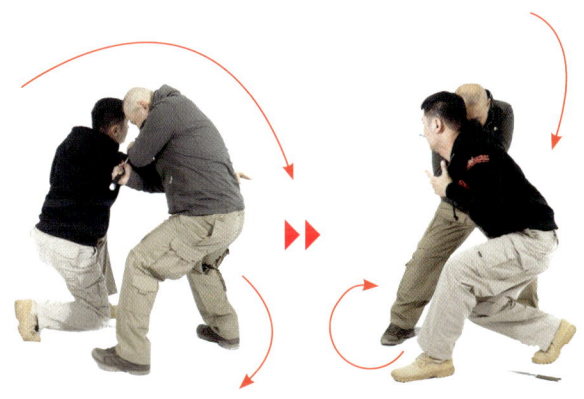

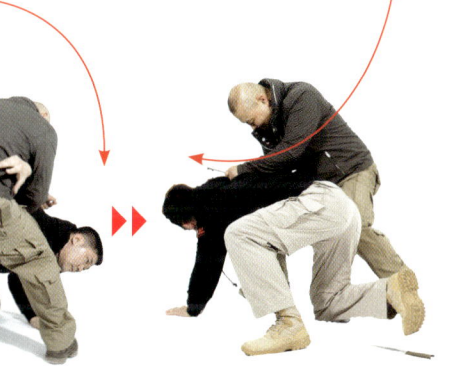

12 ▶ 오른발이 뒤로 빠지면서 상대 방의 팔을 끌어 당겨 준다.

(반대편 각도)

13 ▶ 상대방의 팔을 삼단봉으로 강하게 끌어서 던진다.

(반대편 각도)

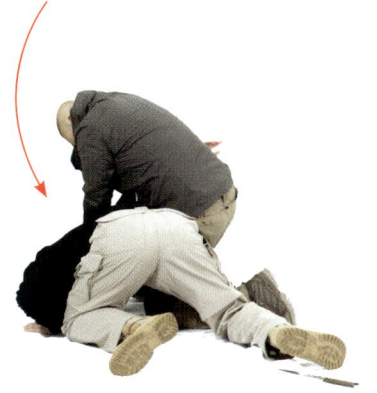
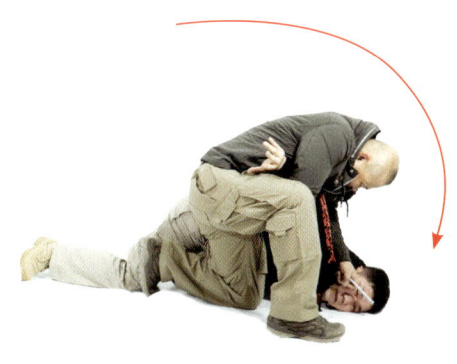

14 ▶ 강하게 상대방의 팔을 끌어서 던진 후 상대 방의 오른쪽 어깨를 눌러 제압한다.

(반대편 각도)

15 ▶ 왼발 무릎을 꿇어 체중을 실은 상태에서 상대방을 완전히 제압한다.

Techniques 04 Professional Skill
나이프 공격시 삼단봉 방어 교전 테크닉 (락킹 제압술)
Defense techniques of the tactical baton against the knife attack (Locking restriction skill)

Technique 06 상대방이 목을 향해 공격할때 (포워드 나이프 그립)

01 ▶ 온가드 파이팅 스텐스 (On Guard fighting stance)

02 ▶ 상대방이 나이프로 목을 직선으로 공격 한다.

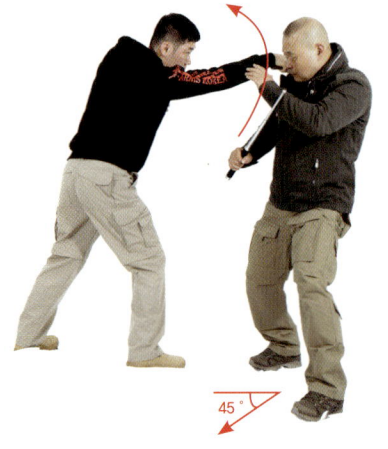

03 ▶ 왼발이 45° 왼쪽으로 나가면서 왼팔로 상대방의 나이프를 든 오른쪽 손목을 쳐낸다.

04 ▶ 빠르게 몸을 오른쪽 방향으로 틀어서 삼단봉으로 상대방의 오른손 손목을 강하게 내려친다.

05 ▶ 삼단봉으로 강하게 내려쳐 상대방의 나이프를 디스암 시킨다.

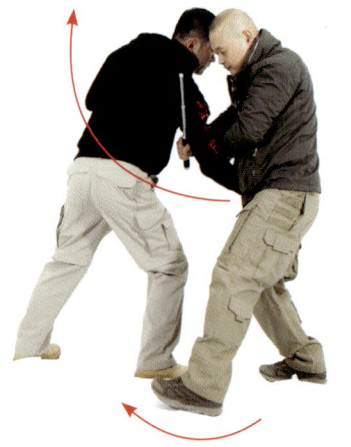

06 ▶ 왼발이 앞으로 나아가면서 오른손을 상대방의 오른팔 안쪽으로 밀어 넣어준다.

07 ▶ 삼단봉을 상대방의 팔꿈치 윗부분에 걸어 주고 왼손으로 삼단봉을 잡는다.

08 ▶ 오른발이 뒤로 빠지면서 삼단봉으로 강하게 밑으로 던진다.

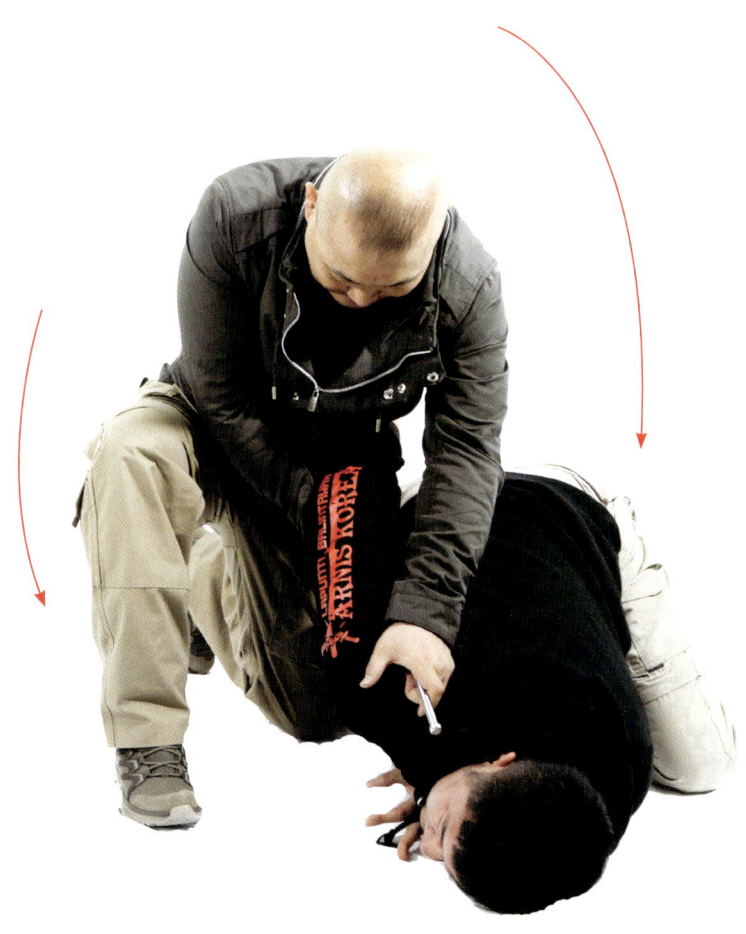

09 ▶ 삼단봉으로 상대방의 오른쪽 어깨뼈를 강하게 눌러 제압한다.

Techniques 04 — Professional Skill

나이프 공격시 삼단봉 방어 교전 테크닉 (락킹 제압술)
Defense techniques of the tactical baton against the knife attack (Locking restriction skill)

Option 01 상대방이 목 정면을 향해 공격할때 (아웃사이드 방어 / Outside Defense)

01 ▶ 온가드 파이팅 스텐스 (On Guard fighting stance)

02 ▶ 상대방이 나이프로 목을 직선으로 공격 한다.

03 ▶ 왼발이 45° 왼쪽으로 나가면서 왼팔로 상대방의 나이프를 든 오른쪽 손목을 쳐낸다.

04 ▶ 빠르게 몸을 오른쪽 방향으로 틀어 삼단봉으로 상대방의 오른손 손목을 강하게 내려쳐 나이프를 디스암 시킨다.

05 ▶ 왼발이 앞으로 나아간다.

06 ▶ 오른손으로 상대방의 목을 감싸 올린다.

07 ▸ 삼단봉 손잡이 뒤부분 (버팅) 으로 상대방 목뒤 (경추) 부분을 강하게 누른다.

08 ▸ 이때 왼손으로 삼단봉 손잡이 부분을 잡아 강하게 밑으로 눌러준다.

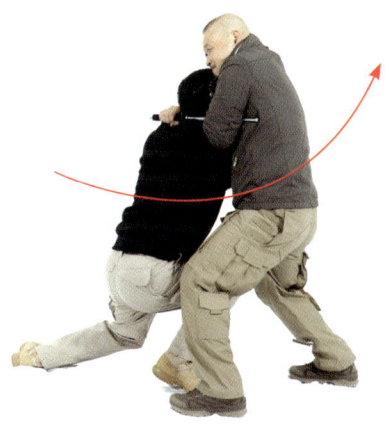

09 ▸ 상대방의 중심을 뺏은후 신속하게 삼단봉을 왼쪽겨드랑이 안쪽으로 밀어 넣는다.

10 ▸ 왼발을 뒤로 빼면서 상대방을 끌어 안아 던진다.

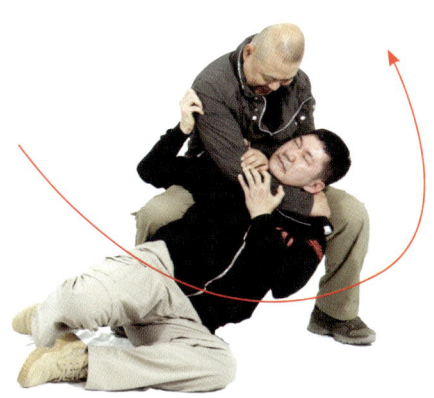

11 ▸ 상대방을 삼단봉과 왼팔로 압박해 제압한다.

Techniques 04 — Professional Skill

나이프 공격시 삼단봉 방어 교전 테크닉 (락킹 제압술)
Defense techniques of the tactical baton against the knife attack (Locking restriction skill)

Option 02 상대방이 목 정면을 향해 공격할때 (인사이드 방어 / Inside Defense)

01 ▶ 온가드 파이팅 스텐스 (On Guard fighting stance)

02 ▶ 상대방이 나이프로 정면 목을 직선으로 공격 한다.

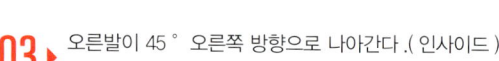

03 ▶ 오른발이 45° 오른쪽 방향으로 나아간다. (인사이드)

(반대편 각도)

04 ▶ 오른발이 45° 오른쪽으로 이동 후 상대방의 나이프를 든 오른팔을 삼단봉으로 가격한 후 동시에 상대방의 손목을 왼손으로 잡으며 삼단봉으로 강하게 타격하여 상대방의 나이프를 디스암한다.

(반대편 각도)

05 ▶ 가격한 삼단봉을 회수한다.

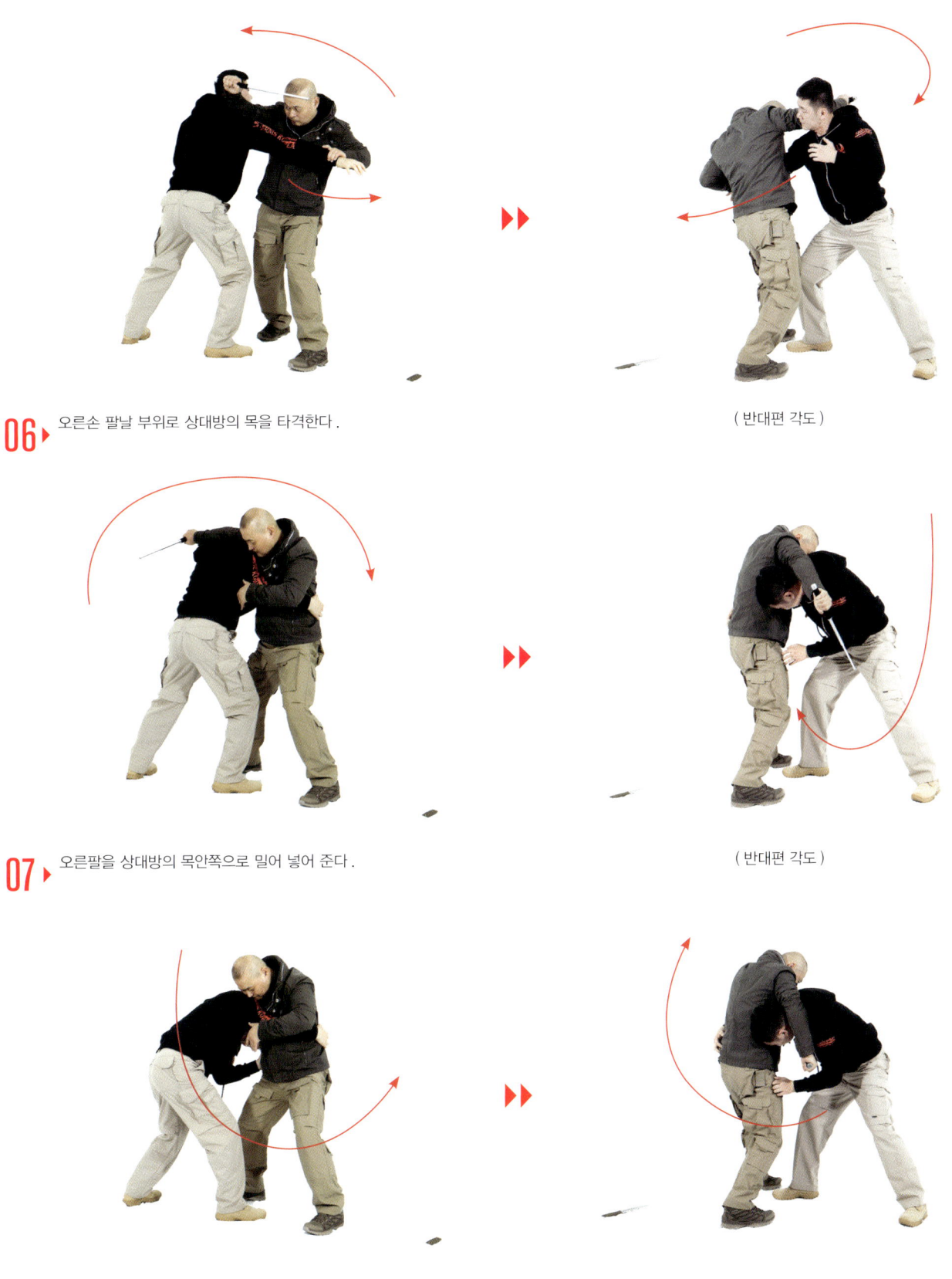

06 ▶ 오른손 팔날 부위로 상대방의 목을 타격한다. （반대편 각도）

07 ▶ 오른팔을 상대방의 목안쪽으로 밀어 넣어 준다. （반대편 각도）

08 ▶ 상대방의 목을 오른쪽 겨드랑이 안쪽으로 넣어 준다. （반대편 각도）

Techniques 04 — Professional Skill

나이프 공격시 삼단봉 방어 교전 테크닉 (락킹 제압술)

Defense techniques of the tactical baton against the knife attack (Locking restriction skill)

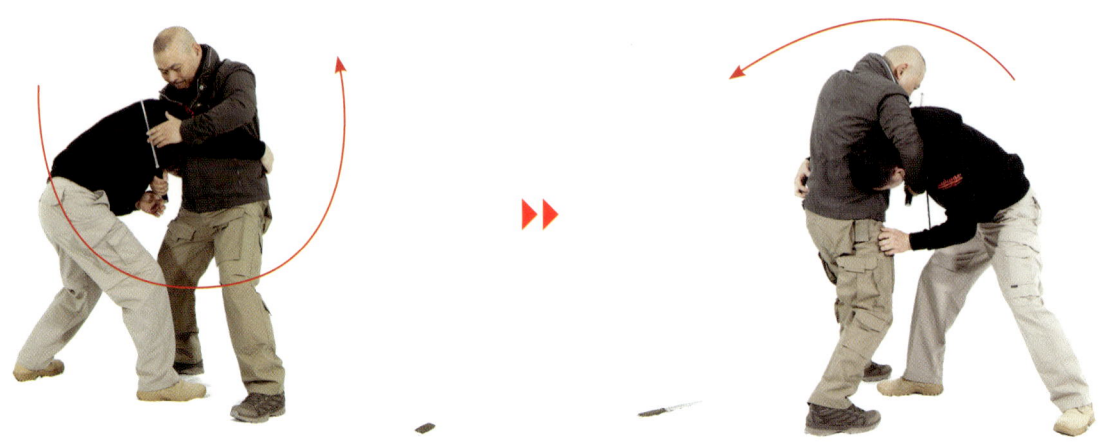

09 ▶ 삼단봉을 상대방의 겨드랑이 안쪽 으로 밀착 시킨다.

(반대편 각도)

10 ▶ 왼손으로 삼단봉 끝부분을 잡아 상대방의 겨드랑이 안쪽으로 강하게 압박한다.

(반대편 각도)

11 ▶ 그대로 주저앉아 상대방의 목부분과 겨드랑이 부분을 압박한다.

12 ▶ 상체를 들어올려 상대방의 목을 압박하여 제압한다.

Option 03 상대방이 목 정면을 향해 공격할때 (인사이드 방어 그라운드 응용동작 / Inside Defense Ground Application)

01 ▶ 상대방이 강하게 앞으로 밀어 부친다.

02 ▶ 상대방에게 저항하지 않고 뒤로 넘어간다.

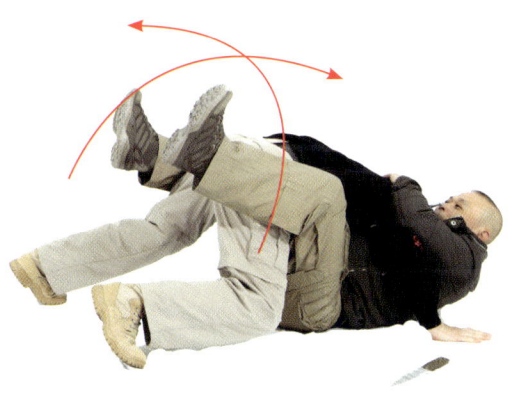

03 ▶ 뒤로 넘어지면서 상대방의 허리에 다리를 걸어 준다.

04 ▶ 상대방의 허리를 다리로 조여주며 그대로 삼단봉으로 상대방 목을 압박해 제압한다.

Techniques 04 — Professional Skill

나이프 공격시 삼단봉 방어 교전 테크닉 (락킹 제압술)
Defense techniques of the tactical baton against the knife attack (Locking restriction skill)

Option 04 상대방이 목 정면을 향해 공격할때 (인사이드 방어 응용동작 / Inside Defense Application)

01 ▶ 온가드 파이팅 스텐스 (On Guard fighting stance)

02 ▶ 상대방이 나이프로 정면 목을 직선으로 공격 한다.

03 ▶ 오른발이 45° 오른쪽으로 이동후 상대방의 나이프를 든 팔을 삼단봉으로 가격한 후 동시에 상대방의 손목을 왼손으로 잡는다.

04 ▶ 가격한 삼단봉을 회수 한다.

05 ▶ 삼단봉 손잡이 끝부분(버팅)으로 상대방의 목을 타격한다.

06 ▶ 타격한 삼단봉을 회수한다.

07 ▶ 삼단봉 손잡이 끝부분(버팅)으로 상대방의 늑골을 타격한다.

08 ▶ 타격 후 상대방의 팔꿈치 윗부분에 삼단봉을 걸어준다.

09 ▶ 이때 왼손으로 삼단봉 끝부분을 잡아준다.

(반대편 각도)

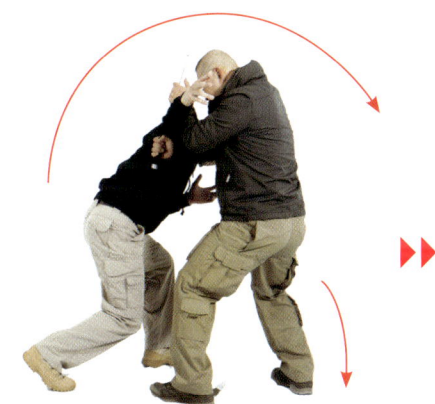

10 ▶ 오른발을 뒤로 빼면서 삼단봉으로 상대방의 오른팔 팔꿈치 관절을 꺾어 준다.

(반대편 각도)

11 ▶ 상대방의 팔꿈치 관절을 꺾어 밑으로 잡아 던진다.

12 ▶ 삼단봉으로 상대방의 팔꿈치 관절을 눌러 상대방의 팔꿈치를 꺾는다.

(반대편 각도)

13 ▶ 왼발이 앞으로 나오면서 삼단봉 중간 부분으로 상대방의 오른팔 팔꿈치 안쪽을 꺾어 제압한다.

Techniques 05 Professional Skill

나이프 공격시 삼단봉 아바니코(팬스트라이크)기술 교전 테크닉(락킹 제압술)
The Abanico skill against the knife attack (Locking suppression)

Technique 01 상대방이 왼쪽 목을 향해 공격할때 (리버스 나이프 그립)

01▶ 온가드 파이팅 스텐스 (On Guard fighting stance)

02▶ 상대방이 나이프로 왼쪽목을 공격한다. 오른발이 45° 오른쪽으로 나아가면서 나이프를 든 상대방의 오른손 손목을 팬스트라이크로 타격한다.

03▶ 왼손으로 상대방의 오른팔을 막으며 삼단봉으로 상대방의 얼굴을 타격한다.

04▶ 이때 왼손으로 상대방의 오른쪽 손목을 잡아준다.

05▶ 왼발이 옆으로 나아가면서 삼단봉으로 상대방의 옆구리를 타격한다.

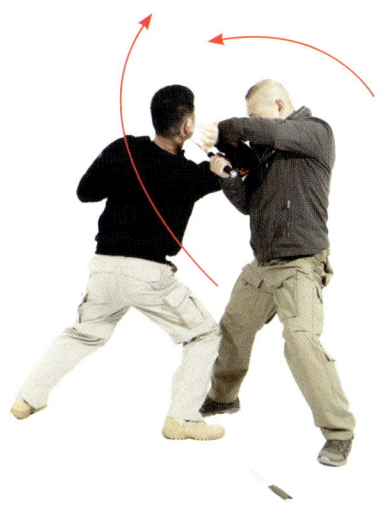

06 ▶ 상대방의 오른손을 위로 꺾어 올려주준다.
이때 삼단봉을 든 오른손을 상대방의 오른팔 팔꿈치 안쪽으로 밀어
넣어준다.

07 ▶ 삼단봉을 상대방의 목에 걸어준다.

 ▶▶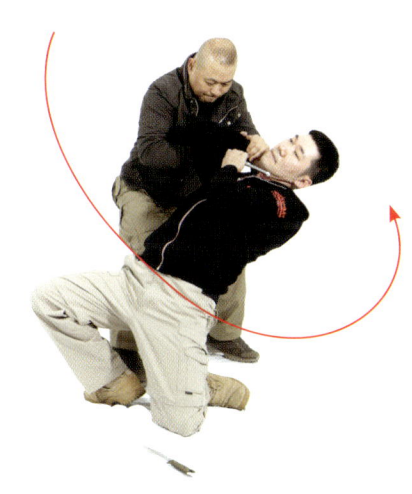

08 ▶ 왼발을 뒤로 빼면서 상대방의 오른손을 끌어 당겨주며 삼단봉으로 상대방을 던진다.

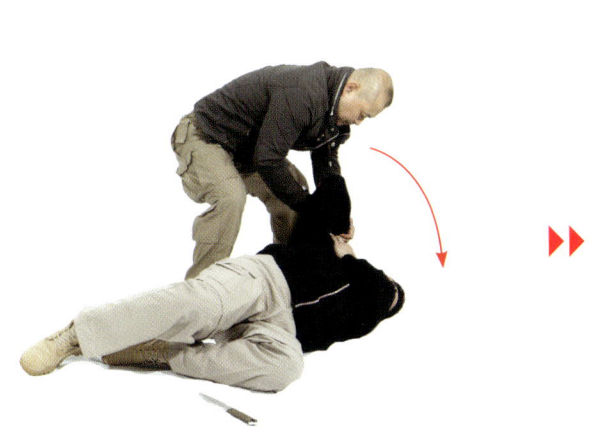 ▶▶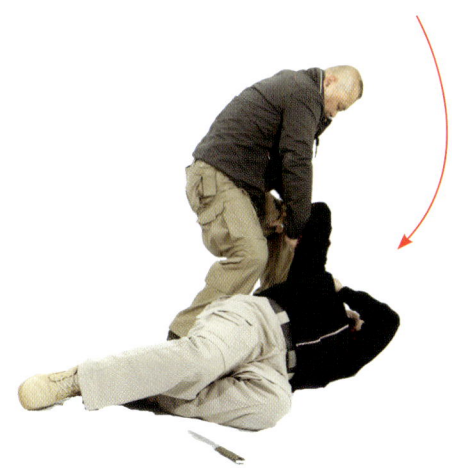

09 ▶ 삼단봉으로 상대방의 목과 팔을 꺾어 제압한다.

나이프 공격시 삼단봉 아바니코 (팬스트라이크) 기술 교전 테크닉 (락킹 제압술)
The Abanico skill against the knife attack (Locking suppression)

Technique 02 상대방이 오른쪽 목을 향해 공격할때 (리버스 나이프 그립)

01 ▶ 온가드 파이팅 스텐스 (On Guard fighting stance)

02 ▶ 상대방이 나이프로 오른쪽 목을 공격한다

03 ▶ 왼발이 옆으로 이동과 동시에 삼단봉을 업스프링 (위에서 아래로) 스트라이크로 상대방의 손목을 타격한다.

04 ▶ 상대방의 나이프를 디스암 한다.

05 ▶ 다시 팬스트라이크로 상대방의 오른팔 팔꿈치를 삼단봉으로 타격한다.

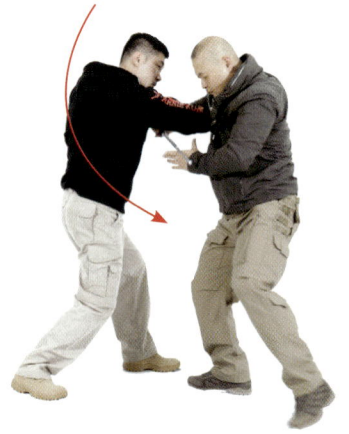

06 ▶ 타격 후 신속히 오른손을 상대방의 오른팔 안쪽으로 밀어 넣는다.

07 ▶ 삼단봉을 상대방의 오른팔에 걸어준다 이때 왼손으로 삼단봉 끝부분을 잡아준다 .

08 ▶ 오른발을 뒤로 빼면서 삼단봉으로 상대방의 팔을 꺾어 던진다 .

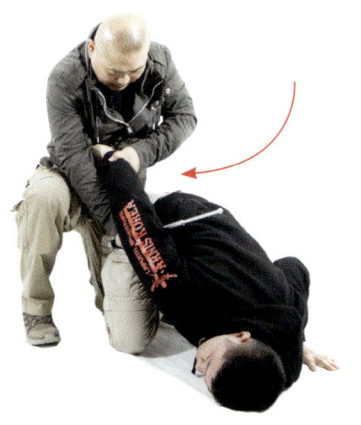

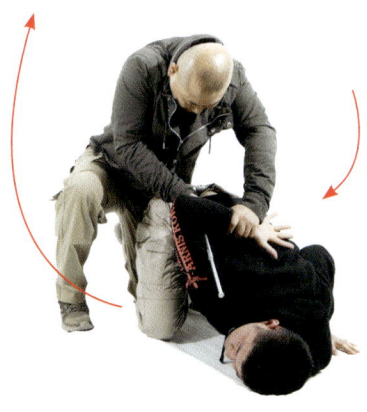

09 ▶ 왼손으로 상대방의 손목을 잡는다 .

10 ▶ 삼단봉으로 상대방의 오른팔 팔꿈치 안쪽을 꺾어 제압한다 .

Techniques 05 Professional Skill

나이프 공격시 삼단봉 아바니코(팬스트라이크) 기술 교전 테크닉 (락킹 제압술)
The Abanico skill against the knife attack (Locking suppression)

Technique 03 상대방이 왼쪽 옆구리를 향해 공격할때 (리버스 나이프 그립)

01 ▶ 온가드 파이팅 스텐스 (On Guard fighting stance)

02 ▶ 상대방이 나이프로 왼쪽 옆구리를 공격한다.

03 ▶ 왼발이 뒤로 이동하면서 동시에 나이프를 든 상대방의 오른손 손목을 업스프링으로 타격하여 나이프를 디스암 시킨다.

04 ▶ 삼단봉을 회수한다.

05 ▶ 신속하게 삼단봉을 뒤집어서 팬스트라이크로 상대방의 손목을 타격한다.

06 ▶ 타격 후 상대방의 오른손 손목을 잡아챈다.

07 ▸ 왼발이 옆으로 나아가면서 삼단봉으로 상대방의 옆구리를 타격한다.

08 ▸ 타격한 후 신속히 오른손을 상대방의 오른팔 안쪽으로 밀어 넣는다.

09 ▸ 삼단봉을 상대방의 오른팔에 걸어준다 이때 왼손으로 삼단봉 끝부분을 잡아준다.

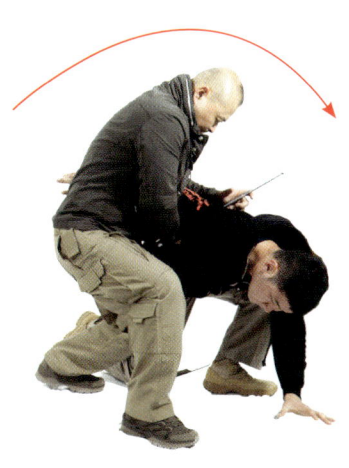

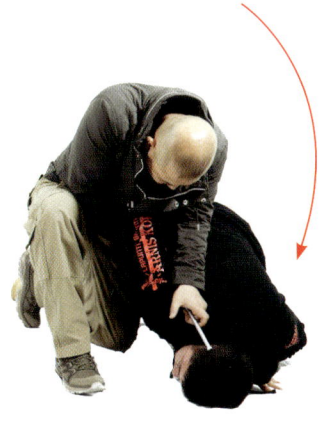

10 ▸ 오른발을 뒤로 빼면서 삼단봉으로 상대방의 오른팔을 꺾어 앞으로 던진다.

11 ▸ 삼단봉으로 상대방의 오른쪽 어깨뼈를 강하게 눌러 제압한다.

Techniques 05
Professional Skill

나이프 공격시 삼단봉 아바니코(팬스트라이크)기술 교전 테크닉(락킹 제압술)
The Abanico skill against the knife attack (Locking suppression)

Technique 04 상대방이 오른쪽 옆구리를 향해 공격할때 (리버스 나이프 그립)

01 ▶ 온가드 파이팅 스텐스 (On Guard fighting stance)

02 ▶ 상대방이 나이프로 오른쪽 옆구리 를 공격한다.

03 ▶ 왼발이 옆으로 이동과 동시에 삼단봉 업스프링 스트라이크로 상대방의 오른손 손목을 타격한다.

04 ▶ 상대방의 나이프를 디스암 한다.

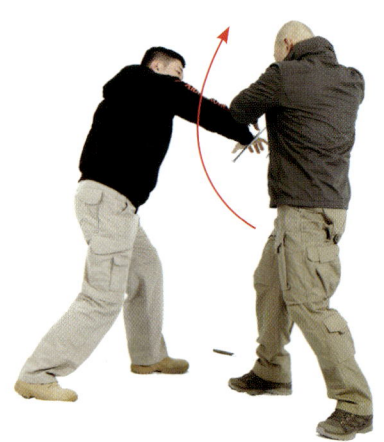

05 ▶ 다시 팬스트라이크로 상대방의 오른팔 팔꿈치를 삼단봉으로 타격한다.

06 ▶ 방어한 후 왼손으로 상대방의 오른손 손목을 위로 꺾어 올려준다.

07 ▸ 왼발이 옆으로 나아가면서 삼단봉으로 상대방의 옆구리를 타격한다.

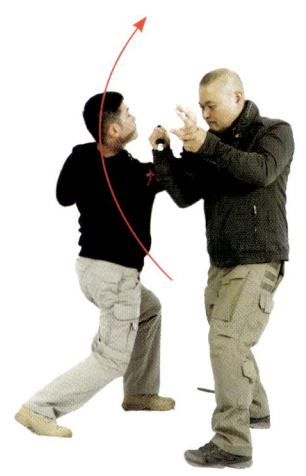

08 ▸ 삼단봉을 든 오른팔을 상대방의 오른팔 팔꿈치 안으로 밀어 넣는다.

09 ▸ 삼단봉을 상대방의 목에 걸어준다.

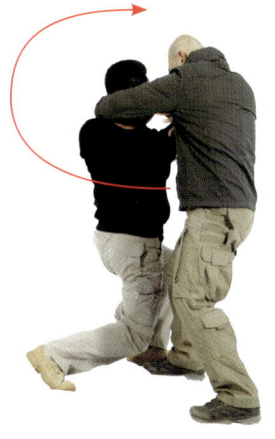

10 ▸ 왼손으로 상대방 목뒤를 감싸 주며 삼단봉 끝부분을 왼손으로 잡는다.

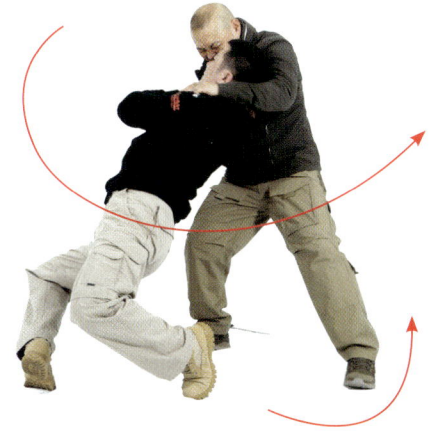

11 ▸ 왼발이 뒤로 이동하면서 상대방을 집어 던진다.

12 ▸ 삼단봉으로 상대방의 목을 강하게 조르면서 제압한다.

Techniques 05 Professional Skill

나이프 공격시 삼단봉 아바니코(팬스트라이크)기술 교전 테크닉(락킹 제압술)
The Abanico skill against the knife attack (Locking suppression)

Technique 05 상대방이 중앙 복부를 향해 공격할때 (포워드 나이프 그립)

01 ▶ 온가드 파이팅 스텐스 (On Guard fighting stance)

02 ▶ 상대방이 나이프로 정면 복부를 공격할 때 오른발이 45° 오른쪽으로 나아가며 상대방의 나이프를 든 손을 삼단봉으로 동시에 타격한다. (업스프링)

03 ▶ 타격한 후 왼손으로 상대방의 오른팔을 막는다.

04 ▶ 방어한 후 삼단봉으로 상대방의 얼굴을 타격한다.

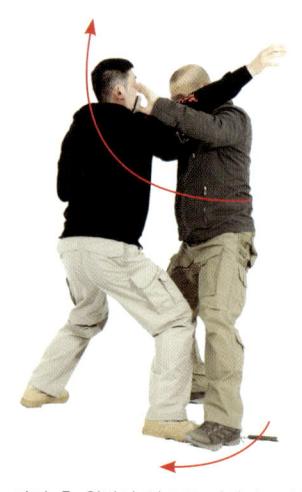
05 ▶ 타격 후 왼발이 앞으로 나아가고 삼단봉을 상대방의 오른쪽 어깨에 걸친다. 이때 왼손으로 삼단봉 끝부분을 잡는다.

06 ▶ 삼단봉으로 상대방의 어깨를 강하게 밑으로 눌러준다.

07 ▶ 상대방의 중심을 무너트린 후 오른발이 앞으로 나아간다.

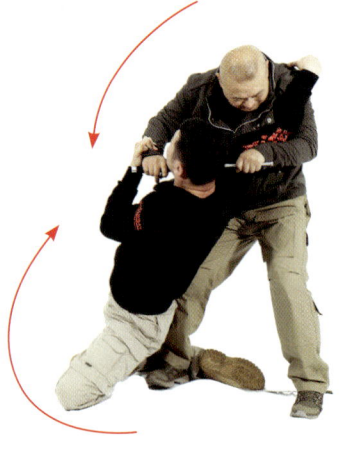
08 ▶ 나아간 오른발로 상대방의 오른발 다리를 걸어서 던진다.

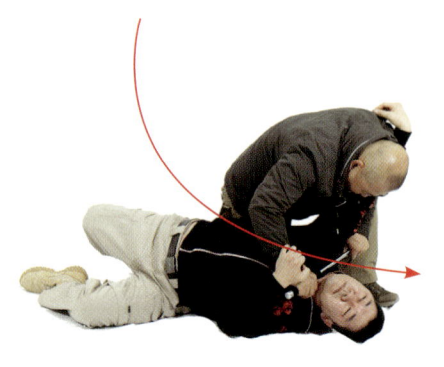
09 ▶ 상대방을 던진 후 삼단봉으로 상대방의 목을 압박해 제압한다.

Option 01 상대방이 중앙 복부를 향해 공격할때 (그라운드 응용동작 / Ground Application)

10 ▶ 상대방을 던진 후 그라운드 사이드 포지션으로 전환한다.

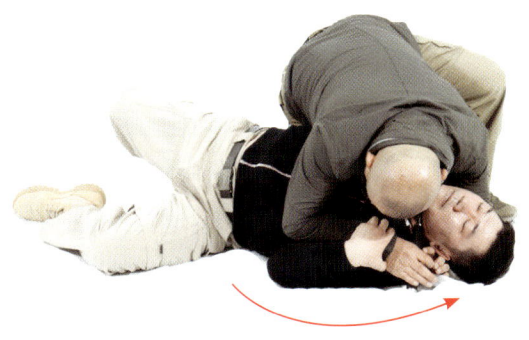

11 ▶ 이때 신속하게 왼손으로 상대방의 목뒷 부분을 감싸 안는다.

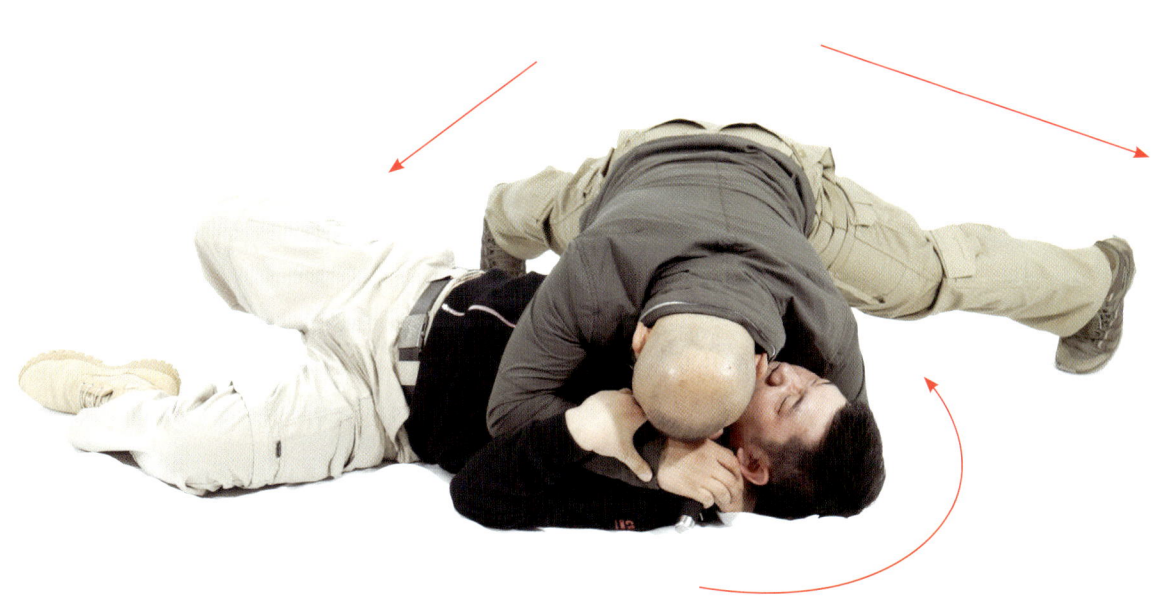

12 ▶ 왼손과 오른손으로 삼단봉 손잡이 부분을 잡고 상대방의 목을 압박해 제압한다. 이때 중심을 앞쪽으로 실어서 상대방을 강하게 압박해서 제압한다.

Techniques 05 Professional Skill

나이프 공격시 삼단봉 아바니코(팬스트라이크) 기술 교전 테크닉 (락킹 제압술)

The Abanico skill against the knife attack (Locking suppression)

Option 02 상대방이 중앙 복부를 향해 공격할때 (응용동작 / Application)

01 ▶ 온가드 파이팅 스텐스 (On Guard fighting stance)

02 ▶ 상대방이 나이프로 정면 복부를 공격한다. 이때 오른발이 45° 오른쪽으로 나아가며 왼손으로 상대방의 나이프를 든 오른팔을 삼단봉으로 동시에 타격한다 (업스프링)

03 ▶ 타격 후 왼손으로 상대방의 오른팔을 막는다.

04 ▶ 방어한 후 삼단봉으로 상대방의 얼굴을 타격한다.

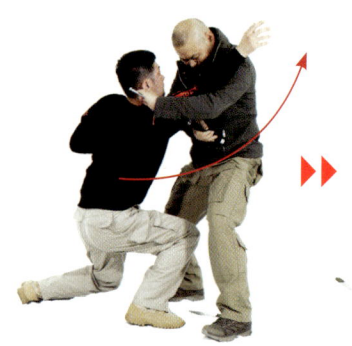
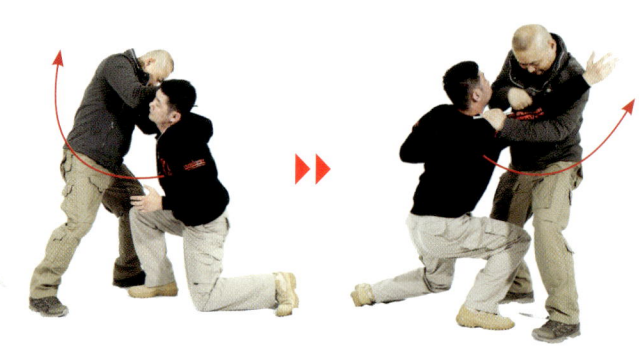

05 ▶ 타격 후 삼단봉으로 상대방의 어깨를 강하게 밑으로 눌러준다.

06 ▶ 삼단봉을 신속하게 왼쪽 겨드랑이 로 밀어 넣는다.

(반대편 각도)

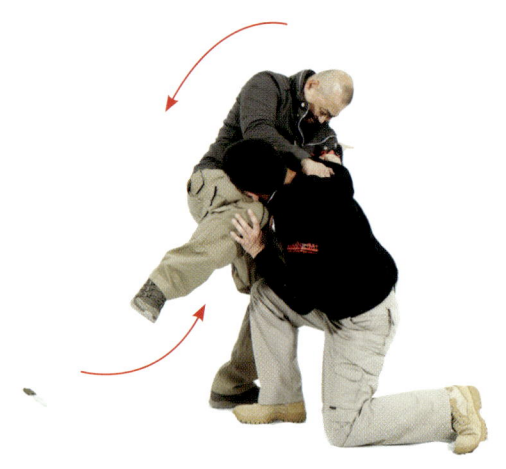

07 ▶ 오른손으로 상대방의 목을 잡아당기며 상대방의 얼굴 정면에 무릎 차기를 한다.

(반대편 각도)

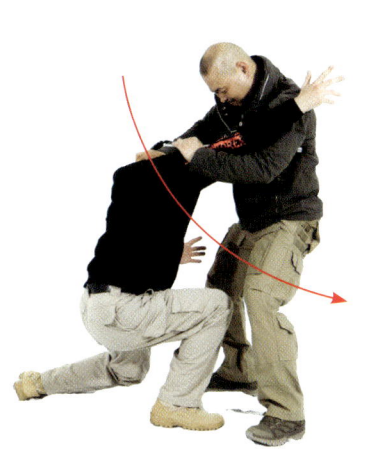
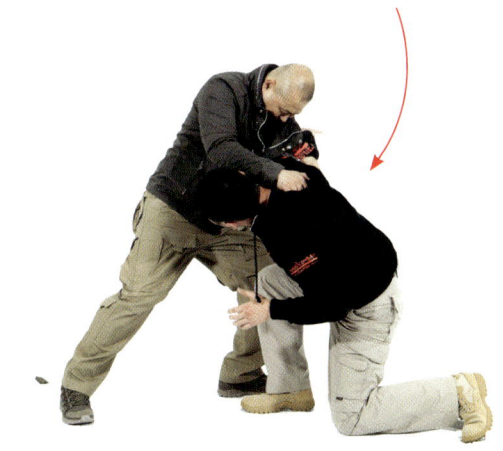

08 ▶ 무릎차기후 상대방의 팔을 강하게 끌어 당긴다. (반대편 각도)

09 ▶ 이때 오른발이 뒤로 빠지면서 강하게 상대방을 밑으로 끌어 당긴다. (반대편 각도)

10 ▶ 삼단봉으로 상대방의 오른팔 팔꿈치를 강하게 꺾으며 밑으로 눌러 앉는다. (반대편 각도)

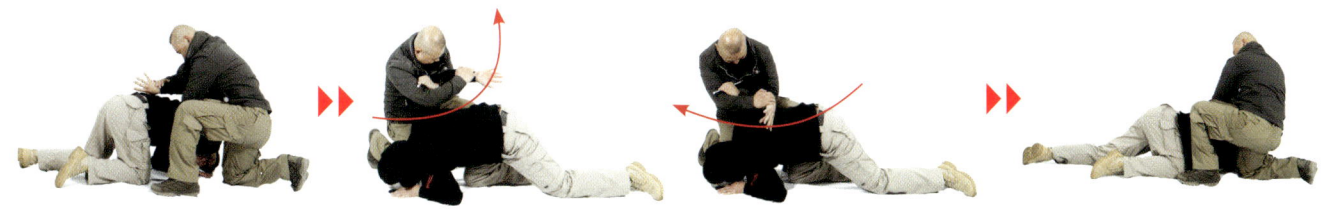

11 ▶ 상대방의 중심을 완전히 무너 트린후 오른손으로 상대방의 오른손 손목을 잡는다. (반대편 각도)

12 ▶ 상대방의 오른손을 안쪽으로 꺾으며 상대방을 기무라 락으로 제압한다. (반대편 각도)

나이프 공격시 삼단봉 아바니코(팬스트라이크) 기술 교전 테크닉 (락킹 제압술)

The Abanico skill against the knife attack (Locking suppression)

Option 03 상대방이 중앙 복부를 향해 공격할때 (응용동작 / Application)

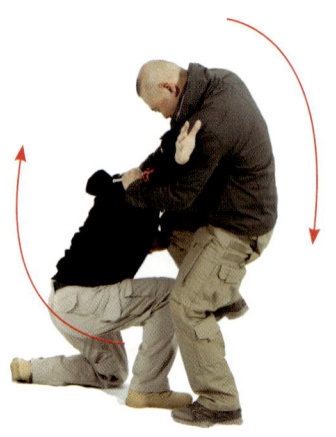

01 ▶ 오른손으로 상대방의 목을 잡아당기며 얼굴 정면에 무릎 차기를 한다.

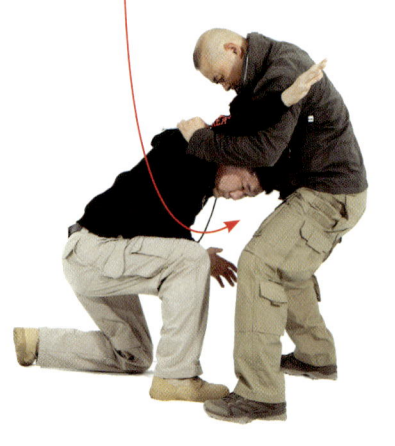

02 ▶ 상대방의 목을 오른손으로 강하게 쳐서 왼쪽 무릎 방향 쪽으로 밀어준다.

(반대편 각도)

03 ▶ 상대방의 목을 왼쪽 무릎 방향 쪽으로 강하게 밀어 주고 오른발을 뒤로 빼면서 상대방의 오른팔을 가슴 안쪽으로 강하게 돌려서 던져준다.

 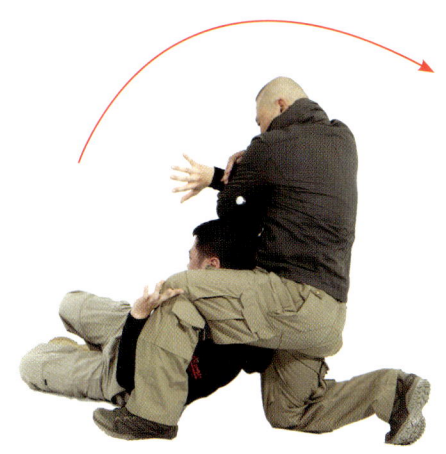

04 ▶ 강하게 돌려서 던지후 삼단봉으로 상대방의 오른팔을 조여준다 . (반대편 각도)

05 ▶ 오른손으로 상대방의 오른손 손목을 잡는다 .

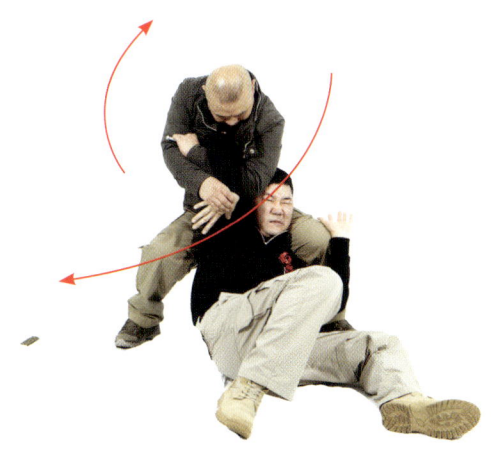 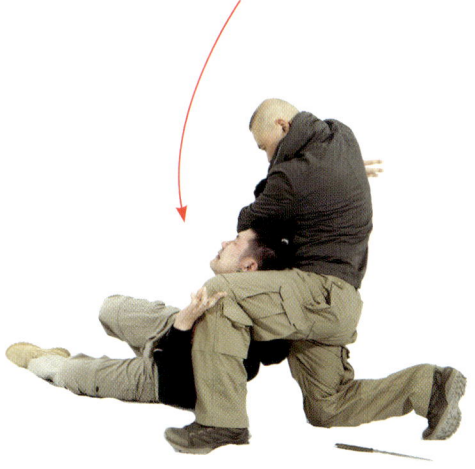

06 ▶ 상대방의 오른손 손목을 아래쪽으로 강하게 꺾어서 제압한다 . (반대편 각도)

나이프 공격시 삼단봉 아바니코(팬스트라이크) 기술 교전 테크닉 (락킹 제압술)
The Abanico skill against the knife attack (Locking suppression)

Technique 06 상대방이 목 정면을 향해 공격할때 (포워드 나이프 그립)

01 ▶ 온가드 파이팅 스텐스 (On Guard fighting stance)

02 ▶ 상대방이 나이프로 정면 목을 직선으로 공격 한다.

03 ▶ 왼발이 옆으로 이동과 동시에 삼단봉 업스프링 스트라이크로 상대방의 오른손 손목을 타격한다.

04 ▶ 다시 팬스트라이크로 상대방의 오른팔 팔꿈치를 삼단봉으로 타격한다. 이때 상대방의 나이프를 디스암 시킨다.

05 ▶ 타격한 후 왼발이 앞으로 나아간다.

06 ▶ 오른팔을 상대방의 오른쪽 겨드랑이 안으로 밀어 넣어 준다.

07 ▶ 삼단봉을 상대방의 목에 건다.

08 ▶ 삼단봉을 상대방의 목에 거는 동시에 상대방의 목 뒤로 왼손을 밀어 넣으며 삼단봉 끝 부분을 잡는다.

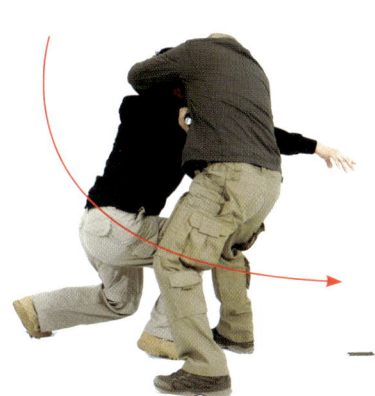 ▶▶

09 ▶ 왼발을 뒤로 빼면서 상대방을 강하게 던진다.

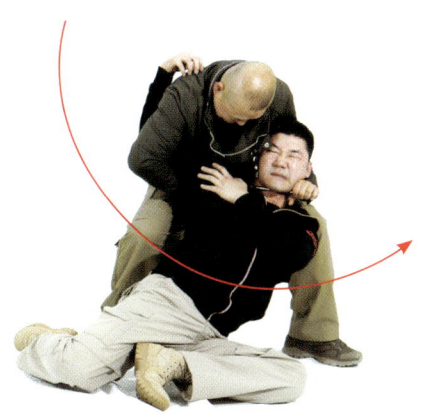

10 ▶ 강하게 던진 후 삼단봉으로 상대방의 목을 조른다.

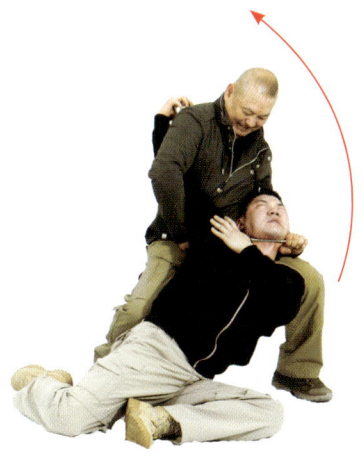

11 ▶ 중심을 뒤로 이동해 상대방의 목을 삼단봉으로 강하게 조여서 제압한다.

나이프 공격시 삼단봉 아바니코(팬스트라이크)기술 교전 테크닉(락킹 제압술)

The Abanico skill against the knife attack (Locking suppression)

Option 01 상대방이 목 정면을 향해 공격할때 (응용동작 / Application)

01▶ 온가드 파이팅 스텐스 (On Guard fighting stance)

02▶ 왼발이 옆으로 이동과 동시에 삼단봉 업스프링 스트라이크로 상대방의 오른 손목을 타격한다.

03▶ 다시 팬스트라이크로 상대방의 오른팔 팔꿈치를 삼단봉으로 타격한다. 이때 상대방의 나이프를 디스암 한다.

04▶ 타격한 후 왼손으로 상대방의 오른팔을 방어한다.

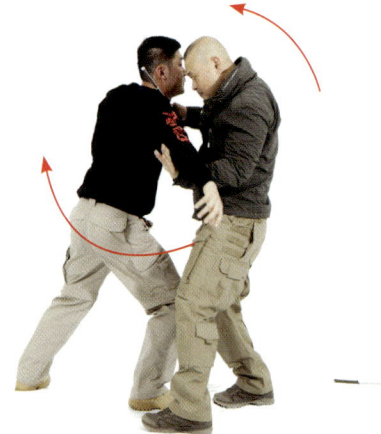

05▶ 방어한 후 삼단봉으로 상대방의 목을 타격한다.

06▶ 타격한 후 삼단봉으로 상대방의 쇄골뼈를 강하게 밑으로 눌러 준다.

07 ▶ 상대방의 중심을 밑으로 무너트린다.

08 ▶ 상대방의 목뒤로 왼손을 밀어넣으며 삼단봉 끝부분을 잡는다.

09 ▶ 오른발을 뒤로 빼면서 강하게 던진다.

10 ▶ 상대방을 밀착시켜 던진다.

11 ▶ 상대방과 같이 자연스럽게 넘어진다.

12 ▶ 그라운드 사이드 포지션으로 전환후 삼단봉으로 상대방의 목을 강하게 압박해서 제압한다.

쇠파이프 및 무성무기 공격시 삼단봉 방어 교전 테크닉 (락킹 제압술)
Defense techniques of the tactical baton against the pipe or soundless weapons attack (Locking suppression)

Technique 01 상대방이 왼쪽 머리를 향해 공격할때

01 ▶ 온가드 파이팅 스텐스 (On Guard fighting stance)

02 ▶ 상대방이 쇠파이프로 왼쪽 머리를 공격한다.

03 ▶ 오른발이 45° 오른쪽으로 나아가며 삼단봉으로 쇠파이프 하단 부분을 막는다.

04 ▶ 방어한 후 신속하게 오른팔 팔등으로 쇠파이프를 우측으로 밀어낸다.

05 ▶ 쇠파이프를 밀어낸뒤 삼단봉 중간 부분으로 상대방의 쇄골뼈를 강하게 밑으로 눌러 타격한다.

06 ▶ 타격한 후 왼손으로 상대의 목뒤를 감싸안는다. 이때 왼손으로 삼단봉 손잡이 자루부분을 잡는다.

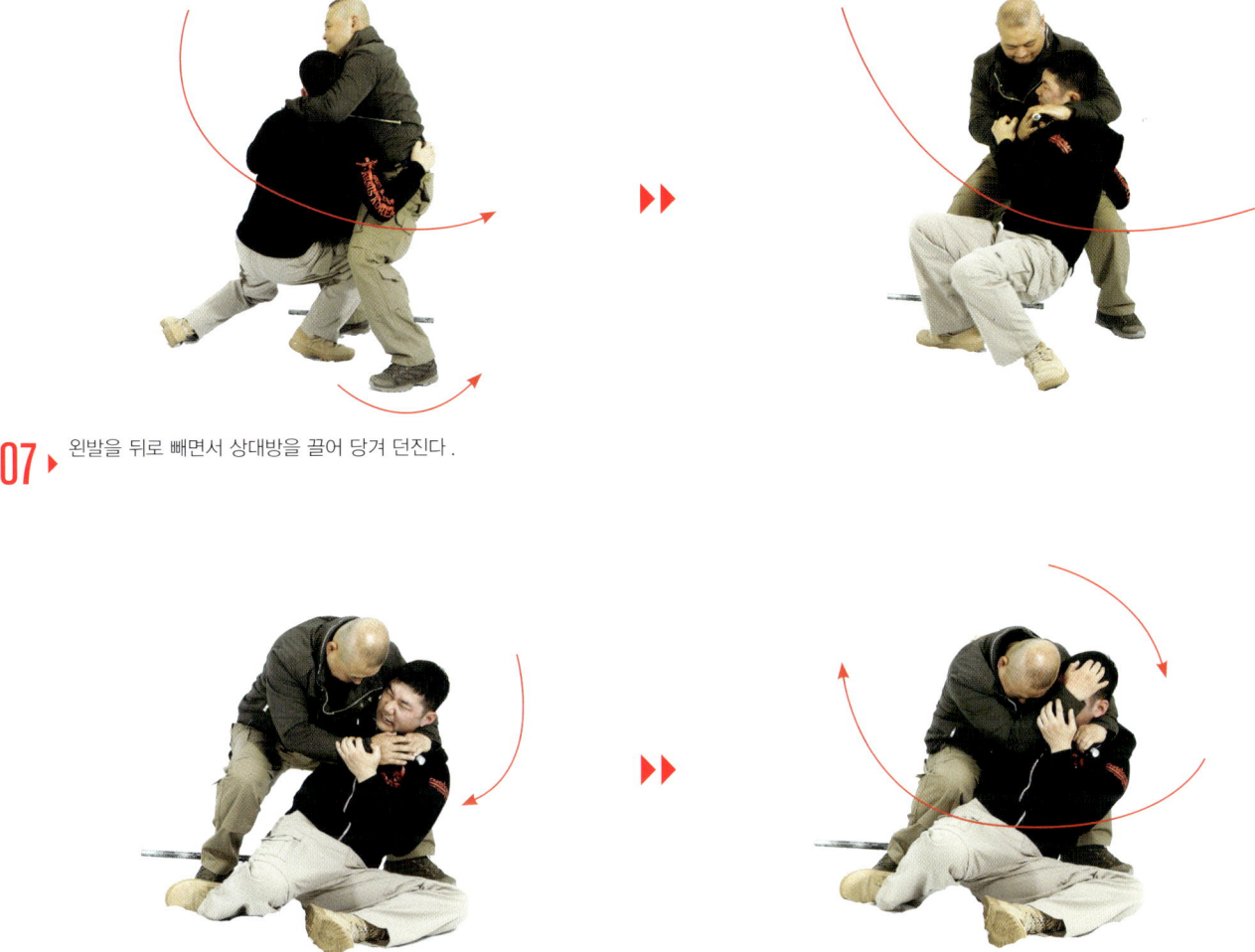

07 ▸ 왼발을 뒤로 빼면서 상대방을 끌어 당겨 던진다.

08 ▸ 삼단봉으로 상대방의 목을 강하게 압박해 제압한다. 이때 오른손으로 상대방의 목을 앞으로 당겨서 강하게 압박한다.

Techniques 06 — Professional Skill

쇠파이프 및 무성무기 공격시 삼단봉 방어 교전 테크닉 (락킹 제압술)
Defense techniques of the tactical baton against the pipe or soundless weapons attack (Locking suppression)

Option 01 상대방이 왼쪽 머리를 향해 공격할때 (응용동작 / Application)

01 ▶ 온가드 파이팅 스텐스 (On Guard fighting stance)

02 ▶ 상대방이 쇠파이프로 왼쪽 머리를 공격한다.

03 ▶ 오른발이 45° 오른쪽으로 나아가며 삼단봉으로 쇠파이프 하단 부분을 막는다. 이때 왼손으로 삼단봉이 밀리지 않도록 가드를 해준다.

04 ▶ 방어와 동시에 삼단봉 손잡이 부분으로 상대방의 쇠파이프를 안쪽으로 감아 챈다.

05 ▶ 쇠파이프를 완전히 감아 챈 후

06 ▶ 삼단봉 손잡이 끝부분 (버팅) 으로 상대방의 턱을 타격한다.

07 ▶ 상대방의 쇠파이프를 뺏는다.

08 ▶ 타격 후 상대방의 목을 삼단봉으로 강하게 걸어준다.

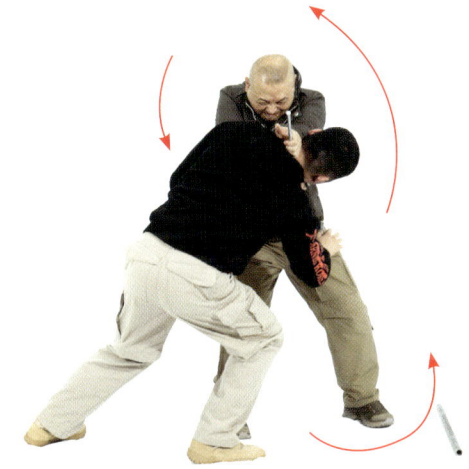

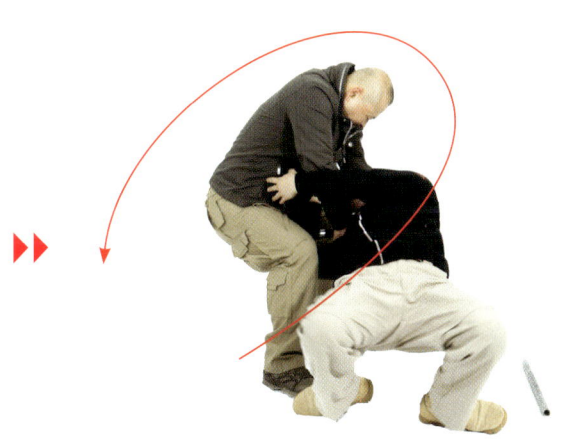

09 ▶ 왼발이 뒤로 이동하면서 왼손으로 삼단봉 끝부분을 잡아 상대방의 목을 압박하여 잡아 던진다.

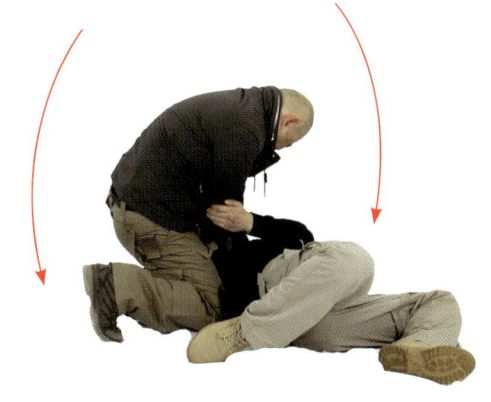

10 ▶ 상대방의 목을 삼단봉으로 압박해 제압한다.

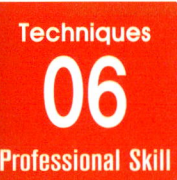

쇠파이프 및 무성무기 공격시 삼단봉 방어 교전 테크닉 (락킹 제압술)
Defense techniques of the tactical baton against the pipe or soundless weapons attack (Locking suppression)

Technique 02 · 상대방이 오른쪽 머리를 공격할때

01 ▶ 온가드 파이팅 스텐스 (On Guard fighting stance)

02 ▶ 상대방이 쇠파이프로 오른쪽 머리를 공격한다.

03 ▶ 왼발이 45° 왼쪽으로 나아가며 삼단봉으로 쇠파이프 하단 부분을 막는다. 이때 왼손으로 삼단봉이 밀리지 않도록 가드를 해준다.

04 ▶ 방어와 동시에 왼손으로 상대방의 쇠파이프를 상대방의 오른쪽으로 돌려준다.

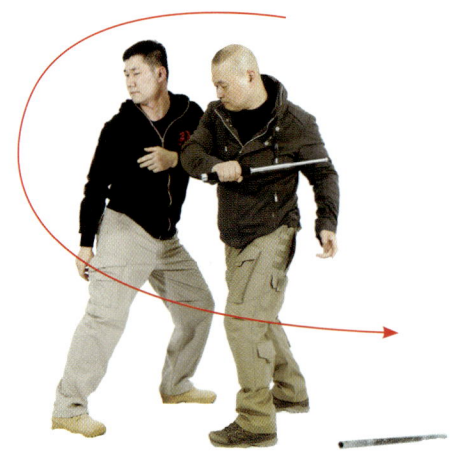

05 ▶ 이때 삼단봉 손잡이 끝부분 (버팅)으로 상대방의 턱을 타격한다.

06 ▶ 타격한 후 오른손 팔날 부분으로 상대방의 목을 타격한다.

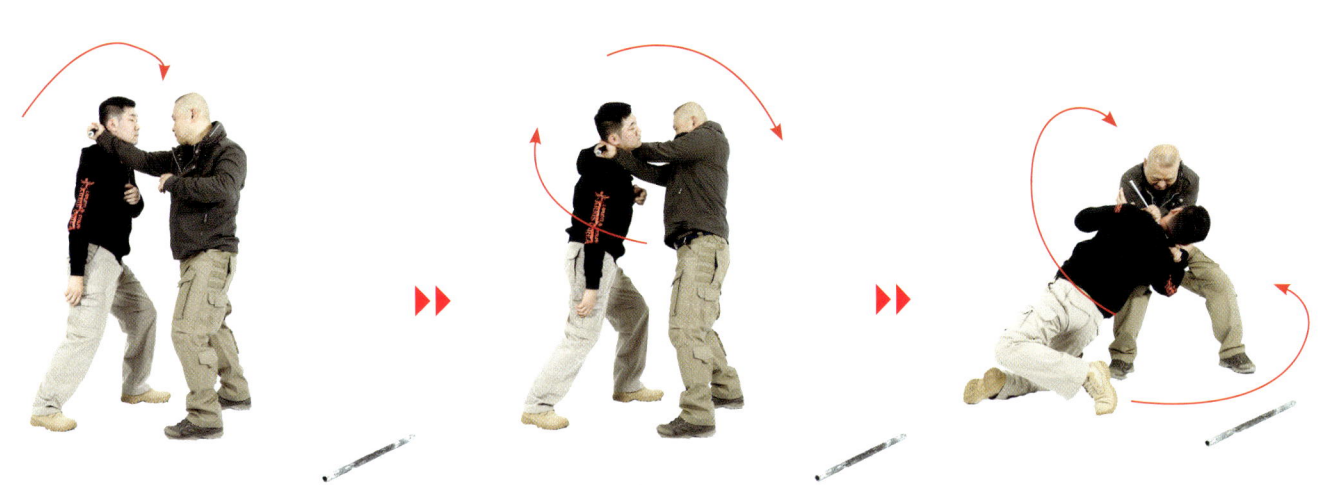

07 ▶ 타격한 후 삼단봉을 상대방의 목뒤로 걸어 준다.

08 ▶ 왼손으로 삼단봉 끝부분을 잡아 상대방의 목을 압박하여 왼발이 뒤로 이동하면서 강하게던진다.

09 ▶ 던진 후 왼발로 상대방의 목을 끌어당겨서 상대방의 얼굴을 압박하고 동시에 삼단봉으로 목을 압박해 제압한다.

쇠파이프 및 무성무기 공격시 삼단봉 방어 교전 테크닉 (락킹 제압술)

Defense techniques of the tactical baton against the pipe or soundless weapons attack (Locking suppression)

Technique 03 상대방이 왼쪽 옆구리를 향해 공격할때

01 ▶ 온가드 파이팅 스텐스 (On Guard fighting stance)

02 ▶ 상대방이 쇠파이프로 왼쪽 옆구리를 공격한다. 오른발이 45° 오른쪽으로 나아가며 삼단봉으로 쇠파이프 하단 부분을 막는다. 이때 왼손으로 삼단봉이 밀리지 않도록 가드를 해준다.

03 ▶ 방어한 후 왼손으로 쇠파이프를 잡는다.

04 ▶ 왼손으로 잡은 쇠파이프를 상대방의 머리로 올려서 타격한다.

05 ▶ 타격한 후 왼손으로 상대방의 귀 부분을 손바닥으로 올려 친다.

06 ▶ 왼발을 뒤로 빼면서 왼손으로 상대방의 머리를 감싸 눌러 준다.

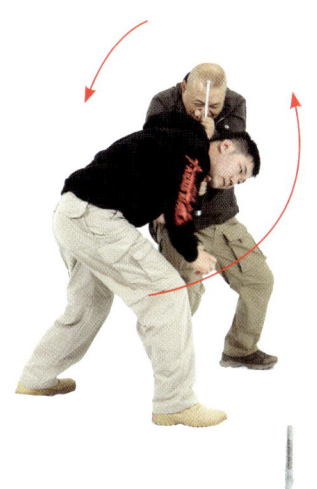

07 ▶ 왼손으로 삼단봉을 잡아 상대방의 목을 가슴 안쪽으로 끌어 당기며 조른다.

08 ▶ 오른손을 상대방의 목에 밀착 시킨다.

09 ▶ 삼단봉 끝부분을 오른쪽 겨드랑이 부분으로 넣어 준다.

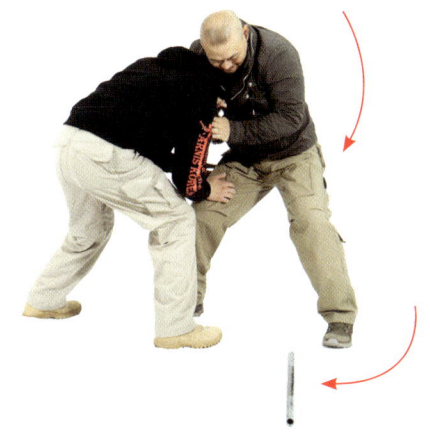

10 ▶ 왼발이 앞으로 나와 상대방의 목을 삼단봉으로 강하게 눌러 주며 조른다.

11 ▶ 왼손을 삼단봉 안쪽으로 넣어 주며 상대방의 목을 감싼다.

12 ▶ 삼단봉을 상대방의 목을 걸어준상태에서 길로틴 초크로 상대방을 제압 한다.

Techniques 06 Professional Skill

쇠파이프 및 무성무기 공격시 삼단봉 방어 교전 테크닉 (락킹 제압술)

Defense techniques of the tactical baton against the pipe or soundless weapons attack (Locking suppression)

Technique 04 상대방이 오른쪽 옆구리를 향해 공격할때

01 ▶ 온가드 파이팅 스텐스 (On Guard fighting stance)

02 ▶ 상대방이 쇠파이프로 오른쪽 옆구리를 공격한다.

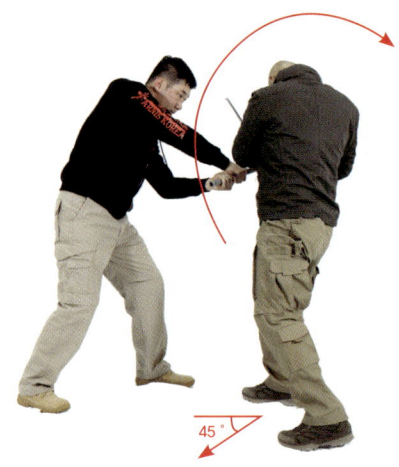

03 ▶ 왼발이 45° 왼쪽으로 나아가며 삼단봉으로 쇠파이프 하단 부분을 막는다. 이때 왼손으로 삼단봉이 밀리지 않도록 가드를 해준다.

04 ▶ 방어한 후 왼손으로 잡은 쇠파이프를 상대방의 머리로 올려 타격한다.

05 ▶ 왼발이 앞으로 나아가며 쇠파이프를 빼앗는다.

06 ▶ 삼단봉을 상대방의 목뒤로 걸어준다.

07 ▶ 왼손으로 삼단봉 끝부분을 잡아 상대방의 목을 가슴 안쪽으로 끌어 당기며 조른다.

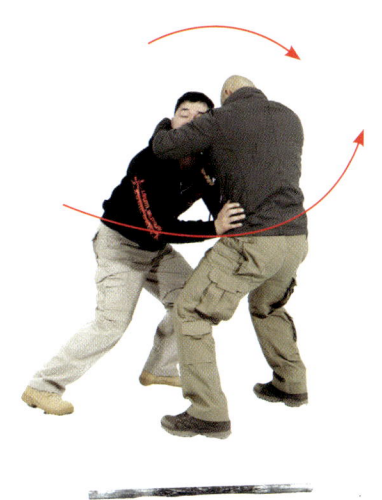

08 ▶ 삼단봉 손잡이 부분을 왼쪽 겨드랑이 안쪽으로 넣어 준다.

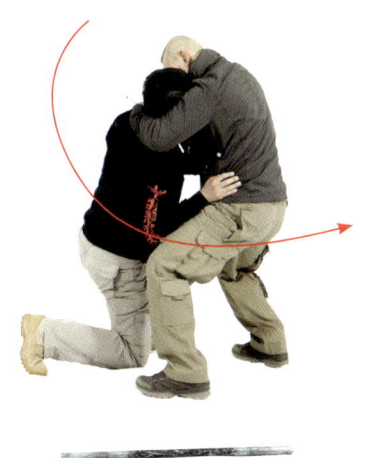 ▶▶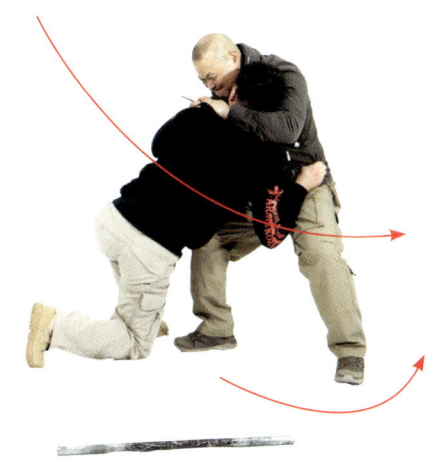

09 ▶ 왼발을 뒤로 빼면서 상대방을 강하게 던진다.

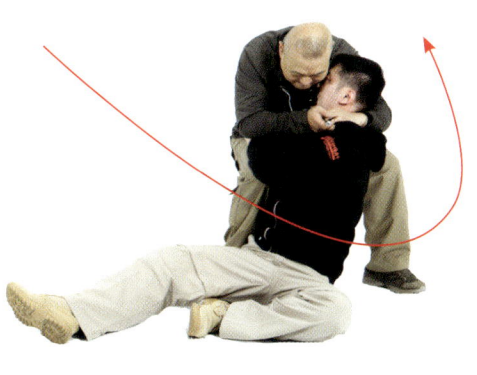 ▶▶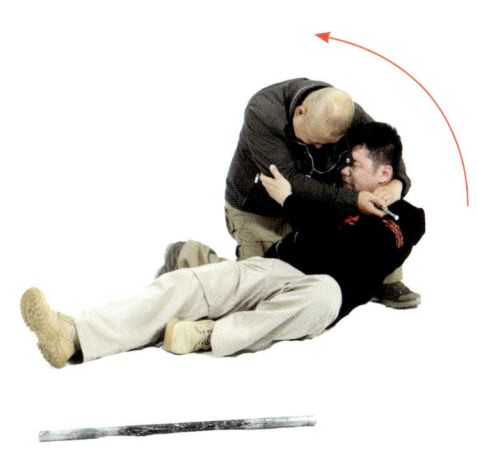

10 ▶ 삼단봉으로 상대방의 목을 강하게 압박해 제압한다.

쇠파이프 및 무성무기 공격시 삼단봉 방어 교전 테크닉 (락킹 제압술)

Defense techniques of the tactical baton against the pipe or soundless weapons attack (Locking suppression)

Technique 05 상대방이 얼굴 정면을 향해 공격할때

01 ▶ 온가드 파이팅 스텐스 (On Guard fighting stance)

02 ▶ 상대방이 쇠파이프로 직선으로 내려 치며 머리를 공격한다. 이때 오른발이 15° 오른쪽으로 나아가며 삼단봉으로 쇠파이프 하단 부분을 막는다.

03 ▶ 방어한 후 왼발이 45° 왼쪽으로 나아가면서 상대방의 쇠파이프를 왼손으로 잡아 목뒤로 감아챈다.

04 ▶ 왼손으로 잡은 쇠파이프를 목 뒤로 감아채며 오른쪽으로 허리를 틀어준다.

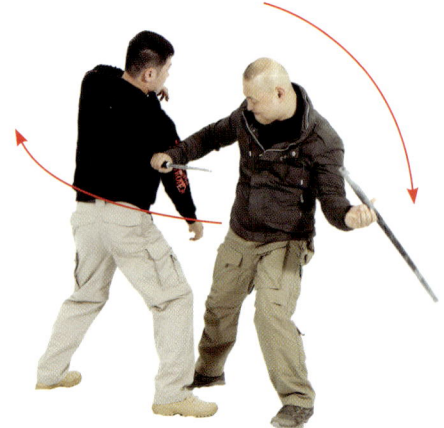

05 ▶ 삼단봉 손잡이끝부분으로 (버팅) 상대의 옆구리를 타격한다.

06 ▶ 타격 후 상대방의 목을 삼단봉으로 강하게 걸어준다.

07 ▶ 왼손으로 삼단봉 끝부분을 잡아 상대방의 목을 압박하고 왼발이 뒤로 이동하면서 강하게 던진다.

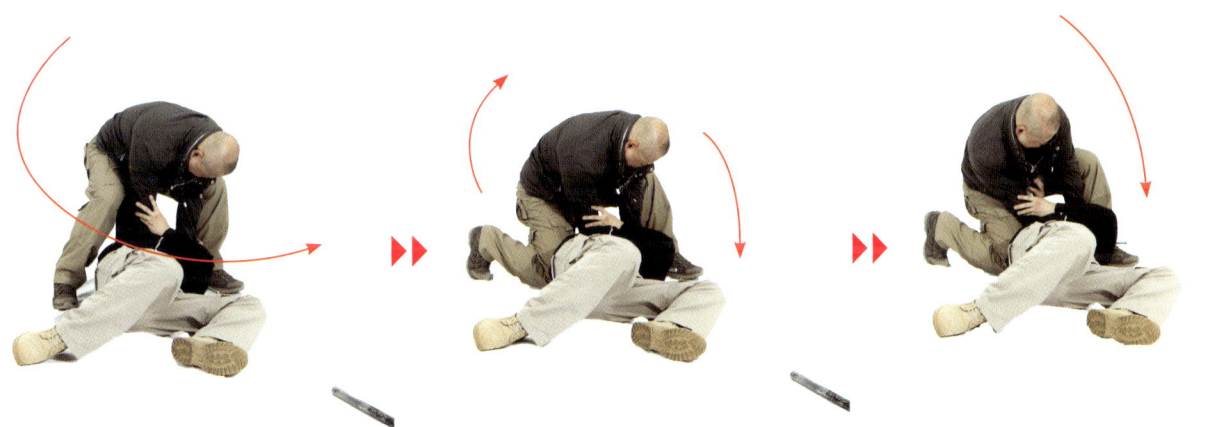

08 ▶ 던진 후 왼발로 상대방의 목을 끌어당겨서 압박하고 동시에 삼단봉으로 목을 압박해 제압한다

Techniques 06 Professional Skill

쇠파이프 및 무성무기 공격시 삼단봉 방어 교전 테크닉 (락킹 제압술)

Defense techniques of the tactical baton against the pipe or soundless weapons attack (Locking suppression)

Option 01   상대방이 얼굴 정면을 향해 공격할때 (응용동작 / Application)

01▶ 온가드 파이팅 스텐스 (On Guard fighting stance)

02▶ 상대방이 쇠파이프로 직선으로 내려 치며 머리를 공격한다. 이때 오른발이 15° 오른쪽으로 나아가며 삼단봉으로 쇠파이프 하단 부분을 수평으로 막는다.

03▶ 방어한 후 왼손을 상대방의 왼팔 안쪽으로 밀어 넣는다.

04▶ 왼손을 위로 감아 돌려 잡아준다.

05▶ 동시에 삼단봉으로 상대방의 옆구리를 타격한다.

06▶ 옆구리타격한 후 바로 상대방의 오른팔 팔꿈치를 삼단봉으로 직선으로 내려쳐서 타격한다.

07 ▶ 타격한 후 상대방의 왼쪽 겨드랑이 안쪽으로 삼단봉을 넣어 준다.

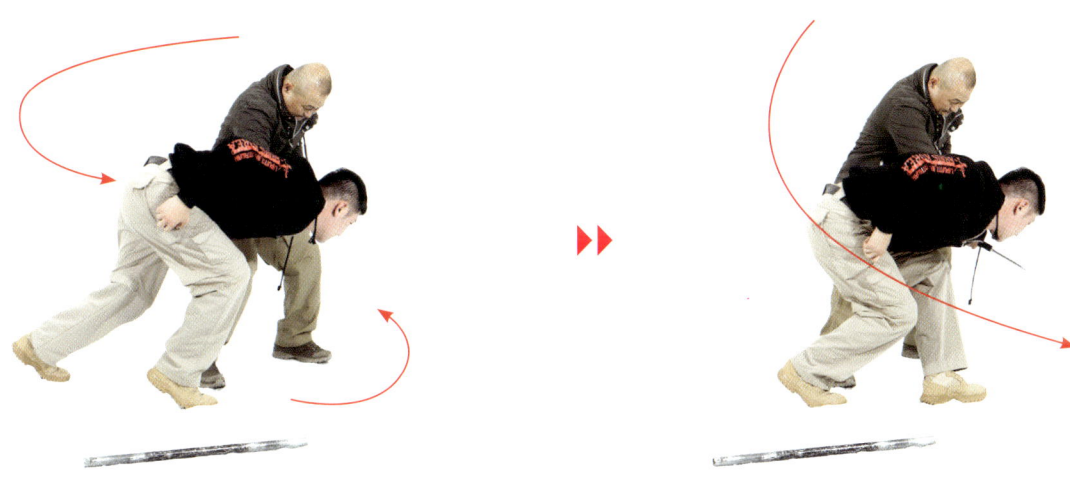

08 ▶ 왼발을 뒤로 빼면서 상대방의 왼팔 팔꿈치 관절을 꺾어서 눌러준다.

09 ▶ 왼발이 앞으로 나아가면서 왼손으로 삼단봉 끝부분을 잡는다.

10 ▶ 삼단봉으로 상대방의 목을 강하게 가슴 안쪽으로 당기면서 주저앉는다.

11 ▶ 삼단봉으로 상대방의 목을 가슴 안쪽으로 강하게 조르면서 제압한다.

Chapter 2.
나이프 디펜스 테크닉
Defense Techniques for knife attack

Techniques 01 Professional Skill

나이프 디펜스 방어 동작 메카니즘 테크닉
Mechanism of defense posture against the knife attack

Technique 01 　원핸드 블락 설명 타점 설명

01 ▶ 상대방이 나이프로 왼쪽목을 공격할 때, 왼손 팔날 부분으로 상대방의 오른손 안쪽 손목 아래 부분을 쳐서 방어한다.

02 ▶ 상대방이 나이프로 오른쪽목을 공격할 때, 오른손 팔날 부분으로 상대방의 오른손 바깥쪽 손목 아래 부분을 쳐서 방어한다.

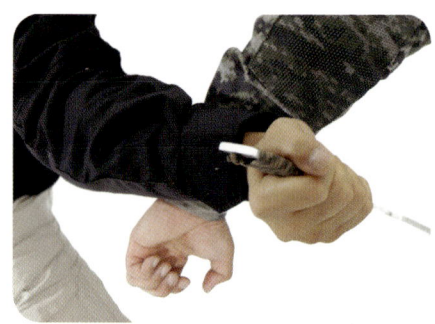

03 ▶ 상대방이 나이프로 왼쪽옆구리를 공격할 때, 왼손 팔날부분으로 상대방의 오른손 안쪽 손목 아래 부분을 쳐서 방어한다.

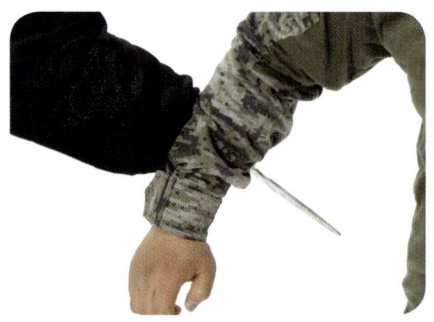

04 ▶ 상대방이 나이프로 오른쪽 옆구리를 공격할 때, 오른손 팔날부분으로 상대방의 오른손 바깥쪽 손목 아래 부분을 쳐서 방어한다.

05 ▶ 상대방이 나이프로 정면 복부를 공격할 때, 왼손 팔날 부분으로 상대방의 오른손 안쪽 손목 아래 부분을 쳐서 방어한다.

06 ▶ 상대방이 나이프로 정면 복부를 공격할 때, 오른손 팔날 부분으로 상대방의 오른손 손목 아래 부분을 쳐서 방어한다.

07 ▶ 상대방이 나이프로 왼쪽목을 공격할 때, 왼손 팔날 부분으로 상대방의 오른손 안쪽 손목 아래 부분을 쳐서 방어한다.

08 ▶ 상대방이 나이프로 오른쪽 목을 공격할 때, 오른손 팔날 부분으로 상대방의 오른손 안쪽 손목 아래 부분을 쳐서 방어한다.

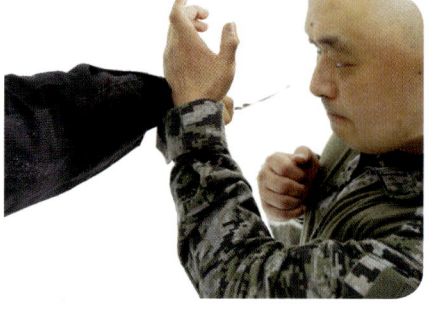

09 ▶ 상대방이 나이프로 정면 목을 공격할 때, 왼손 팔날 부분으로 오른손 바깥족 손목아래 부분을 쳐서 방어한다.

Technique 02 　 투 핸드 블락 설명 타점 설명

01 ▶ 상대방이 나이프로 왼쪽목을 공격할 때, 왼손 팔날 부분으로 상대방의 오른손 안쪽 손목 아래 부분을 쳐서 방어하고 동시에 오른손 손바닥(저장) 부분으로 부분으로 상대방 팔꿈치 관절 안쪽을 강하게 쳐서 방어한다.

02 ▶ 상대방이 나이프로 오른쪽 목을 공격할 때, 오른손 팔날 부분으로 상대방의 오른쪽 바깥쪽 아래 부분을 쳐서 방어하고 동시에 왼손 손바닥(저장) 부분으로 상대방 팔꿈치 관절 바깥쪽 부분을 강하게 쳐서 방어한다.

03 ▶ 상대방이 나이프로 오른쪽 목을 공격할 때, 왼손 팔날 부분으로 상대방의 바깥쪽 팔꿈치 아래 부분을 쳐서 방어하고 동시에 오른손 팔날 부분으로 상대방의 바깥쪽 손목 아래부분을 강하게 쳐서 방어한다.

04 ▶ 상대방이 나이프로 왼쪽옆구리를 공격할 때, 왼손 팔날 부분으로 상대방의 오른손 안쪽 손목 아래 부분을 쳐서 방어하고 동시에 오른손 팔날 부분으로 상대방 팔꿈치 관절 안쪽을 강하게 쳐서 방어한다.

05 ▶ 상대방이 나이프로 오른쪽 옆구리를 공격할 때, 오른손 팔날 부분으로 상대방의 오른손 바깥쪽 손목 아래 부분을 쳐서 방어하고 동시에 왼손 손바닥(저장) 부분으로 상대방의 바깥쪽 팔꿈치 관절 부분을 강하게 쳐서 방어한다.

06 ▶ 상대방이 나이프로 중앙 복부를 공격할 때, 왼손 팔날 부분으로 상대방의 오른손 안쪽 손목 아래 부분을 쳐서 방어하고 동시에 오른손 팔날 부분으로 상대방 팔꿈치 관절 안쪽을 강하게 쳐서 방어한다.

Technique 03 　 투 핸드 엑스블락 설명 타점 설명

01 ▶ 상대방이 나이프로 정면목을 공격할 때, 왼손 손바닥 부분으로 상대방의 손목과 손등부분을 쳐서 방어하고 동시에 오른손 팔날 부분으로 상대방의 손목 관절 바깥쪽을 강하게 쳐서 방어한다.

02 ▶ 상대방이 나이프로 왼쪽목을 공격할 때, 왼손 팔날 부분으로 상대방의 팔 안쪽 부분을 쳐서 방어하고 동시에 오른손 손바닥(저장) 부분으로 상대방의 오른손 손목 관절 안쪽을 잡아서 방어한다.

03 ▶ 상대방이 나이프로 오른쪽목을 공격할 때, 오른손 팔날 부분으로 상대방의 오른쪽 팔등 부분을 쳐서 방어하고 동시에 왼손 손바닥으로 상대방의 손목 관절을 잡아서 방어한다.

04 ▶ 상대방이 나이프로 왼쪽옆구리를 공격할 때, 왼손 팔날 부분으로 상대방의 오른쪽 손목 아래 부분을 쳐서 방어하고 동시에 오른손 팔날 부분으로 상대방의 팔 안쪽을 강하게 쳐서 방어한다.

05 ▶ 상대방이 나이프로 오른쪽 옆구리를 공격할 때, 오른손 팔날 부분으로 상대방의 오른손 손목 아래 부분을 쳐서 방어하고 동시에 왼손 팔날 부분으로 상대방의 팔등을 강하게 쳐서 방어한다.

06 ▶ 상대방이 나이프로 중앙 복부를 공격할 때, 왼손 팔날 부분으로 상대방의 손목 아래 부분을 쳐서 방어하고 동시에 오른손 팔날 부분으로 상대방의 오른손 손목 관절 안쪽을 강하게 쳐서 방어한다.

Techniques 01 Professional Skill
나이프 디펜스 방어 동작 메카니즘 테크닉
Mechanism of defense posture against the knife attack

Technique 04 투 핸드 펀치 블락 설명 타점 설명

01 ▶ 상대방이 나이프로 왼쪽목을 공격할 때, 왼손 팔날 부분으로 상대방의 오른손 손목 아래 부분을 쳐서 방어하고 동시에 오른손 주먹(종권)으로 상대방 팔꿈치 관절 안쪽을 강하게 쳐서 방어한다.

02 ▶ 상대방이 나이프로 오른쪽목을 공격할 때, 오른손 팔날 부분으로 상대방의 오른손 손목 아래 부분을 쳐서 방어하고 동시에 왼손 주먹(종권)으로 상대방 팔꿈치 관절 바깥쪽 부분을 강하게 쳐서 방어한다.

03 ▶ 상대방이 나이프로 왼쪽옆구리를 공격할 때, 왼손 팔날 부분으로 상대방의 오른손 손목 아래 부분을 쳐서 방어하고 동시에 오른손 주먹(종권)으로 상대방 팔꿈치 관절 안쪽을 강하게 쳐서 방어한다.

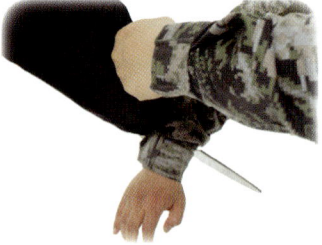

04 ▶ 상대방이 나이프로 오른쪽 옆구리를 공격할 때, 오른손 팔날 부분으로 상대방의 오른손 손목 아래 부분을 쳐서 방어하고 동시에 왼손 주먹(종권)으로 상대방의 오른쪽 팔꿈치 관절 바깥쪽 부분을 강하게 쳐서 방어한다.

05 ▶ 상대방이 나이프로 중앙 복부를 공격할 때, 왼손 팔날 부분으로 상대방의 오른손 손목 아래 부분을 쳐서 방어하고 동시에 오른손 주먹(종권)으로 상대방의 오른손 팔꿈치 관절 안쪽을 강하게 쳐서 방어한다.

Technique 05 투 핸드 블락 홀딩 설명 타점 설명

01 ▶ 상대방이 나이프로 왼쪽목을 공격할 때, 오른손 팔날 부분으로 상대방의 오른손의 팔꿈치 부분을 쳐서 방어하고 동시에 왼손으로 상대방의 손목 안쪽을 잡아서 방어한다.

02 ▶ 상대방이 나이프로 오른쪽 목을 공격할 때, 왼손 팔날 부분으로 상대방의 오른쪽 팔꿈치 윗부분을 쳐서 방어하고 동시에 오른손으로 상대방의 손목을 잡아서 방어한다.

03 ▶ 상대방이 나이프로 왼쪽옆구리를 공격할 때, 오른손 팔날 부분으로 상대방의 오른손의 팔꿈치 부분을 쳐서 방어하고 동시에 왼손으로 상대방의 손목을 잡아서 방어한다.

04 ▶ 상내방이 나이프로 오른쪽 옆구리를 공격할 때, 왼손 팔날 부분으로 상대방의 오른쪽 팔꿈치 윗부분을 쳐서 방어하고 동시에 오른손으로 상대방의 손목을 잡아서 방어한다.

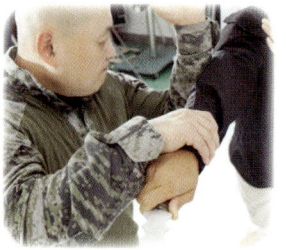

05 ▶ 상대방이 나이프로 중앙 복부를 공격할 때, 오른손 팔날 부분으로 상대방의 팔등 아래 부분을 쳐서 방어하고 동시에 왼손으로 상대방의 손목을 잡아서 방어한다.

06 ▶ (아웃 사이드) 상대방이 나이프로 정면 목을 공격할 때, 왼손 팔날 부분으로 상대방의 오른팔 팔꿈치 윗부분을 쳐서 방어하고 동시에 오른손으로 상대방의 손목을 잡아서 방어한다.

07 ▶ (인사이드) 상대방이 나이프로 정면 목을 공격할 때, 오른손 팔날 부분으로 상대방의 오른팔 팔꿈치 안쪽 부분을 쳐서 방어하고 동시에 왼손으로 상대방의 손목을 잡아서 방어한다.

왼손(오른손) 공격 후 나이프 공격시 나이프 방어 동작 메커니즘 테크닉
The defense mechanism when attacking with a knife as opponent pushes with a hand

Techniques 02 Professional Skill

Technique 01 상대방이 왼쪽 목을 향해 공격할 때

01 ▶ 나이프 디펜스 자세 (knife defense stance)

02 ▶ 상대방이 왼손으로 정면을 밀며 공격한다.

03 ▶ 오른발이 45° 오른쪽 방향으로 나아가면서 오른손 팔날 부분으로 상대방의 왼손을 강하게 밑으로 쳐낸다.

04 ▶ 방어 후 허리를 왼쪽 방향으로 틀어 상대방의 나이프 공격을 엑스블락으로 방어한다.

05 ▶ 방어 후 손등과 팔날로 상대방 정면을 강하게 타격한다.

나이프 디펜스 테크닉 Defense Techniques for knife attack

Techniques 02 Professional Skill
왼손(오른손) 공격 후 나이프 공격시 나이프 방어 동작 메커니즘 테크닉
The defense mechanism when attacking with a knife as opponent pushes with a hand

Option 01 상대방이 왼쪽 목을 향해 공격할 때 (엑스블락 홀딩 / X Black Hold)

01▶ 나이프 디펜스 자세 (knife defense stance)

02▶ 상대방이 왼손으로 정면을 밀며 공격한다.

03▶ 오른발이 오른쪽 45° 방향으로 나아가면서 오른손 팔날 부분으로 상대방의 왼손을 강하게 밑으로 쳐낸다.

04▶ 방어 후 왼쪽 방향으로 허리를 틀어 상대방의 오른손 나이프 공격을 엑스블락으로 방어한다.

05▶ 방어 후 상대방의 오른손을 오른쪽 방향으로 돌려 준다.

06▶ 상대방의 오른손을 오른쪽 방향으로 돌려준 후 손등과 팔날로 상대방의 정면을 강하게 타격한다.

Technique 02 — 상대방이 왼쪽 옆구리를 향해 공격할 때

01 ▶ 상대방이 왼손으로 정면을 밀며 공격한다.

02 ▶ 오른발이 오른쪽 45° 방향으로 나아가면서 오른손 팔날 부분으로 상대방의 왼손을 강하게 밑으로 쳐낸다.

03 ▶ 방어 후 왼쪽방향으로 허리를 틀어 상대방의 오른손 나이프 공격을 투핸드 블락 홀딩으로 방어한다.

04 ▶ 방어 후 손등과 팔날로 상대방의 정면을 강하게 타격한다.

Technique 03 — 상대방이 중앙 복부를 향해 공격할 때

01 ▶ 나이프 디펜스 자세 (knife defense stance)

02 ▶ 상대방이 왼손으로 정면을 밀며 공격한다. 오른발이 45° 방향으로 나아가면서 오른손 팔날 부분으로 상대에 왼손을 강하게 밑으로 쳐낸다.

03 ▶ 방어 후 허리를 왼쪽방향으로 틀어 상대방의 나이프 공격을 투핸드 블락 홀딩으로 방어한다.

04 ▶ 방어 후 손등과 팔날로 상대방의 정면을 강하게 타격한다.

왼손(오른손) 공격 후 나이프 공격시 나이프 방어 동작 메커니즘 테크닉

The defense mechanism when attacking with a knife as opponent pushes with a hand

Technique 04 상대방이 목 정면을 향해 공격할 때

01 ▶ 나이프 디펜스 자세 (knife defense stance)

02 ▶ 상대방이 왼손으로 정면을 밀며 공격한다.

03 ▶ 오른발이 오른쪽 45° 방향으로 나아가면서 오른손 팔날 부분으로 상대방의 왼손을 강하게 밑으로 쳐낸다.

04 ▶ 방어 후 허리를 왼쪽 방향으로 틀어 상대방의 나이프 공격을 투핸드 블락 홀딩으로 방어한다.

05 ▶ 방어 후 손등과 팔날로 상대방의 정면을 강하게 타격한다.

Option 01 상대방이 목 정면을 향해 공격할 때 (아웃사이드 / Outside)

01 ▶ 상대방이 왼손으로 정면을 밀며 공격한다.

02 ▶ 왼발이 왼쪽 15° 방향으로 나아가면서 오른손 팔날 부분으로 상대방의 왼손을 강하게 밑으로 쳐낸다.

03 ▶ 오른손으로 방어 후 왼손으로 상대방의 오른손 손목 부분을 강하게 쳐서 방어한다.

04 ▶ 방어 후 상대방의 오른팔 손목을 오른손으로 잡는다.

05 ▶ 방어 후 손등과 팔날로 상대방의 정면을 강하게 타격한다.

나이프 공격시 맨손 디펜스 어택 및 썬더볼트 테크닉
Unarmed Defense, Attack, and Thunderbolt Technique against a knife attack

Technique 01 상대방이 왼쪽 목을 향해 공격할 때 (리버스 나이프 그립)

01 ▶ 나이프 디펜스 자세 (knife defense stance)

02 ▶ 상대방이 나이프로 왼쪽목을 공격할 때, 오른발을 오른쪽 45°로 이동하는 동시에 왼팔로 원핸드 블락으로 방어한다.

03 ▶ 방어와 동시에 오른손 주먹 (종권) 으로 상대방의 정면을 타격한다.

04 ▶ 상대방을 타격 후 오른손 주먹을 바로 회수해서 다시 오른손 주먹 (종권) 으로 상대방에 정면을 타격한다.

05 ▶ 오른손 주먹을 빠르게 회수한다.

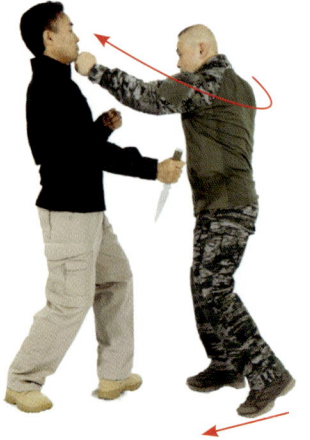

06 ▶ 왼발이 앞으로 나아가며 왼손 주먹 (종권) 으로 상대방에 정면을 타격한다.

07 ▶ 왼손 주먹을 빠르게 회수한다.

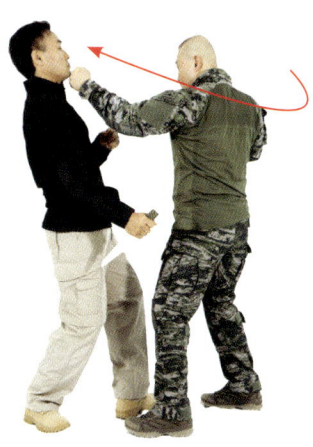

08 ▶ 왼손 주먹을 바로 회수 해서 다시 왼손주먹(종권)으로 상대방의 정면을 타격한다.

09 ▶ 왼손 주먹을 빠르게 회수한다.

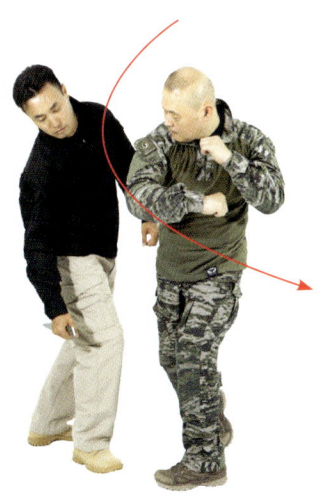

10 ▶ 허리를 왼쪽으로 강하게 틀어 오른손 주먹(횡권)으로 강하게 내려 꽂듯이 상대방의 턱을 타격하여 제압한다.

나이프 공격시 맨손 디펜스 어택 및 썬더볼트 테크닉
Unarmed Defense, Attack, and Thunderbolt Technique against a knife attack

Technique 02 상대방이 오른쪽 목을 향해 공격할 때 (리버스 나이프 그립)

01 ▶ 나이프 디펜스 자세 (knife defense stance)

02 ▶ 상대방이 나이프로 오른쪽 목을 공격한다

03 ▶ 왼발을 45°로 이동하는 동시에 오른팔 원핸드 블락으로 방어한다.

04 ▶ 방어와 동시에 왼손 주먹 (종권) 으로 상대방의 늑골을 타격한다.

05 ▶ 타격 후 왼손 주먹을 빠르게 회수한다.

06 ▶ 왼발이 앞으로 나아가며 다시 왼손주먹 (종권) 으로 상대방의 정면을 타격한다.

07 ▶ 타격 후 왼손 주먹을 빠르게 회수한다.

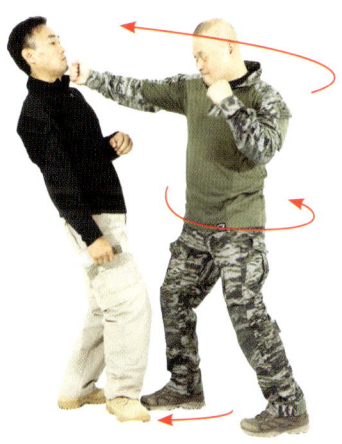

08 ▶ 왼손 주먹을 바로 회수 해서 다시 오른손 주먹 (종권) 으로 상대방의 정면을 타격한다.

09 ▶ 타격 후 오른손 주먹을 빠르게 회수한다.

10 ▶ 오른발이 앞으로 나아가며 다시 오른손 주먹으로 상대방의 정면을 타격한다.

▶▶

11 ▶ 허리를 오른 쪽으로 강하게 틀어 왼손 주먹 (횡권) 으로 강하게 내려 꽂듯이 상대방의 턱을 타격하여 제압한다.

나이프 공격시 맨손 디펜스 어택 및 썬더볼트 테크닉
Unarmed Defense, Attack, and Thunderbolt Technique against a knife attack

Technique 03 상대방이 왼쪽 옆구리를 향해 공격할 때 (리버스 나이프 그립)

01 ▶ 나이프 디펜스 자세 (knife defense stance)

02 ▶ 상대방이 나이프로 왼쪽 옆구리를 공격한다.

03 ▶ 오른발을 오른쪽으로 45° 이동하는 동시에 왼팔 원핸드 블락으로 상대방의 나이프 공격을 방어한다.

04 ▶ 방어와 동시에 오른손 주먹 (종권) 으로 상대방의 정면을 타격한다.

05 ▶ 타격 후 오른쪽 주먹을 빠르게 회수한다.

06 ▶ 오른발이 앞으로 나아가며 다시 오른손 주먹 (종권) 으로 상대방의 정면을 타격한다.

07 ▶ 타격 후 오른손 주먹을 빠르게 회수한다.

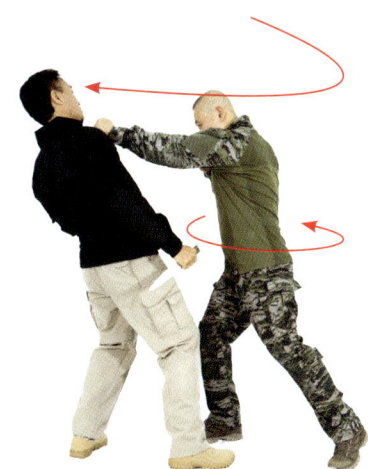

08 ▶ 주먹을 바로 회수 해서 다시 왼손 주먹(종권)으로 상대방의 정면을 타격한다.

09 ▶ 타격 후 왼손 주먹을 빠르게 회수한다.

10 ▶ 왼발이 앞으로 나아가며 다시 왼손 주먹으로 상대방의 정면을 타격한다.

11 ▶ 허리를 왼쪽으로 강하게 틀어 오른손 주먹(횡권)으로 강하게 내려 꽂듯이 상대방의 턱을 타격하여 제압한다.

Techniques 03 Professional Skill
나이프 공격시 맨손 디펜스 어택 및 썬더볼트 테크닉
Unarmed Defense, Attack, and Thunderbolt Technique against a knife attack

Technique 04 상대방이 중앙 복부를 향해 공격할 때 (포워드 나이프 그립)

01▶ 나이프 디펜스 자세 (knife defense stance)

02▶ 상대방이 나이프로 정면 복부를 공격한다.

03▶ 상대방이 나이프로 정면복부를 공격할 때, 오른발을 오른쪽 45°로 이동하는 동시에 왼팔 원핸드 블락으로 상대방의 나이프 공격을 방어한다.

04▶ 방어와 동시에 오른손 주먹 (종권) 으로 상대방의 정면을 타격한다. 이후 상대방이 왼쪽 방향으로 나이프로 공격할 때, 마무리 타격 기술은 동일하게 이루어진다.

Technique 05 상대방이 왼쪽 목을 향해 공격할 때 (포워드 나이프 그립)

01▶ 나이프 디펜스 자세 (knife defense stance)

02▶ 상대방이 나이프로 왼쪽목을 공격한다

03 ▶ 오른발을 오른쪽 45°로 이동하는 동시에 왼팔 원핸드 블락으로 상대방의 나이프를 방어한다.

04 ▶ 방어와 동시에 오른손 주먹(종권)으로 상대방의 정면을 타격한다. 이후 상대방이 왼쪽 방향으로 나이프로 공격할 때, 마무리 타격 기술은 동일하게 이루어진다.

Technique 06   상대방이 오른쪽 목을 향해 공격할 때 (포워드 나이프 그립)

01 ▶ 나이프 디펜스 자세 (knife defense stance)

02 ▶ 상대방이 나이프로 오른쪽 목을 공격한다. 왼발을 왼쪽 45°로 이동하는 동시에 오른팔 원핸드 블락으로 상대방의 나이프를 방어한다.

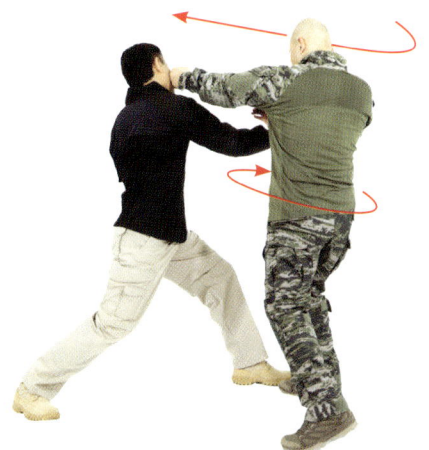

03 ▶ 방어와 동시에 왼손 주먹(종권)으로 상대방의 정면을 타격한다. 이후 상대방이 오른쪽 방향으로 나이프로 공격할 때, 마무리 타격 기술은 동일하게 이루어진다.

나이프 공격시 맨손 디펜스 어택 및 썬더볼트 테크닉
Unarmed Defense, Attack, and Thunderbolt Technique against a knife attack

Technique 07 상대방이 목 정면을 향해 공격할 때 (포워드 나이프 그립)

01 ▶ 나이프 디펜스 자세 (knife defense stance)

02 ▶ 상대방이 나이프로 정면 목을 공격한다.

03 ▶ 왼발을 왼쪽 45°로 이동하는 동시에 오른팔 원핸드 블락으로 상대방의 나이프 공격을 방어한다.

04 ▶ 왼팔로 상대방의 오른손 손목 부분을 강하게 밑으로 쳐서 방어한다.

05 ▶ 방어와 동시에 오른손 주먹 (종권) 으로 상대방의 정면을 타격한다.

06 ▶ 타격 후 오른손 주먹을 빠르게 회수한다.

07 ▶ 오른손 주먹을 바로 회수 해서 다시 오른손 주먹(종권)으로 상대방의 정면을 타격한다.

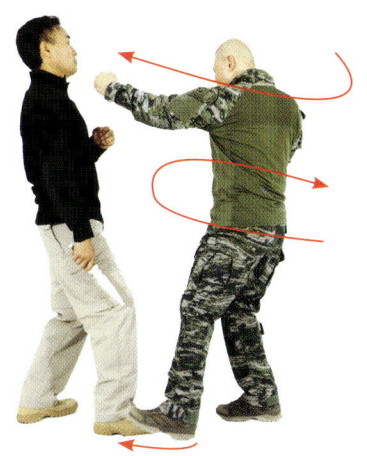

08 ▶ 타격 후 오른손 주먹을 빠르게 회수한다. 왼발이 앞으로 나아가며 왼손 주먹(종권)으로 상대방의 정면을 타격한다.

09 ▶ 타격 후 왼손 주먹을 빠르게 회수한다.

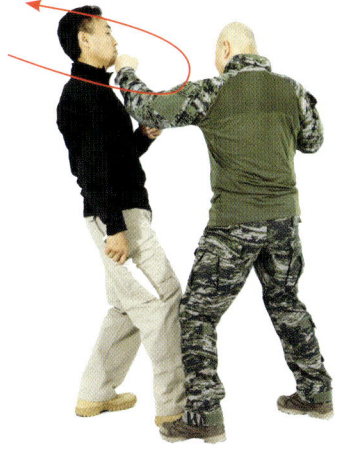

10 ▶ 왼손 주먹을 바로 회수 해서 다시 왼손주먹(종권)으로 상대방의 정면을 타격한다.

 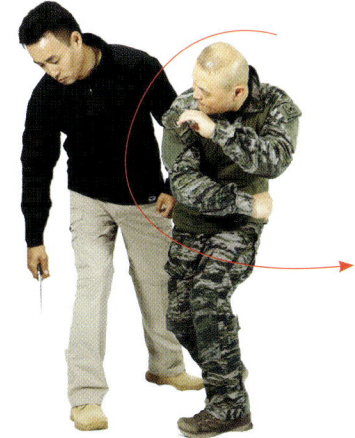

11 ▶ 허리를 왼쪽으로 강하게 틀어 오른손 주먹(횡권)으로 강하게 내려 꽂듯이 상대방의 턱을 타격하여 제압한다.

나이프 공격시 디스암 (무장해제) 및 락킹을 이용한 방어 테크닉
Defense techniques using disarm or locking against a knife attack

Technique 01　상대방이 왼쪽 목 향해 공격할 때 (리버스 나이프 그립)

01▶ 나이프 디펜스 자세 (knife defense stance)　　(반대편 각도)

02▶ 상대방이 나이프로 왼쪽목을 공격할 때, 오른발을 오른쪽 45°로 이동하는 동시에 상대방의 나이프 공격을 엑스 블락 홀딩으로 방어한다.　(반대편 각도)

03▶ 이때 허리를 왼쪽방향으로 틀어서 상대방의 나이프 공격 각도 거리를 최대한 벌려서 방어한다.　(반대편 각도)

04▶ 방어 후 손등과 팔날로 상대방 정면을 강하게 타격한다. 이때 왼손으로 상대방이 오른손 손목을 잡아준다.　(반대편 각도)

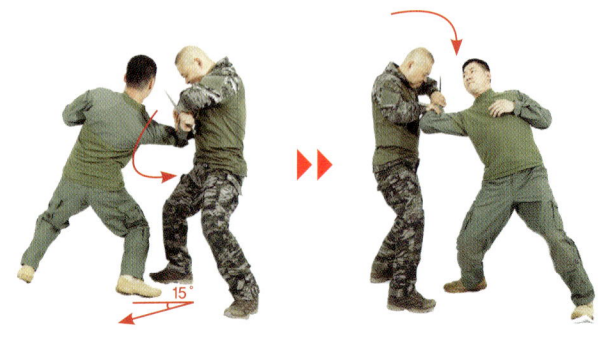

05▶ 타격 후 오른손 손바닥 부분으로 상대방의 오른팔 팔꿈치 관절을 가슴 안쪽으로 강하게 잡아 당겨서 꺾는다.　(반대편 각도)

06▶ 상대방의 오른팔 팔꿈치를 꺾은 후 왼발이 왼쪽 15° 방향으로 이동한다. 이때 왼손으로 상대방의 팔등을 잡는다.

07 ▶ 왼손으로 상대방의 나이프를 밑으로 당겨서 뺏는다 (스내치).

(반대편 각도)

08 ▶ 나이프를 든 왼손을 상대방 팔꿈치 안쪽으로 강하게 밀어 넣는다.

09 ▶ 왼발이 앞으로 나아가며 상대방 팔을 꺾어 올리며 왼손에 있는 나이프로 상대방의 늑골을 찌른다.

(반대편 각도)

10 ▶ 오른손으로 왼손에 있는 나이프를 바꾸어 잡는다.

(반대편 각도)

11 ▶ 앞으로 중심을 이동해 상대방의 목을 나이프로 공격해 제압한다.

(반대편 각도)

나이프 공격시 디스암(무장해제) 및 락킹을 이용한 방어 테크닉
Defense techniques using disarm or locking against a knife attack

Option 01 상대방이 왼쪽 목을 향해 공격할 때 (리버스 나이프 그립) (응용동작 / Application)

01▸ 나이프 디펜스 자세 (knife defense stance)

02▸ 상대방이 나이프로 왼쪽목을 공격할 때, 오른발을 오른쪽 45°로 이동하는 동시에

03▸ 상대방의 나이프를 엑스블락 홀딩으로 방어한다.

04▸ 방어 후 손등과 팔날로 상대방의 정면을 강하게 타격한다.

05▸ 이때 왼손으로 상대방의 오른손 손목을 잡아준다.

06▸ 타격 후 오른손 손바닥 부분으로 상대방의 팔꿈치 관절을 가슴 안쪽으로 강하게 잡아 당겨서 꺾는다.

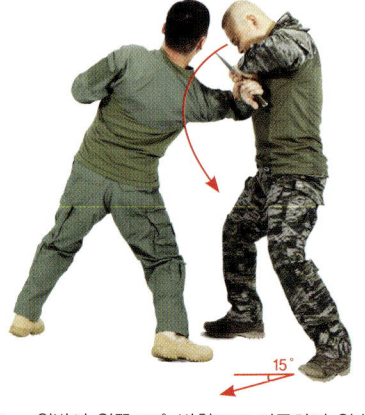

07▸ 왼발이 왼쪽 15° 방향으로 이동하여 왼손으로 상대방의 나이프를 밑으로 당겨 뺏는다 (스내치).

08▸ 나이프를 든 왼손으로 상대방의 오른팔 팔꿈치 안쪽으로 강하게 밀어 넣는다.

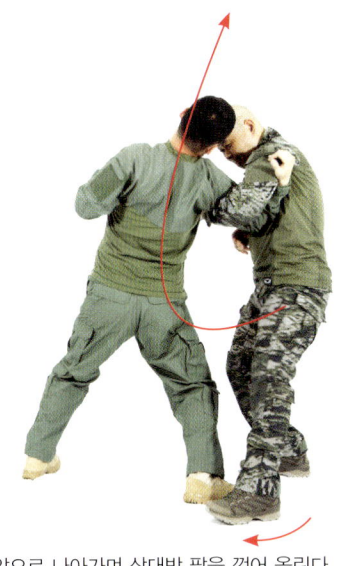

09 ▶ 왼발이 앞으로 나아가며 상대방 팔을 꺾어 올린다.

10 ▶ 오른손으로 상대방 목을 잡고

11 ▶ 오른발이 앞으로 전진하면서 상대의 다리를 걸어 던진다.

12 ▶ 상대방의 오른팔을 꺾어올린 왼팔이 상대방의 팔에서 빠지지 않도록 강하게 상대방의 팔을 조여준다.

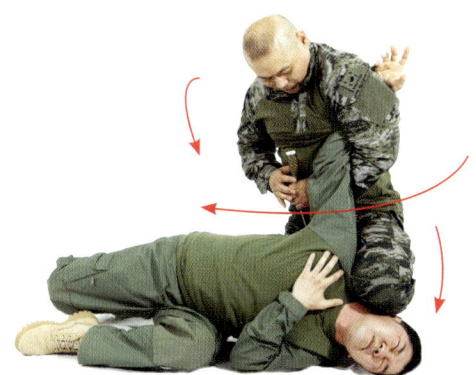

13 ▶ 강하게 상대방을 던진후 왼쪽 무릎으로 상대방의 귀 아랫 부분을 눌러서 제압한다. 이때 왼손에 있는 나이프를 오른손으로 바꾸어서 잡는다.

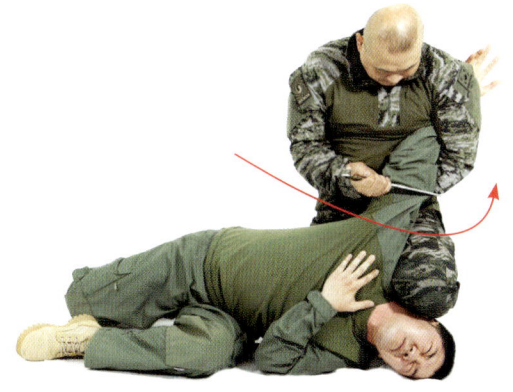

14 ▶ 오른손에 있는 나이프로 상대방의 팔꿈치 안쪽을 걸고 왼손으로 상대방 오른팔 팔꿈치 관절을 꺾어 제압한다.

Techniques 04 Professional Skill

나이프 공격시 디스암(무장해제) 및 락킹을 이용한 방어 테크닉
Defense techniques using disarm or locking against a knife attack

Option 02 상대방이 왼쪽 목을 향해 공격할 때 (리버스 나이프 그립) (응용동작 / Application)

01 ▶ 나이프 디펜스 자세 (knife defense stance)

02 ▶ 상대방이 나이프로 왼쪽목을 공격할 때 , 오른발을 오른쪽 45°로 이동하는 동시에 상대방의 나이프 공격을 엑스블락 홀딩으로 방어한다 .

03 ▶ 방어 후 상대방의 오른손을 오른쪽으로 돌려 준다 .

04 ▶ 이때 상대방이 왼손주먹으로 정면을 공격한다 . 이때 왼손으로 상대방의 왼손 주먹을 손목을 잡아 낚아 챈다 .

05 ▶ 낚아 챈 상대방의 왼손 주먹을 밑으로 꺾어 내려주고, 상대방의 오른손을 위로 올려 꺾어 준다 . 이때 왼발이 왼쪽 방향으로 15° 이동한다 .

06 ▸ 왼손으로 상대방의 오른손 손등을 잡는다.

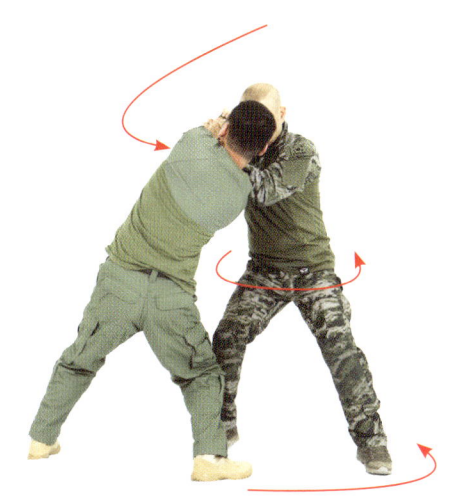

07 ▸ 왼발이 뒤로 이동하면서 상대방의 손목을 잡고 강하게 왼쪽으로 던진다.

(반대편 각도)

08 ▸ 왼손으로 상대방의 나이프를 아래 방향으로 꺾어서 뺏는다.

09 ▸ 상대방의 오른팔을 꺾어서 완전히 제압한다.

나이프 공격시 디스암(무장해제) 및 락킹을 이용한 방어 테크닉
Defense techniques using disarm or locking against a knife attack

Option 03 상대방이 왼쪽 목을 향해 공격할 때 (리버스 나이프 그립) (응용동작 / Application)

01 ▶ 나이프 디펜스 자세 (knife defense stance)

02 ▶ 상대방이 나이프로 왼쪽목을 공격할 때, 오른발을 오른쪽 45°로 이동하는 동시에 상대방의 나이프 공격을 투핸드 블락 홀딩으로 방어한다.

▶▶

03 ▶ 방어 후 손등과 팔날로 상대방의 정면을 강하게 타격한다. 이때 왼손으로 상대방의 오른손 손목을 잡아준다.

▶▶

04 ▶ 이때 상대방이 왼손주먹으로 정면을 공격할 때, 오른손으로 상대방의 왼손 주먹을 오른손 손바닥으로 강하게 45° 방향으로 쳐낸다.

05 ▶ 방어 후 오른팔을 상대방 오른팔 밑으로 밀어 넣어준다.

06 ▶ 오른손으로 상대방 오른손 손목을 잡는다.

07 ▶ 상대방의 오른발을 걸어주고 왼발이 뒤로 빠지면서 상대방을 왼쪽 방향으로 강하게 던진다. 이때 상대방의 손목을 최대한 몸에 밀착시킨다.

08 ▶ 왼손으로 상대방의 오른손에 있는 나이프를 뺏어 상대방의 왼손을 꺾어서 제압한다.

Techniques 04 Professional Skill

나이프 공격시 디스암(무장해제) 및 락킹을 이용한 방어 테크닉
Defense techniques using disarm or locking against a knife attack

Technique 02 상대방이 오른쪽 목을 향해 공격할 때 (리버스 나이프 그립)

01 ▶ 나이프 디펜스 자세 (knife defense stance)

02 ▶ 상대방이 나이프로 오른쪽 목을 공격한다.

03 ▶ 왼발을 왼쪽 45°로 이동하는 동시에 상대방의 나이프 공격을 엑스블락 홀딩으로 방어한다.

04 ▶ 방어 후 왼손으로 손등과 팔날로 상대방의 정면을 강하게 타격한다. 이때 오른손으로 상대방이 오른손 손목을 잡아준다.

05 ▶ 타격 후 왼손으로 상대방의 오른손 손목을 잡아준다.

06 ▶ 상대방의 오른쪽으로 상대방의 오른손 손목을 꺾어준다.

07 ▶ 상대방의 오른손 손목을 꺾은 후 오른손으로 상대방의 나이프를 뺏는다.

08 ▶ 오른손에 있는 나이프로 상대방의 팔꿈치 안쪽을 베어버린다.

09 ▶ 오른팔을 상대방의 오른쪽 팔꿈치 안쪽으로 밀어 넣는다.

10 ▶ 왼발이 앞으로 나아간다.

11 ▶ 나이프를 상대방의 목으로 찌르듯이 걸어 준다.

12 ▶ 왼발이 뒤로 이동하면서 상대방의 머리를 잡아 강하게 던진다.

13 ▶ 이때 왼손으로 상대방의 얼굴을 깜싸 돌려 준다.

14 ▶ 나이프로 상대방의 목(경동맥)을 베어버린다.

15 ▶ 베어버린후 다시 상대방의 목을 나이프로 찌른다.

나이프 공격시 디스암(무장해제) 및 락킹을 이용한 방어 테크닉
Defense techniques using disarm or locking against a knife attack

Option 01 상대방이 오른쪽 목을 향해 공격할 때 (리버스 나이프 그립) (응용동작 / Application)

01 ▶ 나이프 디펜스 자세 (knife defense stance)

02 ▶ 상대방이 나이프로 오른쪽 목을 공격한다

03 ▶ 왼발을 왼쪽 45°로 이동하는 동시에 상대방의 나이프를 투핸드 블락 홀딩으로 방어한다.

04 ▶ 방어 후 왼손으로 손등과 팔날로 상대방의 정면을 강하게 타격한다.

05 ▶ 이때 오른손으로 상대방의 오른쪽 손목을 잡아준다.

06 ▶ 타격 후 왼손으로 상대방의 오른쪽 손목을 잡아준다.

07 ▶ 상대방의 오른쪽 방향으로 손목을 꺾어준다.

08 ▶ 왼발이 뒤로 이동하면서 동시에 상대방 오른손 손목을 45° 방향으로 꺾어 강하게 던진다. (차이나 본 꺾기)

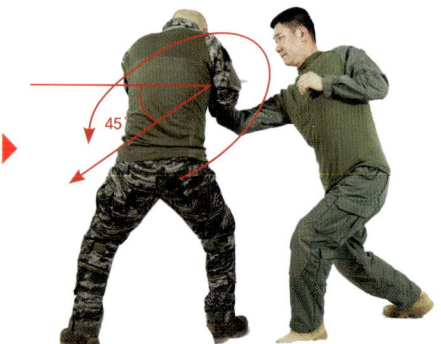

(반대편 각도)

이때 상대방의 오른손 손목을 손바닥 부분으로 말아 짜듯이 비틀어 꺾어준다.

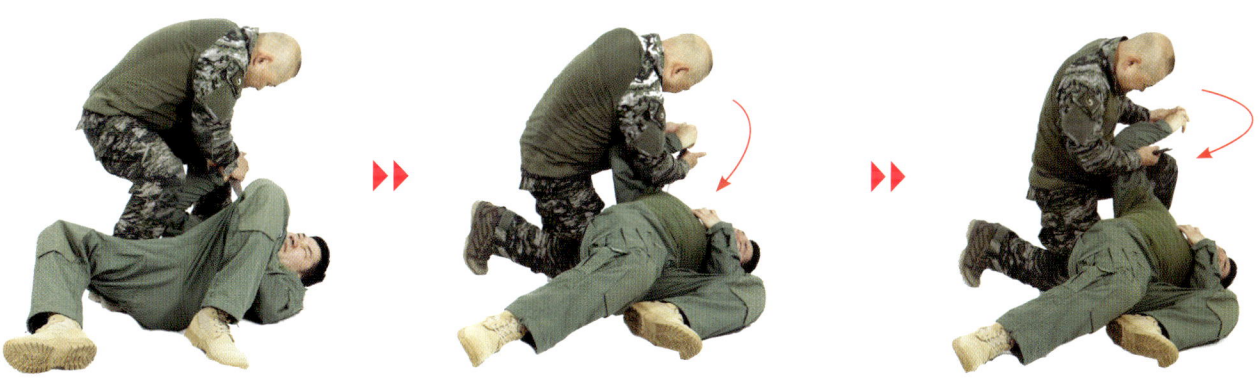

09 ▶ 오른손으로 상대방의 나이프를 뺏는다. 뺏은 나이프로 상대방의 오른팔 팔꿈치 안쪽을 베어준다.

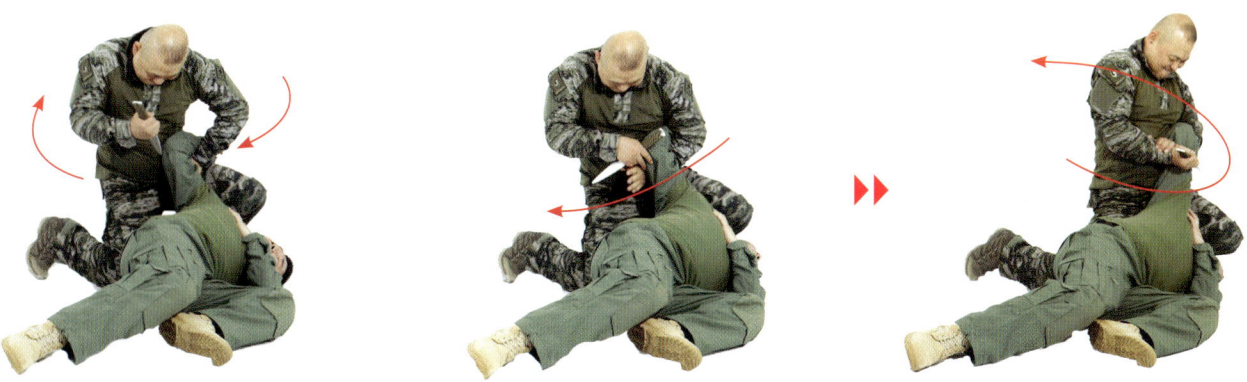

10 ▶ 왼팔을 상대방 팔꿈치 안쪽으로 밀어 넣어준다.   **11 ▶** 오른손에 있는 나이프로 상대방의 오른팔꿈치부분을 걸어 주며 왼손으로 상대방의 팔꿈치 관절을 꺾어 제압한다.

나이프 공격시 디스암(무장해제) 및 락킹을 이용한 방어 테크닉
Defense techniques using disarm or locking against a knife attack

Option 02 상대방이 오른쪽 목을 향해 공격할 때 (리버스 나이프 그립) (응용동작 / Application)

01 ▶ 나이프 디펜스 자세 (knife defense stance)

02 ▶ 상대방이 나이프로 오른쪽 목을 공격한다

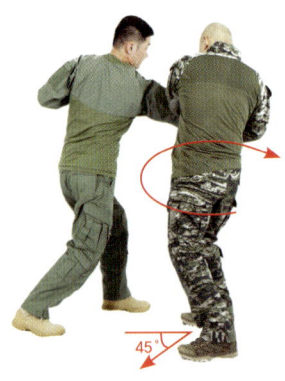

03 ▶ 왼발을 왼쪽 45°로 이동하는 동시에 상대방의 나이프 공격을 투핸드 블락 홀딩으로 방어한다.

04 ▶ 이때 상대방이 왼손주먹으로 정면을 공격할 때,

05 ▶ 오른손으로 상대방의 왼손 주먹 손목을 낚아챈다.

06 ▶ 낚아 챈 상대방의 왼손 손목을 밑으로 내려주면서 왼쪽발이 왼쪽 방향으로 15° 이동한다.

07 ▶ 상대방의 오른손을 위로 올려 꺾어 준다.

08 ▶ 왼손으로 상대방의 오른손 손등을 잡는다.

09 ▶ 왼발이 뒤로 이동하면서 상대방의 오른손 손목을 꺾어 강하게 던진다. 이때 왼쪽 45° 방향으로 상대방을 사선으로 내려 꽂듯이 던진다.

상대방과 최대한 밀착시켜서 손목을 꺾어 강하게 던진다.

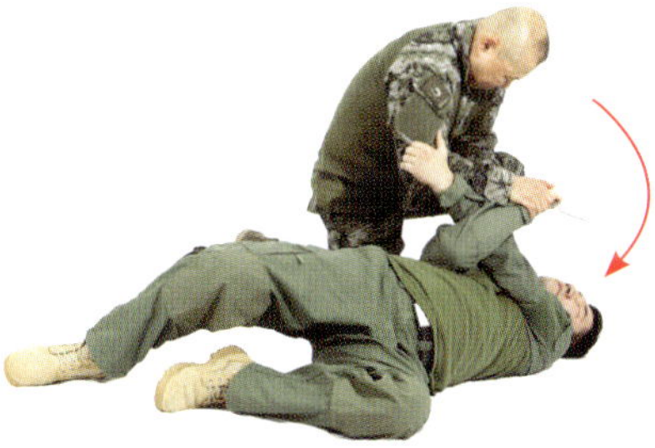

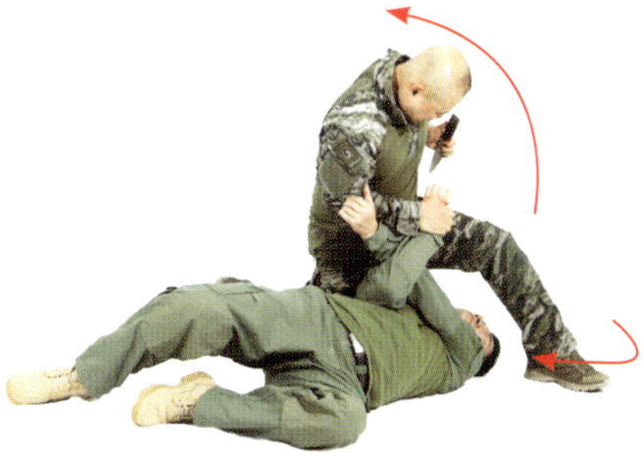

10 ▶ 왼손으로 상대방의 나이프를 뺏는다.

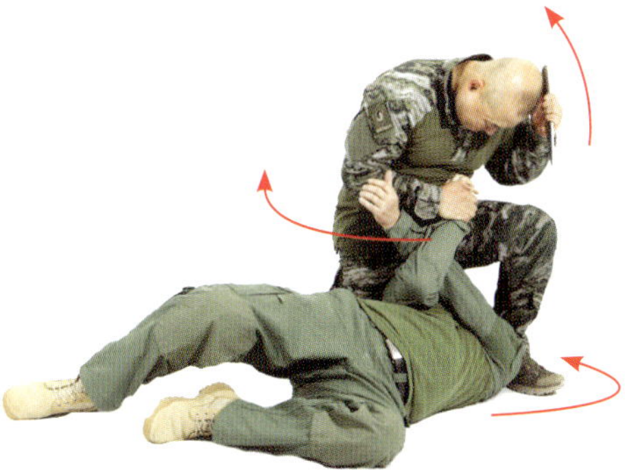

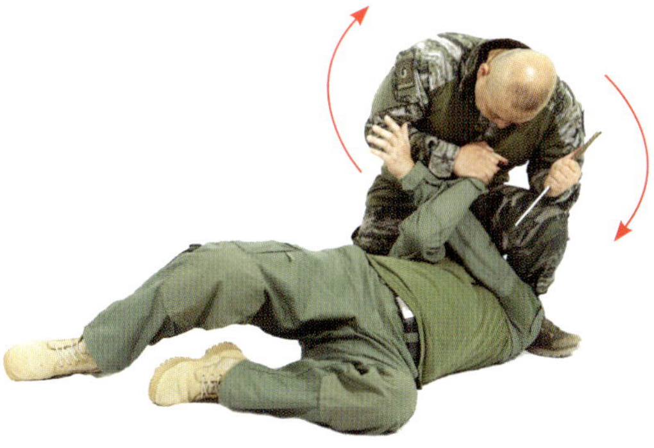

11 ▶ 상대방의 오른팔을 꺾어서 완전히 제압한다. 이때 왼발로 상대방의 목을 끌어 당겨 압박한다.

Techniques 04 Professional Skill

나이프 공격시 디스암(무장해제) 및 락킹을 이용한 방어 테크닉
Defense techniques using disarm or locking against a knife attack

Technique 03   상대방이 왼쪽 옆구리를 향해 공격할 때 (포워드 나이프 그립)

01 ▸ 나이프 디펜스 자세 (knife defense stance)

02 ▸ 상대방이 나이프로 왼쪽옆구리를 공격한다.

03 ▸ 오른발을 45°로 이동하는 동시에 상대방의 나이프 공격을 엑스블락으로 방어한다.

04 ▸ 오른발이 뒤로 이동하면서 왼팔로 상대방의 오른손 손목을 강하게 가슴쪽으로 끌어 당긴다.

05 ▸ 왼팔을 위로 올려 당겨서 상대방의 나이프를 디스암한다.

06 ▸ 오른손으로 상대방의 오른손 손목을 밑으로 내려준다.

07 ▸ 왼손으로 상대방의 오른팔을 잡는다.

08 ▶ 오른발이 앞으로 나아가며 오른팔 팔굽 내려찍기로 상대방의 오른팔 팔꿈치 관절을 타격한다.

09 ▶ 이때 중심을 밑으로 낮추어 상대방의 오른팔 관절을 강하게 팔꿈치로 타격한다.

(반대편 각도)

10 ▶ 타격한 오른손을 상대방의 오른팔 팔꿈치 안쪽으로 밀어 넣어 준다.

11 ▶ 왼발이 앞으로 나아가며 기무라 락으로 상대방의 오른팔을 꺾어 제압한다.

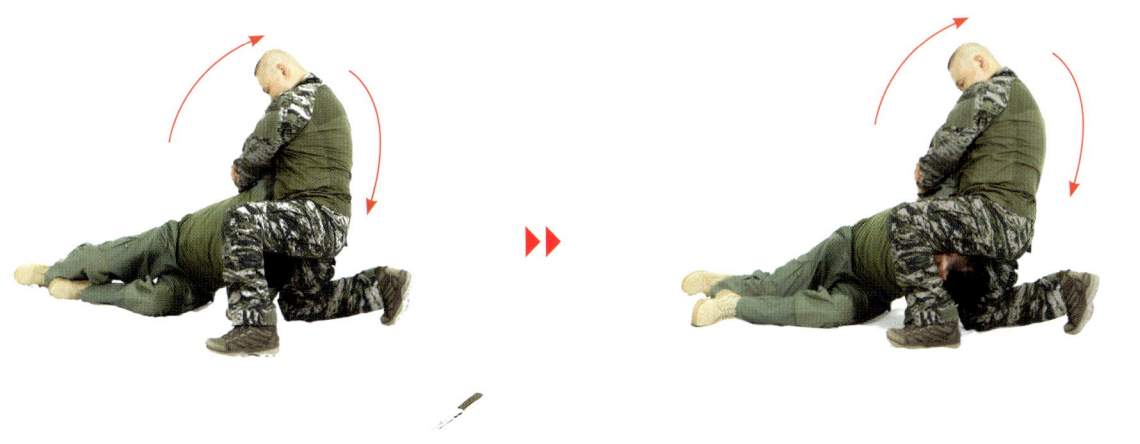

12 ▶ 오른다리로 상대방 얼굴을 끌어 당겨 압박 후 기무라 락으로 상대를 제압한다.

나이프 공격시 디스암 (무장해제) 및 락킹을 이용한 방어 테크닉

Defense techniques using disarm or locking against a knife attack

Technique 04 상대방이 오른쪽 옆구리를 향해 공격할 때 (리버스 나이프 그립)

01 ▶ 나이프 디펜스 자세 (knife defense stance)

02 ▶ 상대방이 나이프로 오른쪽 옆구리를 공격한다

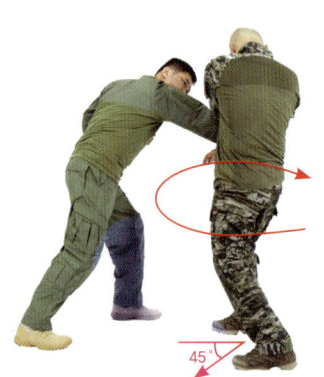

03 ▶ 왼발을 왼쪽 45°로 이동하는 동시에 상대방의 나이프 공격을 엑스 블락으로 방어한다.

04 ▶ 방어한 후 왼손으로 상대방의 오른손 손목을 잡아 왼쪽으로 돌려서 꺾어 올려 준다.

05 ▶ 이때 나이프를 든 상대방의 손목을 돌려서 꺾어줄 시 반드시 자신의 가슴쪽으로 밀착시켜서 꺾어준다. (기술에 이해도를 높이기 위해 상단부분으로 연출함.)

06 ▶ 동시에 오른팔 등으로 상대방의 나이프를 강하게 밀어 디스암 시키고 신속하게 오른손을 회수한다.

07 ▶ 오른팔 팔꿈치로 상대방의 앞면으로 강하게 타격한다.

08 ▶ 타격한 오른손을 상대방의 오른팔 팔꿈치 안쪽으로 밀어 넣어 준다.

09 ▶ 오른손으로 상대방의 오른손 손목 부위를 잡는다.

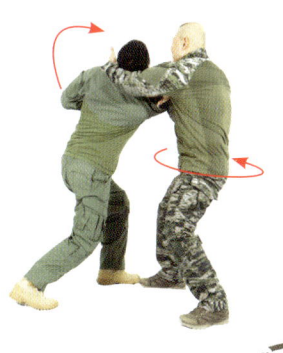

10 ▶ 동시에 왼손으로 상대방의 턱부분을 잡아 돌린다.

11 ▶ 왼발이 뒤로 이동하면서 상대방의 목을 강하게 돌려서 잡아 던진다.

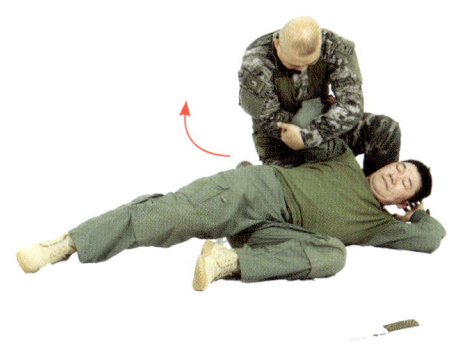

▶▶

12 ▶ 왼손으로 상대방의 오른팔꿈치 부분을 꺾어 제압한다. 이때 허리를 왼쪽으로 강하게 틀어 상대방의 오른팔 팔꿈치 관절을 꺾고 왼쪽 무릎으로 상대방의 턱을 강하게 눌러준다.

나이프 공격시 디스암(무장해제) 및 락킹을 이용한 방어 테크닉
Defense techniques using disarm or locking against a knife attack

Technique 05　상대방이 중앙 복부를 향해 공격할 때 (포워드 나이프 그립)

01 ▶ 나이프 디펜스 자세 (knife defense stance)

02 ▶ 상대방이 나이프로 정면복부를 공격할 때, 오른발을 오른쪽 45°로 이동하는 동시에 상대방의 나이프 공격을 투 핸드 블락으로 방어한다.

03 ▶ 방어시 오른손 팔날로 상대방의 오른팔 팔꿈치 안쪽 부분을 강하게 타격한다.

04 ▶ 이때 왼손으로 상대방 오른손 손목을 잡아준다.

05 ▶ 이때 오른팔 팔날 부분으로 상대방의 목을 강하게 밀어 타격한다.

(반대편 각도)

06 ▶ 타격과 동시에 왼팔을 상대방의 오른팔 안쪽으로 밀어 넣어 준다.

07 ▶ 오른손으로 상대방의 목을 강하게 가슴쪽으로 끌어 당겨준다.

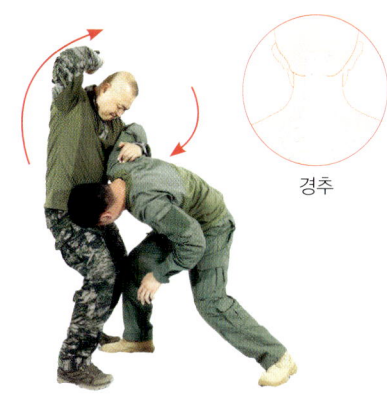

08 ▶ 상대방의 목을 끌어 당기면서 동시에 오른발 무릎차기로 상대방의 얼굴을 타격한다.

(반대편 각도)

09 ▶ 타격 후 오른손 팔꿈치 내려 찍기로 상대방의 목(경추)을 타격한다.

10 ▶ 팔꿈치 타격시 중심을 밑으로 내려서 강하게 타격한다.

(반대편 각도)

11 ▶ 타격 후 오른손바닥(저장)으로 상대방의 목을 안쪽으로 타격하며 왼쪽방향으로 밀어준다.

(반대편 각도)

12 ▶ 왼팔로 상대방의 오른팔을 가슴 쪽으로 당겨준다.

13 ▶ 중심을 밑으로 강하게 내리면서 상대방의 오른팔을 기무라 락으로 강하게 꺾어 제압한다.

Techniques 04 Professional Skill

나이프 공격시 디스암(무장해제) 및 락킹을 이용한 방어 테크닉
Defense techniques using disarm or locking against a knife attack

Technique 06 상대방이 목을 향해 공격할 때 (포워드 나이프 그립)

01 ▶ 나이프 디펜스 자세 (knife defense stance)

02 ▶ 상대방이 나이프로 목을 정면을 향해 공격할 때, 왼발이 왼쪽 15° 방향으로 나아가면서 왼손 손바닥 부분으로 상대방의 오른손 손목 부분을 강하게 쳐낸다.

03 ▶ 동시에 오른손으로 상대방의 오른손 손목을 잡아준다.

04 ▶ 방어 후 팔날로 상대방의 정면을 강하게 타격한다.

05 ▶ 타격 후 팔꿈치 내려찍기로 상대방의 오른팔 팔꿈치 관절을 타격한다.

06 ▶ 타격 후 왼손으로 상대방의 오른쪽 손목을 잡는다.

07 ▶ 상대방의 오른팔 손목을 왼쪽으로 강하게 돌려서 꺾는다. 이때 오른손으로 상대방의 나이프 손잡이 윗부분을 잡는다.

08 ▶ 상대방의 손목을 꺾는 동시에 오른손으로 상대방의 나이프를 뺏는다.

09 ▶ 뺏은 나이프로 상대방의 팔꿈치 안쪽 부분을 베어 버린다.

10 ▶ 베어 버린후 오른손을 상대방의 팔꿈치 안쪽으로 밀어 넣는다.

11 ▶ 나이프를 상대방의 오른쪽 손목에 걸어 준다.

12 ▶ 왼발이 뒤로 이동하며 상대방의 오른손 손목과 어깨를 꺾어 강하게 왼쪽 45° 사선 방향으로 돌려서 던진다.

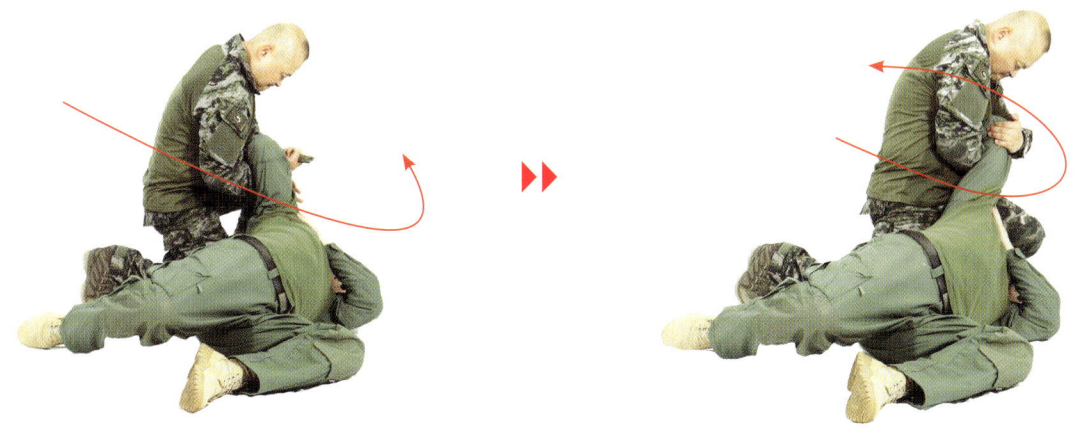

15 ▶ 왼손으로 상대방의 오른팔 팔꿈치 부분을 꺾어 제압한다. 허리를 오른쪽 방향으로 돌려서 상대방의 오른팔 관절을 강하게 꺾는다.

Techniques 04 Professional Skill

나이프 공격시 디스암 (무장해제) 및 락킹을 이용한 방어 테크닉
Defense techniques using disarm or locking against a knife attack

Option 01 상대방이 목을 향해 공격할 때 (포워드 나이프 그립) (인사이드 / Inside)

01 ▶ 나이프 디펜스 자세 (knife defense stance)

02 ▶ 상대방이 나이프로 목을 공격할 때, 오른발이 오른쪽 45° 방향으로 나아가면서 허리를 틀어 상대방의 나이프 공격을 인사이드 투핸드 블락 홀딩으로 방어한다.

03 ▶ 방어 후 팔날로 상대방 정면을 강하게 타격한다.

04 ▶ 정면 타격 후 오른팔 팔날로 상대방의 오른팔 팔꿈치 안쪽을 강하게 타격한다.

05 ▶ 타격 후 왼손으로 상대방의 오른손 손목을 잡는다.

06 ▶ 오른발이 뒤로 이동하면서 상대방의 오른 손목을 오른쪽 방향으로 강하게 꺾어준다.

07 ▶ 동시에 왼손팔 등으로 상대방의 나이프를 디스암한다.

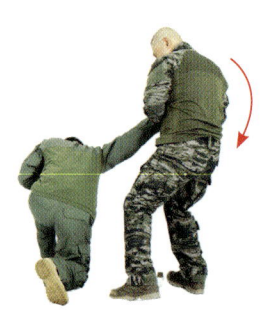

08 ▶ 상대방의 오른팔 손목을 꺾어 상대방의 중심을 무너트린다.

09 ▶ 왼손으로 상대방 오른팔 손목을 잡는다.

10 ▶ 오른손으로 상대방의 오른팔 팔꿈치 관절을 팔꿈 내려치기로 강하게 타격한다.

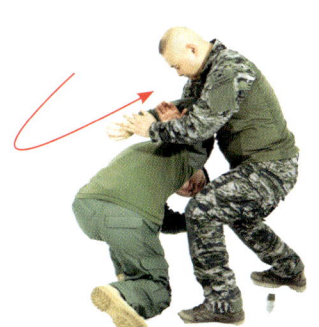

11 ▶ 타격 후 오른손을 상대방의 오른팔 팔꿈치 안쪽으로 밀어 넣어 준다.

12 ▶ 상대방의 오른팔을 기무라 락으로 강하게 꺾어서 제압한다.

01 ▶ 옵션 상대방이 목 정면을 향해 공격시 인사이드 테크닉과 동일하게 방어 후 타격한다.

02 ▶ 상대방의 중심을 무너트린후 왼발로 상대방의 후두부를 강하게 차내린다.

03 ▶ 몸을 오른쪽으로 신속히 돌린 후 상대방의 오른쪽 어깨를 앉아서 눌러 꺾는다.

04 ▶ 상대방의 오른팔 팔꿈치 관절을 꺾어 제압한다. 이때 상대방의 오른손 새끼 손가락이 위로 향하게 꺾어 올려준다.

나이프 공격시 암드로우 어플리케이션을 이용한 방어 테크닉
Defense techniques using arm draw application against a knife attack

Technique 01　상대방이 왼쪽 목을 향해 공격할 때 (리버스 나이프 그립)

01 ▶ 나이프 디펜스 자세 (knife defense stance)

02 ▶ 상대방이 나이프로 왼쪽목을 공격할 때, 오른발을 오른쪽 방향 45°로 이동하는 동시에 상대방의 나이프 공격을 투핸드 블락 홀딩으로 방어한다.

03 ▶ 방어 후 등주먹과 팔날로 상대방 정면을 강하게 타격한다.

04 ▶ 타격 후 오른팔 팔날 안쪽부분으로 상대방의 오른쪽 팔꿈치 안쪽으로 강하게 쳐올려 준다. 이때 왼발이 왼쪽 15°방향으로 나아간다.

05 ▶ 오른손으로 상대방의 오른팔 손목부분을 잡는다.

06 ▶ 왼발이 뒤로 이동하면서 상대방의 오른쪽 어깨를 꺾어서 잡아 던진다.

07 ▶ 왼손으로 상대방의 나이프를 뺏는다. 이때 왼손으로 상대방의 나이프 손잡이 윗부분을 잡고 직각으로 꺾어 내려서 나이프를 뺏는다. (스내치)

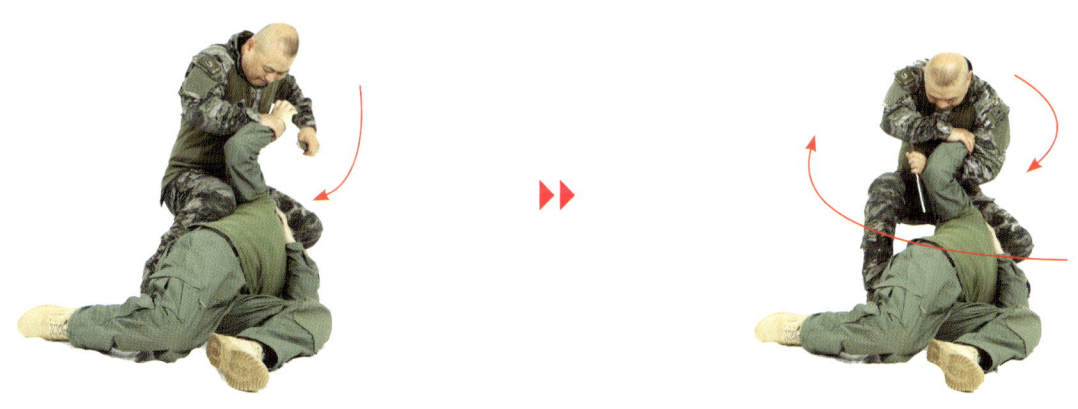

08 ▶ 나이프를 잡은 오른손으로 상대방의 오른팔 팔꿈치 안쪽으로 강하게 밀어 넣어 준다.

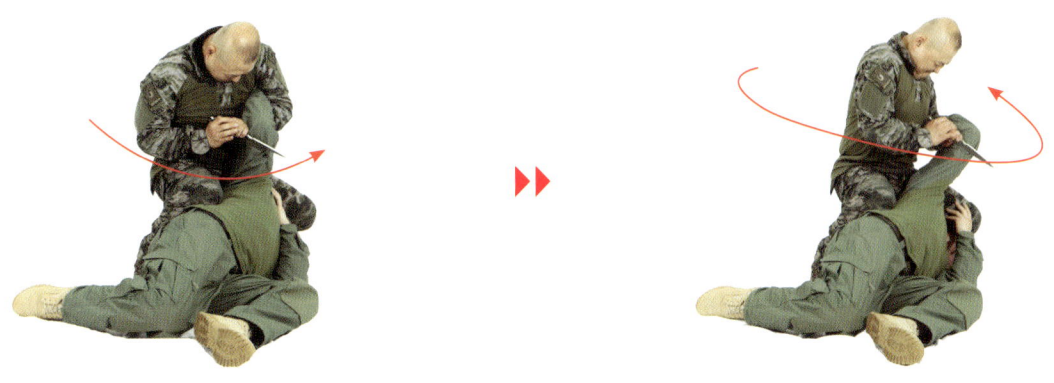

09 ▶ 허리를 왼쪽 방향으로 강하게 틀어서 상대방의 오른팔 팔꿈치 관절과 오른쪽 어깨 관절을 꺾어서 제압한다.

나이프 공격시 암드로우 어플리케이션을 이용한 방어 테크닉
Defense techniques using arm draw application against a knife attack

Technique 02   상대방이 오른쪽 목을 향해 공격할 때 (리버스 나이프 그립)

01 ▶ 나이프 디펜스 자세 (knife defense stance)

02 ▶ 상대방이 나이프로 오른쪽 목을 공격할 때, 왼발을 왼쪽 방향 45°로 이동하는 동시에 상대방의 나이프 공격을 투핸드 블락 홀딩으로 방어한다.

03 ▶ 방어 후 등주먹과 팔날로 상대방 정면을 강하게 타격한다.

04 ▶ 타격 후 왼손으로 상대방의 오른팔 손목을 신속히 잡는다.

05 ▶ 상대방의 오른손 손목을 잡은 상태에서 오른발이 옆으로 이동한다.

06 ▶ 이동과 동시에 상대방의 오른팔을 밑으로 강하게 당겨주어 어깨로 상대방의 오른팔 팔꿈치 관절을 꺾어 던진다.

07 ▶ 오른손으로 상대방의 나이프를 뺏는다.

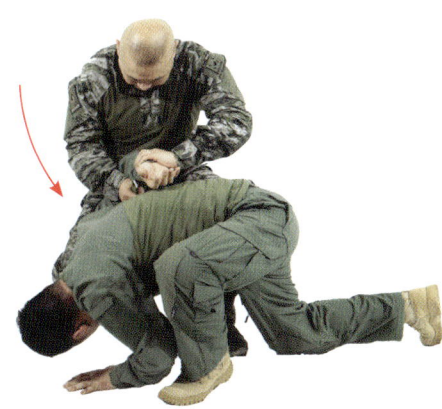

08 ▶ 나이프를 상대방의 오른팔 팔꿈치 관절 안쪽으로 밀어 넣어 준다.

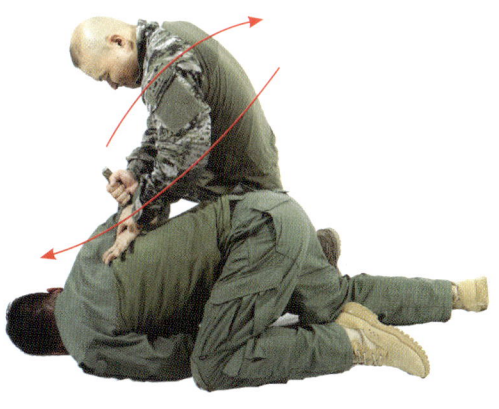

09 ▶ 나이프로 상대방의 오른팔 팔꿈치를 고정시킨 후 왼손으로 상대방의 오른손 손목을 올려서 어깨를 꺾어 제압한다.

나이프 공격시 암드로우 어플리케이션을 이용한 방어 테크닉
Defense techniques using arm draw application against a knife attack

Technique 03 상대방이 왼쪽 옆구리를 향해 공격할 때 (리버스 나이프 그립)

01 ▶ 나이프 디펜스 자세 (knife defense stance)

02 ▶ 상대방이 나이프로 오른쪽 옆구리를 공격할 때, 오른발을 오른쪽 45° 이동하는 동시에 상대방의 나이프 공격을 투핸드 블락 홀딩으로 방어한다.

03 ▶ 방어 후 등주먹과 팔날로 상대방 정면을 강하게 타격한다. 나이프를 든 상대방을 타격한 후,

04 ▶ 오른손으로 상대방의 오른팔 팔꿈치 안쪽을 오른손으로 잡아준다.

05 ▶ 상대방의 오른팔을 끌어 당기면서 상대방의 오른발 무릎관절을 부인각으로 45° 각도 밑으로 타격한다.

06 ▶ 타격 후 오른손으로 상대방의 오른팔 팔꿈치 안쪽으로 강하게 당겨준다.

07 ▶ 오른손으로 상대방의 오른손 손목부분을 잡는다. 이때 왼발이 뒤로 이동하면서 상대방 오른쪽 어깨를 꺾어 잡아 던진다.

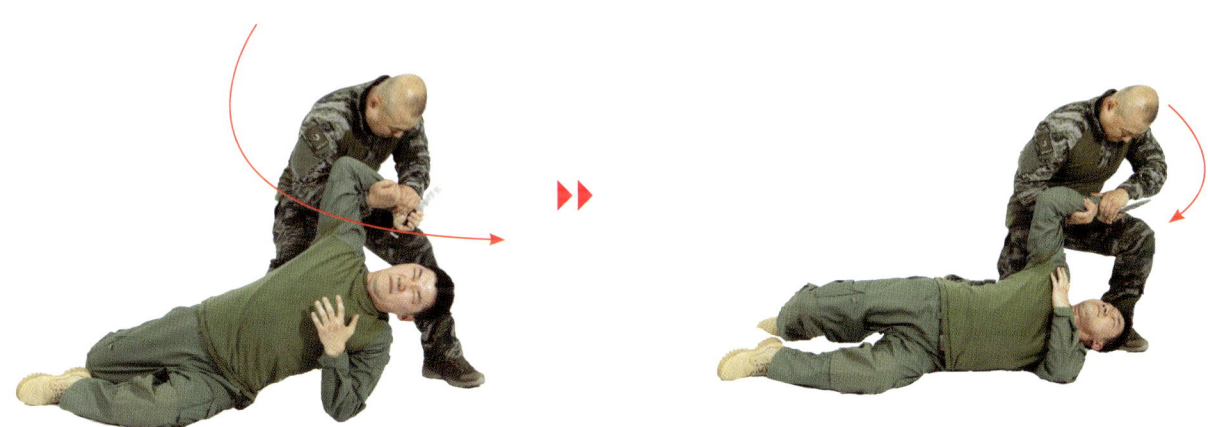

08 ▶ 왼손으로 상대방의 나이프를 뺏는다. 이때 왼손으로 상대방의 나이프 손잡이 윗부분을 잡고 직각으로 꺾어 내려서 나이프를 뺏는다.(스내치)

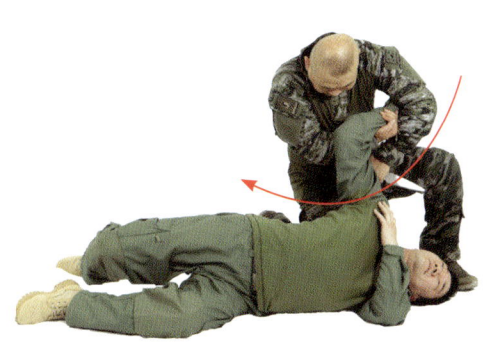

09 ▶ 왼손을 상대방의 오른팔 팔꿈치 안쪽으로 강하게 밀어 넣어 준다.

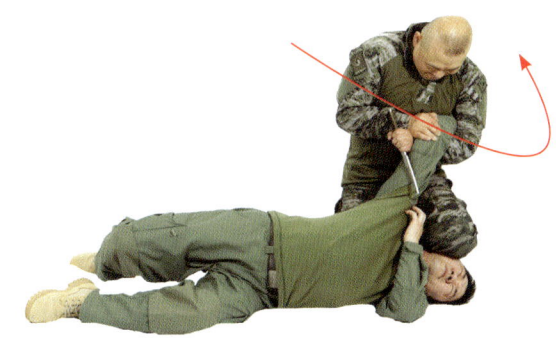

10 ▶ 허리를 왼쪽 방향으로 강하게 틀어서 상대방의 오른팔 팔꿈치 관절과 오른쪽 어깨 관절을 꺾어서 제압한다.

Techniques 05 Professional Skill

나이프 공격시 암드로우 어플리케이션을 이용한 방어 테크닉
Defense techniques using arm draw application against a knife attack

Option 01 상대방이 왼쪽 옆구리를 향해 공격할 때 (리버스 나이프 그립) (응용동작 / Application)

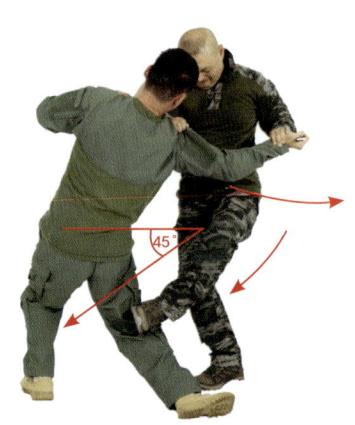

01 ▶ 방어와 타격 동작은 이전 상대방이 왼쪽 옆구리를 향해 공격시와 통일하다. 상대방의 오른팔을 끌어 당기면서 상대방의 오른발 무릎관절을 부인각으로 타격한다.

02 ▶ 타격 후 오른팔을 상대방의 오른팔 팔꿈치 안쪽으로 밀어 넣어 준다.

03 ▶ 오른손으로 상대방에 오른팔 팔꿈치를 밀어 올려준다.

04 ▶ 이때 오른발이 앞으로 나아간다.

05 ▶ 다시 왼발이 나아가면서 상대방에 오른팔 팔꿈치를 들어 올려서 강하게 앞으로 던진다.

06 ▶ 오른손과 왼손으로 상대방의 얼굴을 눌어서 압박한다.

07 ▶ 왼손으로 상대방의 오른팔 팔꿈치를 눌러 제압한 후 오른손 주먹으로 상대방을 타격 하여 제압한다.

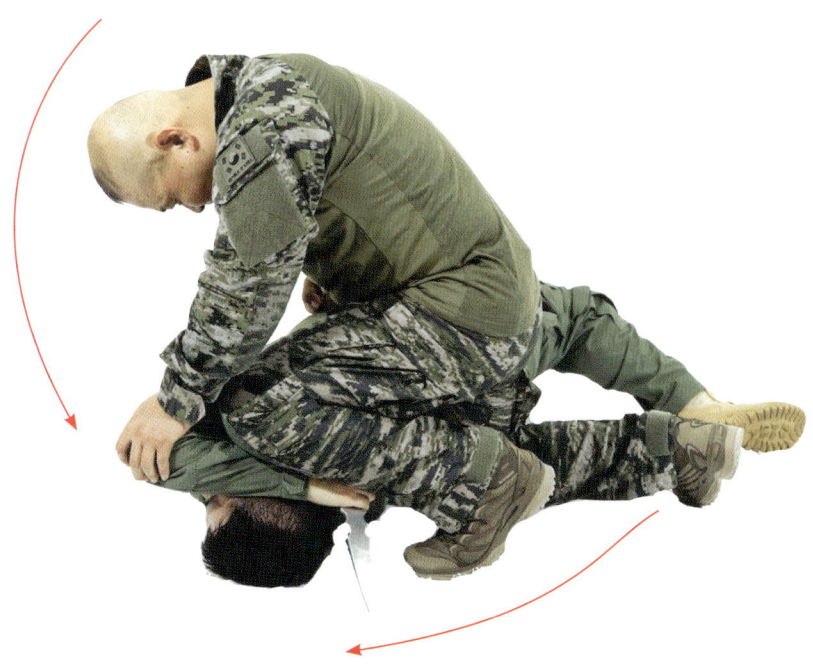

08 ▶ 상대방을 완전히 제압한다.

나이프 공격시 암드로우 어플리케이션을 이용한 방어 테크닉
Defense techniques using arm draw application against a knife attack

Technique 04 상대방이 오른쪽 옆구리를 향해 공격할 때 (리버스 나이프 그립)

01 ▶ 나이프 디펜스 자세 (knife defense stance)　　　　　　　　　　　　　　(반대편 각도)

02 ▶ 상대방이 나이프로 오른쪽 옆구리를 공격한다

 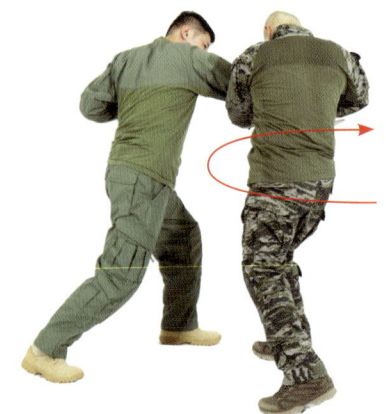

03 ▶ 왼발을 왼쪽방향 45°로 이동하는 동시에 상대방의 나이프를 투핸드 블락 홀딩으로 방어한다.

04 ▶ 방어 후 등주먹과 팔날로 상대방 정면을 강하게 타격한다.

05 ▶ 타격 후 왼손으로 상대방의 오른팔 팔꿈치 안쪽으로 밀어 넣어 상대방의 오른팔을 강하게 압박한다.

06 ▶ 상대방의 오른팔을 강하게 압박한 상태에서 오른발이 뒤로 이동하면서 동시에 상대방의 오른팔 팔꿈치를 꺾어 던진다.

07 ▶ 이때 중심을 상대방의 오른팔 팔꿈치 부분에 실어서 상대방의 오른팔 팔꿈치 관절을 강하게 밑으로 꺾고 오른손으로 상대방의 오른손 손목을 가슴 안쪽으로 밀착시킨다.(지렛대 원리)

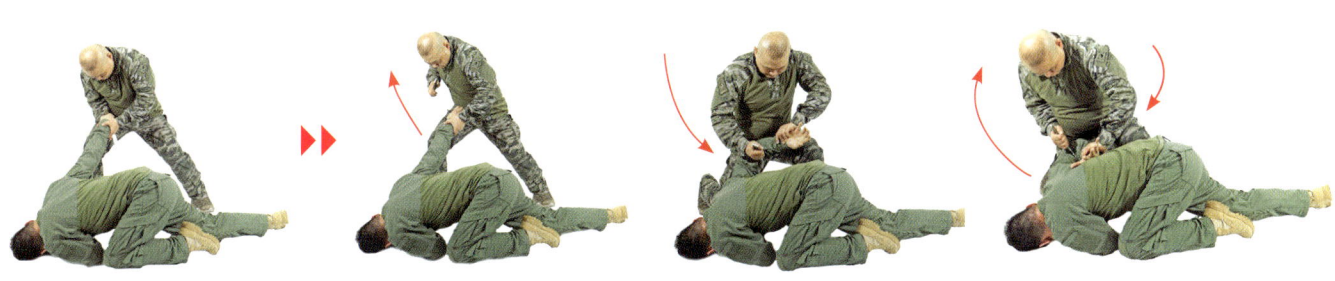

08 ▶ 상대방의 오른팔 팔꿈치 관절을 꺾어서 던진 후 오른손으로 상대방의 나이프를 뺏는다.

09 ▶ 나이프를 상대방의 오른팔 팔꿈치 관절 안쪽에 강하게 밀어 넣어 준다.

10 ▶ 나이프로 상대방의 오른팔 팔꿈치 안쪽부분을 꺾어 고정시킨 후 왼손으로 상대방의 손목을 올려서 어깨를 꺾어 제압한다.

나이프 공격시 암드로우 어플리케이션을 이용한 방어 테크닉
Defense techniques using arm draw application against a knife attack

Technique 05 상대방이 중앙 복부를 향해 공격할 때 (포워드 나이프 그립)

01 ▶ 나이프 디펜스 자세 (knife defense stance)

02 ▶ 상대방이 나이프로 정면복부를 공격할 때, 오른발을 오른쪽 방향 45°로 이동하는 동시에 상대방의 나이프 공격을 투 핸드 블락으로 방어한다.

03 ▶ 방어 후 등주먹과 팔날로 상대방 정면을 강하게 타격한다.

04 ▶ 상대방의 오른팔을 끌어 당기면서 상대방의 오른발 무릎관절을 부인각으로 타격한다.

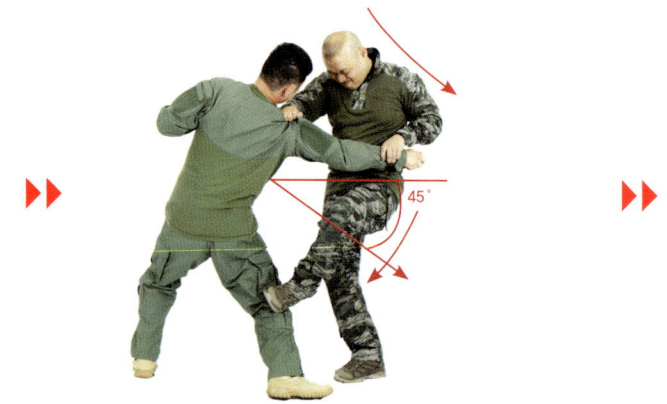

이때 상대방의 중심을 45° 앞으로 당겨서 중심을 무너트리고 부인각 차기로 상대방의 오른발 무릎 슬개골 부위를 눌러주듯이 강하게 타격한다.

05 ▶ 타격 후 오른팔을 상대방의 오른팔 팔꿈치 안쪽으로 밀어 넣어 준다.

06 ▶ 상대방의 오른팔 팔꿈치 안쪽을 오른손 손바닥으로 강하게 가슴 안쪽으로 끌어 당긴다.

07 ▶ 끌어 당긴후 오른손으로 상대방에 오른팔 팔꿈치를 밀어 올린다.

08 ▶ 오른발 하단 옆차기로 상대방의 다리 오금 (무릎관절 안쪽)을 타격한다.

09 ▶ 상대방의 오른팔 팔꿈치를 들어 올려 강하게 앞으로 던진다.

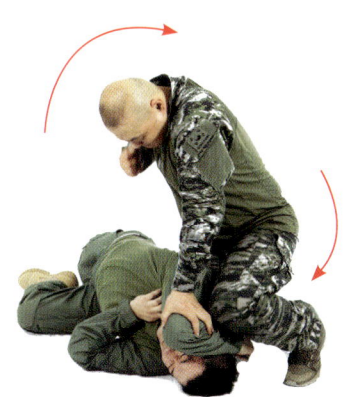 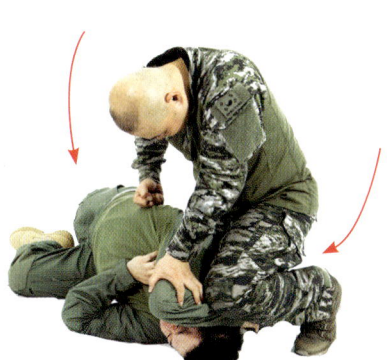

10 ▶ 왼손으로 상대방의 오른팔 팔꿈치를 눌러서 제압한 후 오른손 주먹으로 상대방을 타격 하여 제압한다.
이때 왼쪽 무릎으로 상대방의 오른팔을 강하게 눌러서 압박한다.

Techniques 05 — Professional Skill

나이프 공격시 암드로우 어플리케이션을 이용한 방어 테크닉
Defense techniques using arm draw application against a knife attack

Option 01 상대방이 중앙 복부를 향해 공격할 때 (포워드 나이프 그립) (응용동작 / Application)

01 ▶ 상대방의 오른팔을 끌어 당기면서 상대방의 오른발 무릎관절을 부인각으로 타격한다.
이때 상대방의 중심을 45° 앞으로 당겨서 중심을 무너트리고 상대방의 오른발 슬개골 부위를 눌러주듯이 강하게 타격한다.

02 ▶ 타격 후 오른손을 상대방의 오른팔 팔꿈치 안쪽으로 강하게 올려쳐 준다.

03 ▶ 이때 상대방의 오른팔 팔꿈치 안쪽을 오른손 손바닥으로 강하게 가슴 안쪽으로 끌어당긴다.

04 ▶ 오른손으로 상대방의 오른손 손목부분을 잡는다.

05 ▶ 왼발이 뒤로 이동하면서 상대방 오른쪽 어깨를 꺾어서 잡아 던진다.

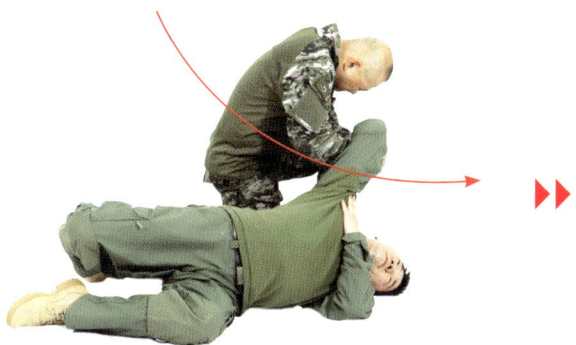 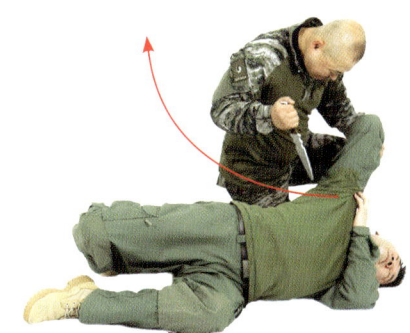

06 ▶ 오른손으로 상대방의 나이프를 뺏는다.

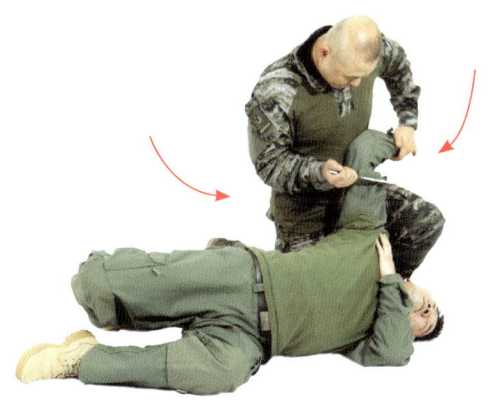 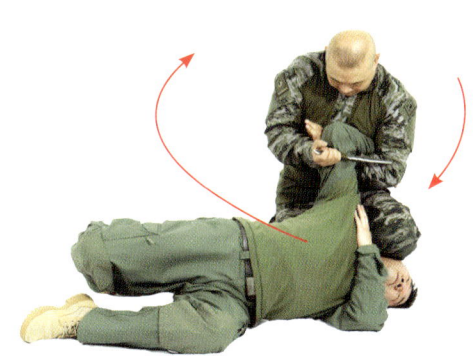

07 ▶ 오른손에 있는 나이프로 상대의 오른팔 팔꿈치 부분에 걸어 고정시킨다.

08 ▶ 왼손으로 상대방의 오른팔 팔꿈치 안쪽으로 강하게 밀어 넣어 준다.

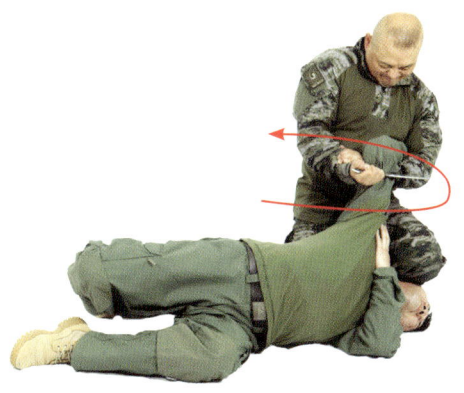

09 ▶ 허리를 왼쪽방향으로 강하게 틀어 상대방의 오른팔 팔꿈치 관절과 어깨 관절을 꺾어서 제압한다.

나이프 공격시 암드로우 어플리케이션을 이용한 방어 테크닉
Defense techniques using arm draw application against a knife attack

Technique 06 상대방이 목 정면을 향해 공격할 때 (포워드 나이프 그립)

01 ▶ 나이프 디펜스 자세 (knife defense stance)

02 ▶ 상대방이 나이프로 정면 목을 공격할 때, 왼발이 왼쪽 15° 방향으로 나아가면서 왼손 손바닥 부분으로 상대방의 오른손 손목 부분을 강하게 쳐낸다.

03 ▶ 동시에 오른손으로 상대의 손목을 잡아준다.

04 ▶ 방어 후 팔날로 상대방의 정면을 강하게 타격한다.

05 ▶ 타격 후 상대방의 오른팔 팔꿈치를 팔꿈내려치기로 강하게 타격한다. 이때 중심을 밑으로 내려서 강하게 팔꿈내려치기로 타격한다.

06 ▶ 타격 후 왼손으로 상대방의 오른손 손목을 신속히 잡는다.

07 ▶ 상대방의 오른손 손목을 잡은 상태에서 오른발이 옆으로 이동한다.

08 ▶ 이동과 동시에 상대방의 오른팔을 밑으로 강하게 당겨주면서 어깨로 상대방의 오른팔 팔꿈치 관절을 꺾어서 던진다.

09 ▶ 마무리 제압 기술은 2 번 (P 164 쪽) 상대방이 오른쪽 목을 공격 하는 기술과 동일하다.

나이프 공격시 암드로우 어플리케이션을 이용한 방어 테크닉

Defense techniques using arm draw application against a knife attack

Option 01 상대방이 목 정면을 향해 공격할 때 (포워드 나이프 그립) (응용동작 / Application)

01 ▶ 나이프 디펜스 자세 (knife defense stance)

02 ▶ 상대방이 나이프로 정면 목을 공격할 때, 오른발이 오른쪽 45° 방향으로 나아가면서 상대방의 나이프를 인사이드 투핸드 블락 홀딩으로 방어한다.

03 ▶ 상대방의 오른팔을 끌어 당기면서 상대방의 오른발 무릎관절을 부인각으로 타격한다. 이때 상대방의 중심을 45° 앞으로 당겨서 중심을 무너트리고 상대방의 오른발 슬개골 부위를 눌러주듯이 강하게 타격한다.

04 ▶ 타격 후 오른손 팔날로 상대방의 오른팔 팔꿈치 안쪽을 강하게 내려 친다.

05 ▶ 타격 후 오른손을 상대방의 오른팔 팔꿈치 안쪽으로 강하게 쳐올려 쳐 주면서 상대방의 오른손 손목을 잡는다.

06 ▶ 왼발이 뒤로 이동하면서 상대방의 오른쪽 어깨를 꺾어 잡아 던진다.

07 ▶ 마무리 제압기술은 1번 (P 162쪽) 상대방이 나이프로 왼쪽 목을 공격시와 동일하다.

나이프 공격시 홀딩 어택 어플리케이션을 이용한 방어 테크닉 (군용버젼)
Defense techniques using a holding-attack against a knife attack (Military Version)

Technique 01 상대방이 왼쪽 목을 향해 공격할 때 (포워드 나이프 그립)

01 ▶ 나이프 디펜스 자세 (knife defense stance)

02 ▶ 상대방이 나이프로 왼쪽 목을 공격할 때, 오른발이 오른쪽 45° 방향으로 나아가면서 상대방의 나이프 공격을 투핸드 블락 홀딩으로 방어한다.

03 ▶ 방어 후 팔날로 상대방 정면을 강하게 타격한다.

04 ▶ 타격 후 오른손을 상대방의 오른쪽 팔꿈치 안으로 밀어 넣어준다.

05 ▶ 상대방의 오른쪽 팔꿈치 안쪽을 손바닥으로 강하게 타격한다.

06 ▶ 오른발이 뒤로 빠지면서 상대방의 오른팔을 오른쪽 방향으로 강하게 끌어 당겨준다. 이때 왼손은 상대방의 팔꿈치 안쪽을 잡고 오른손은 상대방의 손목을 잡는다.

07 ▶ 상대방의 오른팔을 끌어 당겨주면서 오른발이 앞으로 나아간다.

08 ▶ 왼발로 상대방의 오른발 오금을 걸어 중심을 무너트린다.

09 ▶ 상대방의 나이프를 잡고 있는 오른손을 상대방의 목을 찌른다. 이때 왼손은 가슴 안쪽으로 끌어 당긴다.

10 ▶ 중심을 앞으로 이동하여 상대방의 목에 나이프를 찔러 넣는다.

나이프 공격시 홀딩 어택 어플리케이션을 이용한 방어 테크닉 (군용버젼)
Defense techniques using a holding-attack against a knife attack (Military Version)

Option 01 상대방이 왼쪽 목을 향해 공격할 때 (포워드 나이프 그립) (응용동작 / Application)

01 ▶ 나이프 디펜스 자세 (knife defense stance)

02 ▶ 상대방이 나이프로 왼쪽 목을 공격할 때, 허리를 왼쪽 방향을 틀어 오른발이 오른쪽 45° 방향으로 나아가면서 상대방의 나이프를 투핸드 블락 홀딩으로 방어한다.

03 ▶ 방어 후 팔날로 상대방 정면을 강하게 타격한다.

04 ▶ 타격 후 왼손으로 상대방의 팔을 오른쪽 방향 밑으로 돌려 내려준다.

05 ▶ 이때 오른손으로 상대방의 오른손 손목을 잡는다.

06 ▶ 상대방의 오른팔을 오른쪽 방향으로 돌려주면서 왼손을 상대방의 오른팔 팔꿈치 안으로 밀어 넣는다.

07 ▶ 나이프를 잡은 오른손으로 상대방의 목쪽으로 찔러 넣어 준다. (더블 암락 그립)

08 ▶ 왼발 앞으로 나아가며 상대방의 오른발 오금을 걸어 중심을 무너트린다.

09 ▶ 상대방의 오금(무릎 관절 안쪽부분)을 발뒤꿈치 부분으로 걸어 올려 차서 상대방의 중심을 완전히 무너트린다.

10 ▶ 중심을 앞으로 이동하며 상대방의 목에 나이프를 강하게 찔러 넣는다.

나이프 공격시 홀딩 어택 어플리케이션을 이용한 방어 테크닉 (군용버젼)
Defense techniques using a holding-attack against a knife attack (Military Version)

Option 02 상대방이 왼쪽 목을 향해 공격할 때 (포워드 나이프 그립) (응용동작 / Application)

01 ▶ 나이프 디펜스 자세 (knife defense stance)

02 ▶ 상대방이 나이프로 왼쪽 목을 공격할 때 , 허리를 왼쪽 방향을 틀어 오른 발이 오른쪽 45° 방향으로 나아가면서 상대방의 나이프 공격을 투핸드 블락 홀딩으로 방어한다 .

03 ▶ 방어 후 팔날로 상대방 정면을 강하게 타격한다 .

04 ▶ 타격 후 왼손 팔날 부분으로

▶▶

05 ▶ 상대방의 오른팔 팔꿈치 안쪽으로 강하게 올려쳐 준다 . 이때 왼손으로 상대방의 오른손 손목을 밑으로 강하게 잡아 내려준다 .

06 ▶ 상대방의 오른팔을 오른쪽 방향으로 돌려주면서 왼손으로 상대방의 오른팔 팔꿈치 안쪽으로 밀어 넣는다.

07 ▶ 오른손으로 상대방의 오른팔 손목을 잡는다.

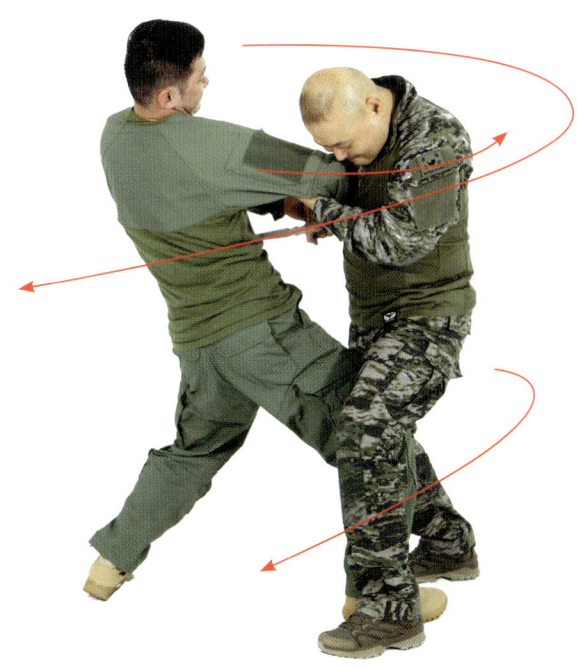

08 ▶ 왼발이 앞으로 나아가면서 중심을 앞으로 이동하는 동시에 나이프로 상대방의 복부를 찔러 넣는다.

나이프 공격시 홀딩 어택 어플리케이션을 이용한 방어 테크닉 (군용버젼)
Defense techniques using a holding-attack against a knife attack (Military Version)

Technique 02 상대방이 오른쪽 목을 향해 공격할 때 (포워드 나이프 그립)

01 ▶ 나이프 디펜스 자세 (knife defense stance)

02 ▶ 상대방이 나이프로 오른쪽 목을 공격한다.

03 ▶ 왼발을 왼쪽 방향 45°로 이동하는 동시에 상대방의 나이프르 투핸드 블록 홀딩으로 방어한다.

04 ▶ 방어 후 상대방의 오른팔 팔꿈치를 팔꿈내려치기로 강하게 타격한다.

05 ▶ 타격후 왼손으로 상대방의 오른손 손목을 잡는다.

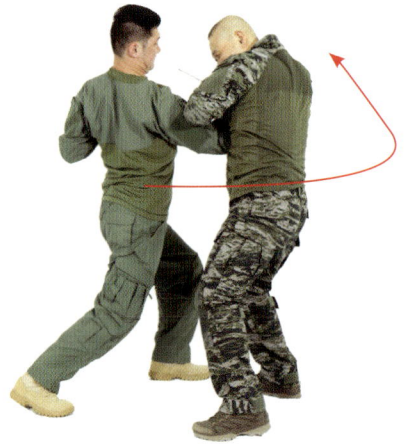

06 ▶ 상대방의 오른팔 손목을 꺾어서 상대방의 목 방향으로 밀어 부친다.

07 ▶ 왼발로 상대방의 오른발 오금을 걸어 중심을 무너트린다. 이때 상대방의 오른손 손목을 꺾고 오른손 손목을 최대한 밀착시킨다.

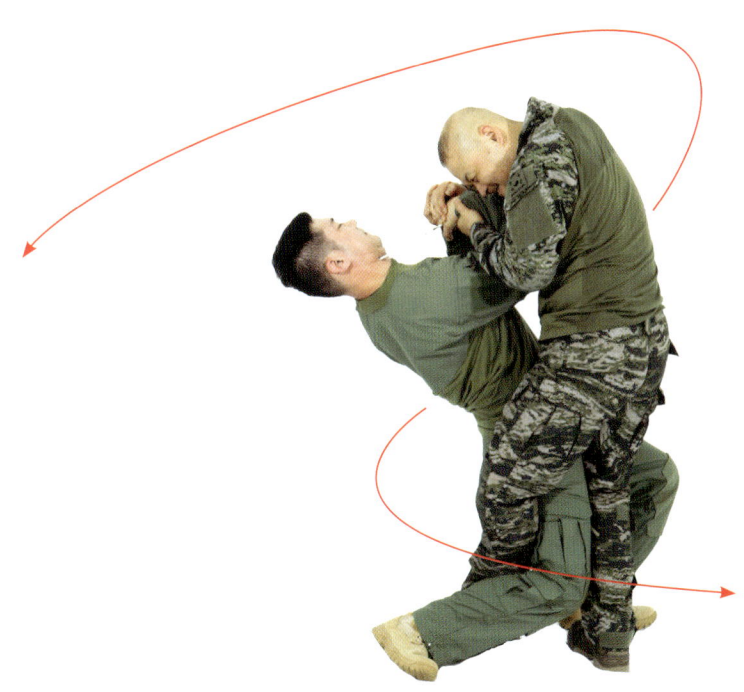

09 ▶ 중심을 앞으로 이동하여 상대방의 목에 나이프를 찔러 넣는다.

나이프 공격시 홀딩 어택 어플리케이션을 이용한 방어 테크닉 (군용버젼)
Defense techniques using a holding-attack against a knife attack (Military Version)

Technique 03　상대방이 왼쪽 옆구리를 향해 공격할 때 (포워드 나이프 그립)

01 ▶ 나이프 디펜스 자세 (knife defense stance)

02 ▶ 상대방이 나이프로 오른쪽 옆구리를 공격할 때, 오른발을 오른쪽 방향 45°이동하는 동시에 상대방의 나이프 공격을 투핸드 블락 홀딩으로 방어한다.

03 ▶ 방어 후 팔날로 상대방 정면을 강하게 타격한다.

04 ▶ 타격 후 왼손 팔날 부분으로 상대방의 오른팔 팔꿈치 안쪽으로 강하게 올려쳐 준다.

05 ▶ 상대방의 오른팔을 오른쪽 방향으로 돌려주면서 왼손을 상대방 오른팔 팔꿈치 안으로 밀어 넣는다. 이때 오른발이 뒤로 이동하고 상대방의 오른팔 팔꿈치 안으로 밀어줄 때 다시 오른발이 앞으로 나아간다.

06 ▶ 오른손으로 상대방의 오른손 손목을 잡는다.

07 ▶ 왼발로 상대방의 오른발 오금을 걸어 중심을 무너트린다.

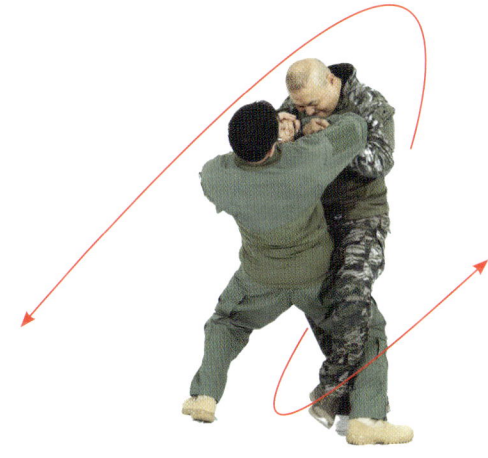

08 ▶ 상대방의 중심을 완전히 무너트린 다음.

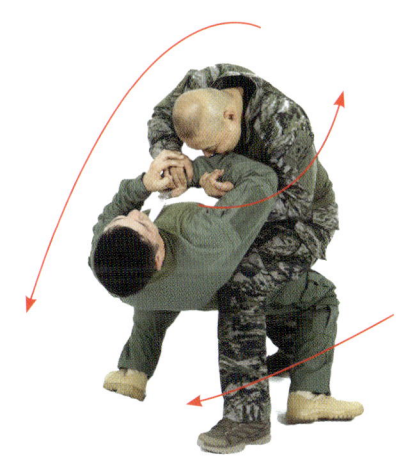

09 ▶ 상대방의 나이프를 잡고 있는 오른손을 상대방의 목으로 찔러 넣어 준다. 이때 왼손은 상대방의 오른팔 팔꿈치를 안으로 끌어 당겨준다.

나이프 공격시 홀딩 어택 어플리케이션을 이용한 방어 테크닉 (군용버젼)
Defense techniques using a holding-attack against a knife attack (Military Version)

Technique 04 상대방이 오른쪽 옆구리를 향해 공격할 때 (포워드 나이프 그립)

01 ▶ 나이프 디펜스 자세 (knife defense stance)

(반대편 각도)

02 ▶ 상대방이 나이프로 오른쪽 옆구리를 공격할 때, 왼발을 왼쪽 방향 45°로 이동하는 동시에 상대방의 나이프 공격을 투핸드 블락 홀딩으로 방어한다.

(반대편 각도)

03 ▶ 방어 후 오른손으로 상대방의 오른손 손목을 잡아서 끌어 당겨준다.

04 ▶ 왼손 팔날로 상대방 안면을 강하게 타격한다.

05 ▶ 타격 후 상대방의 오른팔 팔꿈치를 팔꿈내려치기로 강하게 타격한다.

(반대편 각도)

06 ▶ 타격 후 왼손으로 상대방의 오른손 손목 부분을 잡는다.

(반대편 각도)

07 ▸ 상대방의 오른손 손목을 꺾어서 상대방의 목쪽으로 나이프를 밀어 넣는다. （반대편 각도）

08 ▸ 오른발이 앞으로 나아간다. 이때 상대방의 오른손 손목을 꺾어 몸에 최대한 밀착시킨다. （반대편 각도）

09 ▸ 왼발로 상대방의 오른쪽 다리 오금을 걸어 중심을 무너트린다.

10 ▸ 중심을 앞으로 이동하며 상대방의 목에 나이프를 찔러 넣는다.

나이프 공격시 홀딩 어택 어플리케이션을 이용한 방어 테크닉 (군용버젼)
Defense techniques using a holding-attack against a knife attack (Military Version)

Technique 05 상대방이 중앙 복부를 향해 공격할 때 (포워드 나이프 그립)

01 ▶ 나이프 디펜스 자세 (knife defense stance)

02 ▶ 상대방이 나이프로 복부를 직선으로 공격한다

03 ▶ 오른발을 오른쪽 방향 45° 이동하는 동시에, 상대방의 나이프를 투 핸드 블락으로 방어한다.

04 ▶ 방어 후 팔날로 상대방의 얼굴을 강하게 타격한다.

05 ▶ 타격 후 오른손으로 상대방의 오른팔 팔꿈치 안쪽을 강하게 치듯이 잡는다.

06 ▶ 상대방의 오른팔을 끌어 당긴다. 이때 오른발을 이동한다.

07 ▶ 뒤로 이동했던 오른발이 앞으로 나아가며 상대방의 오른팔을, 오른쪽 방향으로 돌려주고 왼손을 상대방 팔꿈치 안으로 밀어 넣는다.

08 ▶ 오른손으로 상대방의 손목을 잡는다.

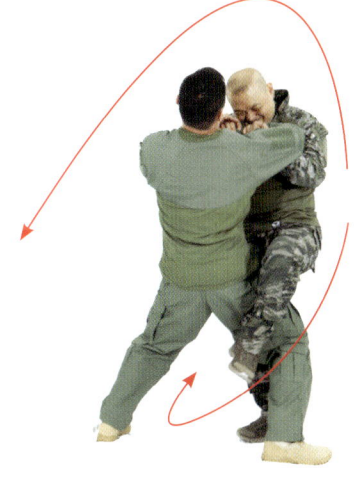 

09 ▶ 왼발로 상대방의 오른발 오금을 걸어 중심을 무너트린다. 이때 상대방의 오른팔을 최대한 몸에 밀착시킨다.

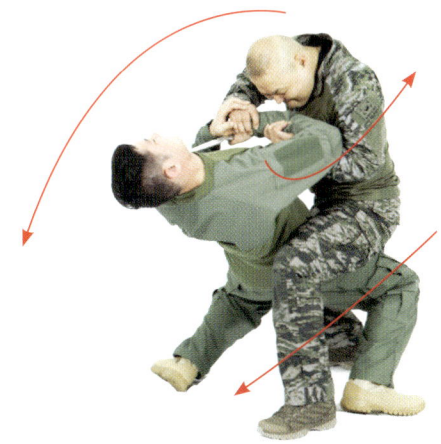

10 ▶ 중심을 앞으로 이동하여 상대방 목에 나이프를 찔러 넣는다. 이 때 오른손으로는 상대방의 오른손 목 부위를 잡고 왼손 손바닥은 상대방의 오른팔 팔꿈치 안쪽을 끌어 당겨준다.

Techniques 06 Professional Skill

나이프 공격시 홀딩 어택 어플리케이션을 이용한 방어 테크닉 (군용버젼)
Defense techniques using a holding-attack against a knife attack (Military Version)

Technique 06 상대방이 목 정면을 향해 공격할 때 (포워드 나이프 그립)

01 ▶ 나이프 디펜스 자세 (knife defense stance)

02 ▶ 상대방이 나이프로 목을 향해 공격한다. 왼발이 왼쪽 15° 방향으로 나아가면서 상대방의 나이프 공격을 투핸드 블럭 홀딩으로 방어한다.

03 ▶ 방어 후 팔날로 상대방 정면을 강하게 타격한다.

04 ▶ 타격 후 중심을 밑으로 내려 상대방의 팔꿈치를 팔꿉내려치기로 강하게 타격한다.

05 ▶ 타격 후 왼손으로 상대방의 오른손 손목을 잡는다.

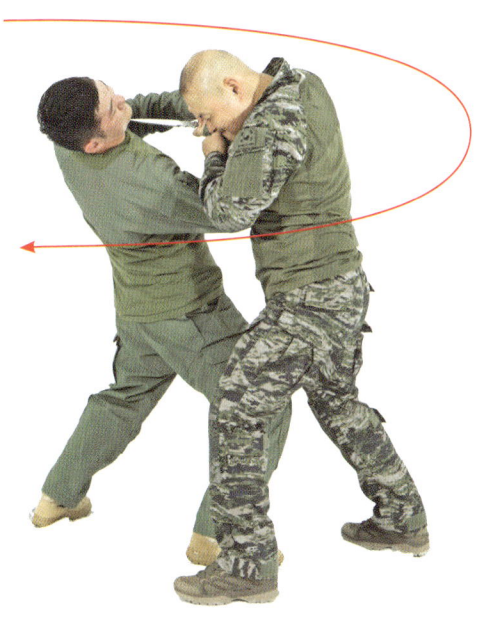

06 ▶ 상대방의 오른손 손목을 꺾어서 상대방의 목쪽으로 상대방이 가지고 있던 나이프로 밀어 찌른다.

07 ▶ 오른발이 앞으로 나아가며 상대방의 중심을 무너트린다.

08 ▶ 중심을 앞으로 이동하여 상대방의 목에 나이프를 찔러 넣는다.

나이프 공격시 홀딩 어택 어플리케이션을 이용한 방어 테크닉 (군용버젼)
Defense techniques using a holding-attack against a knife attack (Military Version)

Option 06 상대방이 목 정면을 향해 공격할 때 (포워드 나이프 그립) (인사이드 응용동작 / Inside Application)

01 ▶ 나이프 디펜스 자세 (knife defense stance)

02 ▶ 상대방이 나이프로 정면 목을 공격할 때, 허리를 왼쪽 방향으로 틀어 오른발이 오른쪽 45° 방향으로 나아가면서 상대방의 나이프 공격을 인사이드 투핸드 블락 홀딩으로 방어한다.

03 ▶ 방어 후 팔날로 상대방 정면을 강하게 타격한다.

04 ▶ 타격 후 오른손 팔날 부위로 상대방의 오른팔 팔꿈치 관절을 강하게 타격한다.

05 ▶ 타격 후 왼손 손바닥으로

06 ▶ 상대방의 오른팔 팔꿈치 안쪽을 강하게 올려 쳐준다. 이때 왼손으로 상대방의 오른손 손목을 내려준다.

07 ▶ 상대방의 오른팔을 오른쪽 방향으로 돌려주면서, 오른손을 상대방의 오른팔 팔꿈치 안으로 밀어 넣는다. 이때 오른발을 뒤로 이동한다.

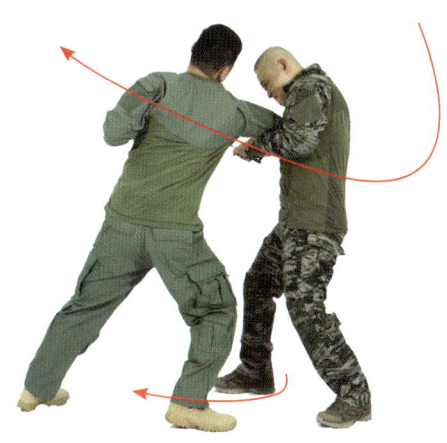

08 ▶ 오른발이 앞으로 나아가면서 오른손으로 상대방의 오른손 손목을 잡는다.

09 ▶ 상대방의 손목을 꺾어서 상대방 목쪽으로 나이프를 밀어 넣는다.

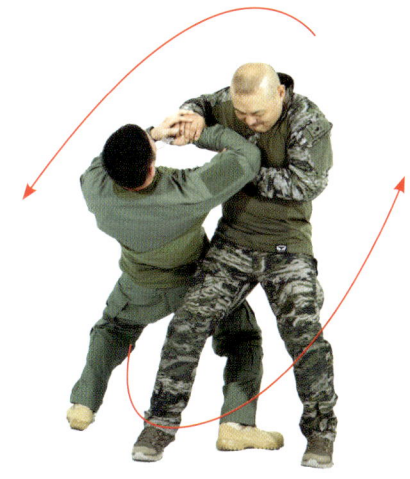

10 ▶ 오른발이 앞으로 나아가며 상대방의 중심을 무너트린다.

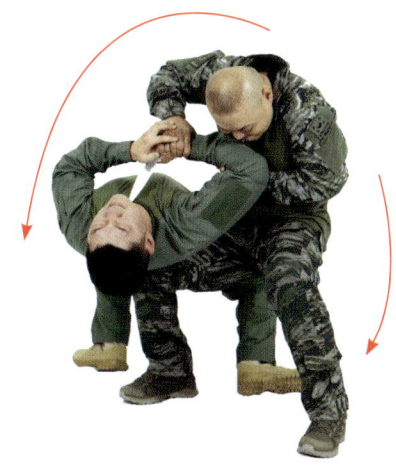

11 ▶ 중심을 앞으로 이동하여 상대방의 목에 나이프를 찔러 넣는다.

나이프 공격시 더블 암락 어플리케이션을 이용한 방어 테크닉
Defense techniques using double arm-lock application against a knife attack

Technique 01 상대방이 왼쪽 목을 향해 공격할 때 (리버스 나이프 그립)

01 ▶ 나이프 디펜스 자세 (knife defense stance)

02 ▶ 상대방이 나이프로 왼쪽 목을 공격할 때, 허리를 왼쪽 방향으로 틀어 오른발이 45° 오른쪽으로 이동하는 동시에 엑스블락 홀딩으로 방어한다

03 ▶ 방어한 후 상대방의 손을 오른쪽 방향으로 돌려 준다.

04 ▶ 왼손 팔날로 상대방의 정면을 강하게 타격한다. 이때 상대방이 공격하는 손을 왼손으로 방어하며 잡는다.

05 ▶ 왼발이 45° 방향으로 나아가며 상대방에게 잡혀있는 왼손 손목을 바깥쪽 시계방향으로 돌린다.

06 ▶ 왼손 손목을 시계방향으로 돌리는 동시에 상대방의 왼팔 틈 사이로 오른손을 넣고 나이프를 든 상대방의 오른쪽 손목을 잡는다.

07 ▶ 나이프를 든 상대방의 오른팔 팔꿈치에 어깨를 밀착 시킨다. 오른발이 앞으로 이동하면서 상대방의 중심을 앞으로 무너트린다.

08 ▶ 상대방의 오른팔이 더블암락이 된 상태에서 상대방을 밑으로 잡아던진다. 이때 오른쪽 다리로 상대방의 오른쪽 다리를 걸어 던진다.

09 ▶ 상대방을 완전히 넘어뜨린다.

10 ▶ 상대방을 잡아 던진후 오른손으로 상대방의 나이프를 뺀는다.

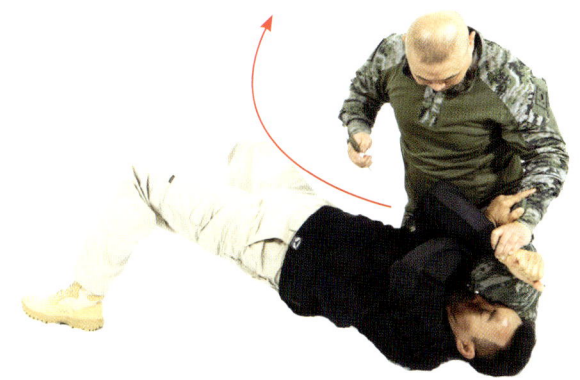

11 ▶ 꺾여있는 상대방의 팔을 밑으로 꺾어 왼손으로 제압한다.

12 ▶ 왼쪽 무릎으로 상대방의 얼굴을 눌러 제압한다.

Techniques 07 — Professional Skill

나이프 공격시 더블 암락 어플리케이션을 이용한 방어 테크닉
Defense techniques using double arm-lock application against a knife attack

Option 01 상대방이 왼쪽 목을 향해 공격할 때 (리버스 나이프 그립) (응용동작 / Application)

01 ▶ 나이프 디펜스 자세 (knife defense stance)

02 ▶ 상대방이 나이프로 왼쪽 목을 공격할 때 , 허리를 왼쪽방향으로 틀어 오른발이 45° 오른쪽으로 이동하는 동시에 엑스블락 홀딩으로 방어한다

03 ▶ 방어 후 등주먹으로 상대방 정면을 강하게 타격한다 .

04 ▶ 타격 후 왼발이 45° 앞으로 나아가며 오른손을 상대방의 팔꿈치 안쪽으로 밀어 넣어주고 왼손 손목을 시계방향으로 돌리는 동시에 상대방의 왼팔 틈사이로 오른손을 넣는다 .

05 ▶ 상대방의 오른 손목을 꺾어 올려 준다 . (더블암락)

06 ▶ 중심이 앞으로 나아가면서 오른쪽 다리 무릎차기로 상대방의 복부를 가격한다 .

07 ▶ 타격 후 오른쪽 다리로 상대방의 오른쪽 다리를 걸어 밑으로 던진다. 이때 상대방의 오른팔을 어깨에 최대한 밀착시킨다.

08 ▶ 허리를 왼쪽 45° 방향으로 강하게 틀어서 상대방을 던진다.

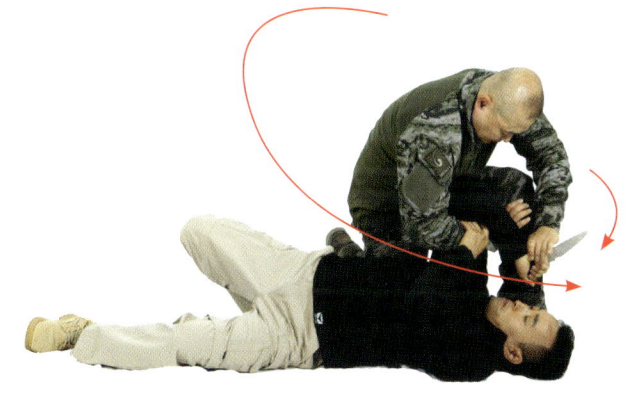

09 ▶ 왼손으로 상대방의 나이프를 뺏는다.

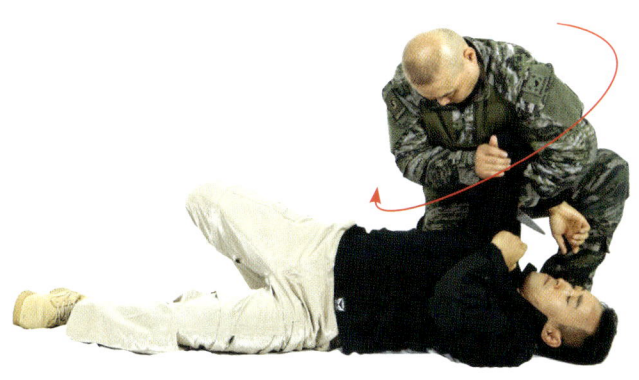

10 ▶ 오른손을 상대방의 오른팔 팔꿈치 안쪽으로 강하게 밀어 넣어 준다.

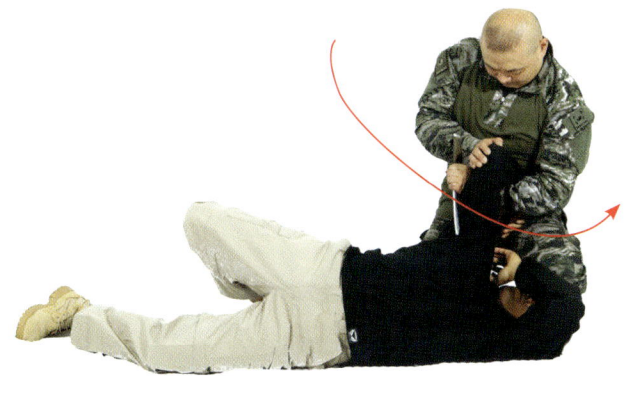

11 ▶ 상대방의 오른팔 팔꿈치 관절과 어깨 관절을 꺾어 제압한다.

Techniques 07 Professional Skill

나이프 공격시 더블 암락 어플리케이션을 이용한 방어 테크닉
Defense techniques using double arm-lock application against a knife attack

Technique 02 상대방이 오른쪽 목을 향해 공격할 때 (리버스 나이프 그립)

01 ▶ 나이프 디펜스 자세 (knife defense stance)

02 ▶ 왼발을 45° 왼쪽으로 이동하는 동시에 엑스블락 홀딩으로 방어한다.

03 ▶ 왼팔 팔날로 상대방의 정면을 강하게 타격한다. 이때 상대방이 공격하는 손을 왼손으로 방어하며 잡는다.

04 ▶ 왼발이 앞으로 나아가며 잡혀있는 왼손 손목을 바깥 쪽 시계방향으로 돌린다.

05 ▶ 오른손으로 상대방의 오른팔을 꺾어 올린다.

06 ▶ 왼손 손목을 시계방향으로 돌리는 동시에 상대방의 왼팔 틈 사이로 오른손을 넣고 나이프를 든 상대방의 손목을 잡는다. 이때 오른손으로 상대방의 오른 팔을 위로 꺾어 올려준다.

07 ▶ 나이프를 든 상대방 팔꿈치에 어깨를 밀착 시킨다.

08 ▶ 오른발이 앞으로 이동해 상대방 중심을 무너트린다.

09 ▶ 허리를 왼쪽 방향으로 강하게 틀어서 상대방을 강하게 밑으로 던진다.

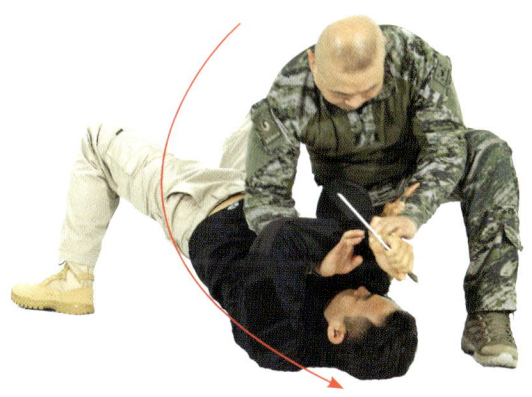

10 ▶ 상대방을 잡아 던진후 오른손으로 상대방의 나이프를 뺏는다.

11 ▶ 왼손으로 상대방의 오른 손목을 잡고 오른손으로 나이프 손잡이 윗부분을 직각으로 내려 나이프를 뺏는다. (스위치)

12 ▶ 꺾여있는 상대방의 팔을 왼손으로 제압한다.

13 ▶ 왼쪽 무릎으로 상대방의 얼굴을 눌러 제압한다.

Techniques 07 Professional Skill

나이프 공격시 더블 암락 어플리케이션을 이용한 방어 테크닉
Defense techniques using double arm-lock application against a knife attack

Option 01 상대방이 오른쪽 목을 향해 공격할 때 (리버스 나이프 그립) (응용동작 / Application)

01 ▶ 왼손 손목을 시계방향으로 돌리는 동시에 상대방의 왼팔 틈사이로 오른손을 넣고 나이프를 든 상대방의 손목을 잡는다. 이때 오른손으로 상대방의 오른팔을 위로 꺾어 올려준다.

02 ▶ 왼손으로 상대방의 오른손 손목을 잡은 상태에서

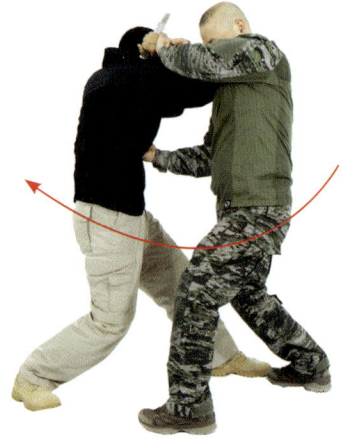

03 ▶ 상대방의 복부를 오른손 역권으로 강하게 타격한다. 타격 후 주먹을 빠르게 회수한다.

05 ▶ 타격 후 오른손바닥으로 상대방의 팔꿈치를 밀어 올려 준다.

06 ▶ 오른발이 앞으로 이동하면서 상대방의 중심을 무너트려 앞으로 던진다.

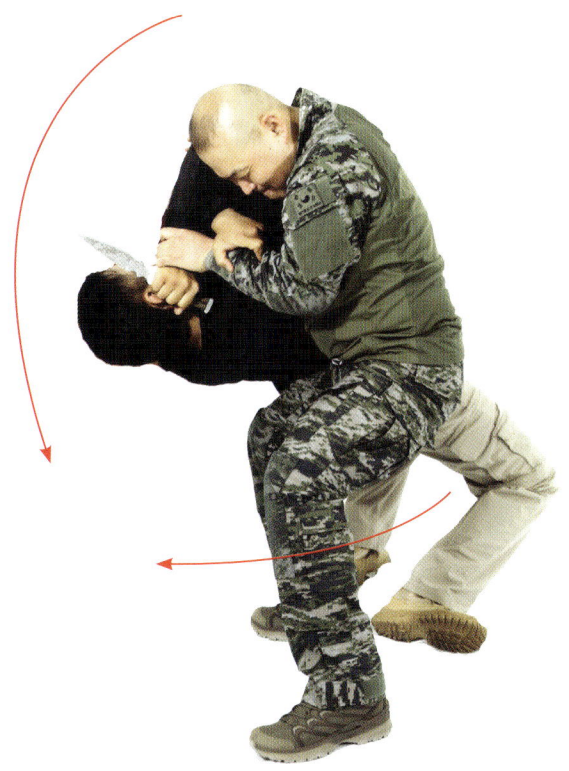

07 ▶ 상대방의 오른팔 팔꿈치 부분을 어깨에 완전히 밀착시켜 상대방을 앞으로 내다 꽂듯이 던진다.

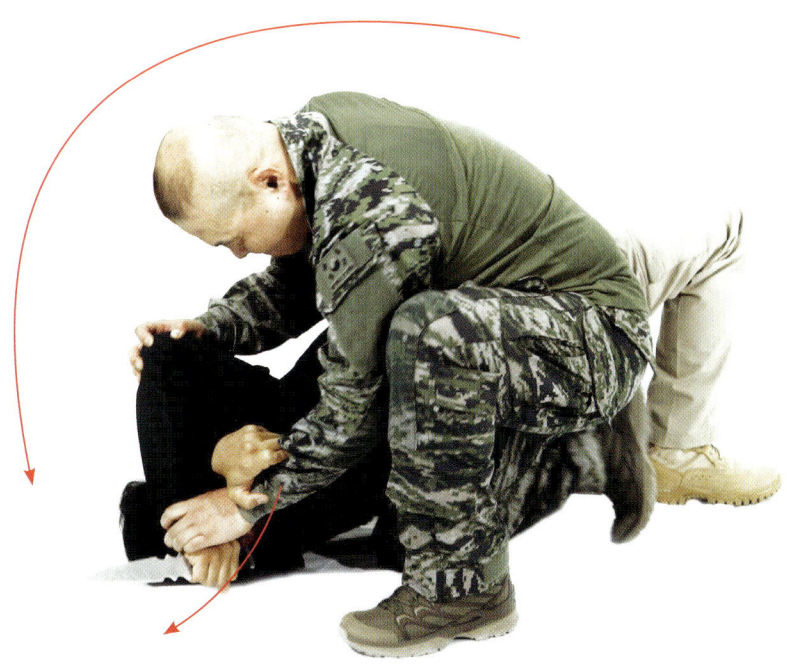

08 ▶ 오른손으로 상대방의 오른쪽 팔꿈치를 누르고 왼손으로 상대방의 오른쪽 손목을 잡아 상대방의 오른팔을 꺾어 제압한다.

Techniques 07 Professional Skill

나이프 공격시 더블 암락 어플리케이션을 이용한 방어 테크닉
Defense techniques using double arm-lock application against a knife attack

Technique 03 상대방이 왼쪽 옆구리를 향해 공격할 때 (리버스 나이프 그립)

01 ▶ 나이프 디펜스 자세 (knife defense stance)

02 ▶ 상대방이 나이프로 오른쪽 옆구리를 공격할 때, 오른발을 45°오른쪽으로 이동하는 동시에 투핸드 블락 홀딩으로 방어한다.

03 ▶ 방어 후 오른쪽 등주먹으로 상대방의 안면을 강하게 타격한다. 이때 상대방이 공격하는 손을 방어하며 잡는다.

04 ▶ 타격 후 왼발이 45°앞으로 나아가며 오른손을 상대방의 오른 팔꿈치 안쪽으로 밀어 넣어주고 왼손 손목을 시계방향으로 돌리는 동시에 상대방의 왼팔 틈사이로 오른손을 넣고 상대방의 오른 손목을 꺾어 올려 준다.(더블암락)

05 ▶ 중심이 앞으로 나아가면서 오른쪽 다리 무릎차기로 상대방의 복부를 가격 한다. 타격한 오른쪽 다리를 내리며 순간적으로 앞으로 갈 수 있는 반동을 준다.

06 ▶ 타격 후 오른쪽 다리로 상대방의 오른쪽 다리를 걸어 던진다.
마무리 제압 동작은 2 번 (P 200 쪽) 상대방이 왼쪽 목을 향해 공격시와 동일하다.

나이프 공격시 더블 암락 어플리케이션을 이용한 방어 테크닉
Defense techniques using double arm-lock application against a knife attack

Option 01 상대방이 왼쪽 옆구리를 향해 공격할 때 (리버스 나이프 그립) (응용동작 / Application)

03 ▶ 방어 후 오른손 등주먹으로 상대방의 정면을 강하게 타격한다.

04 ▶ 오른손으로 상대방의 오른쪽 손목을 빠르게 잡아주고 상대방의 오른팔을 왼쪽방향으로 신속히 돌려준다.

05 ▶ 상대방의 오른팔을 왼쪽으로 돌려 주는 동시에 왼손 등주먹으로 상대방의 정면을 강하게 타격한다. 이 때 상대방이 공격하는 손을 방어하며 잡는다.

06 ▶ 타격 후 왼발이 45° 왼쪽 앞으로 나아가며 오른손을 상대방의 오른 손목을 위로 올려주고 왼손 손목을 시계방향으로 돌리는 동시에 상대방의 왼팔 틈사이로 오른손을 넣고, 상대방의 오른 손목을 꺾어 올려 준다.(더블암락)

07 ▶ 오른쪽 다리로 상대반이 오른 다리를 걸어 던진다. 마무리 제압 동작은 2 번 (P 200 쪽) 상대방이 왼쪽 목을 향해 공격시와 동일하다. 이때 상대방의 오른팔 팔꿈치부분을 어깨에 최대한 밀착시킨다.

Techniques 07 Professional Skill

나이프 공격시 더블 암락 어플리케이션을 이용한 방어 테크닉
Defense techniques using double arm-lock application against a knife attack

Technique 04 상대방이 오른쪽 옆구리를 향해 공격할 때 (리버스 나이프 그립)

01 ▶ 나이프 디펜스 자세 (knife defense stance)

02 ▶ 상대방이 나이프로 오른쪽 옆구리를 공격할 때, 왼발을 45° 왼쪽으로 이동하는 동시에 투핸드 블락 홀딩으로 방어한다.

03 ▶ 왼팔 팔날로 상대방의 정면을 강하게 타격한다. 이때 상대방이 공격하는 손을 왼손으로 방어하며 잡는다.

04 ▶ 왼발이 앞으로 나아가며 잡혀있는 왼손 손목을 바깥 쪽 시계방향으로 돌린다.

05 ▶ 왼손 손목을 시계방향으로 돌리는 동시에 상대방의 왼팔 틈 사이로 오른손을 넣고 나이프를 든 상대방의 손목을 잡는다.

  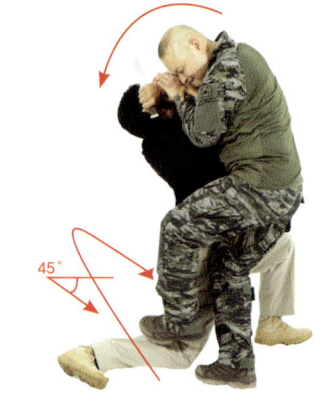

06 ▶ 이때 오른손으로 상대방의 오른 팔을 위로 꺾어 올려준다.

07 ▶ 왼발로 상대방의 오른쪽 다리 오금 (무릎 관절 안쪽) 부분을 45° 방향으로 강하게 밟아 타격한다.

08 ▶ 타격 후 왼발을 뒤로 이동하며 왼쪽 방향으로 허리를 강하게 틀어서 상대방을 잡아던진다.

09 ▶ 오른손으로 상대방의 나이프를 뺏는다. 이때 왼손으로 상대방의 오른손 손목을 밑으로 눌러준다.

10 ▶ 왼쪽 무릎으로 상대방의 얼굴을 눌러 제압한다.

Techniques 07 Professional Skill

나이프 공격시 더블 암락 어플리케이션을 이용한 방어 테크닉
Defense techniques using double arm-lock application against a knife attack

Technique 05 상대방이 중앙 복부를 향해 공격할 때 (포워드 나이프 그립)

01 ▶ 나이프 디펜스 자세 (knife defense stance)

02 ▶ 상대방이 나이프로 복부 정면을 공격할 때, 오른발을 45°오른쪽으로 이동하는 동시에 투핸드 블락 홀딩으로 방어한다.

03 ▶ 방어 후 오른손 등주먹으로 상대방의 정면을 강하게 타격한다.

04 ▶ 타격 후 왼발이 45°앞으로 나아가며 오른손을 상대방의 오른 팔꿈치 안쪽으로 밀어 넣어주고 왼손 손목을 시계방향으로 돌리는 동시에 상대방의 왼팔 틈 사이로 오른손을 넣고

05 ▶ 상대방의 오른 손목을 꺾어 올려 준다. (더블암락)

06 ▶ 오른발로 상대방의 오른발 오금을 45°사선 방향 하단 옆차기로 강하게 타격한다.

07 ▶ 상대방의 왼쪽 다리 오금을 강하게 가격한 후

08 ▶ 상대방을 앞으로 잡아 던진다.

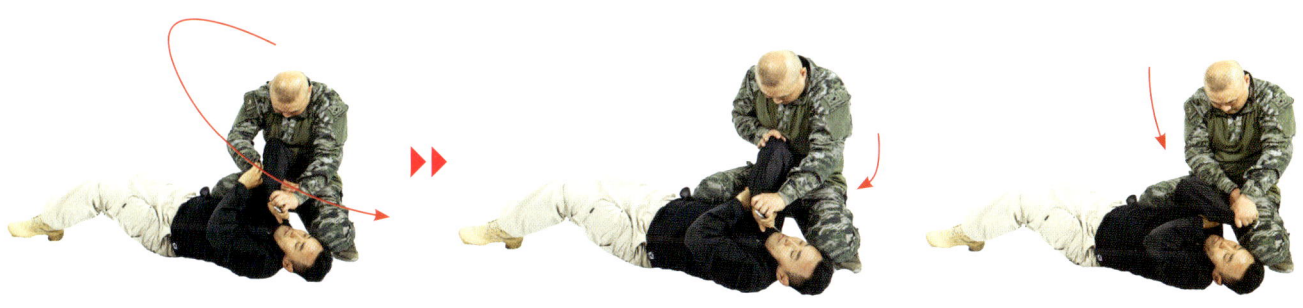

09 ▶ 상대방을 완전히 넘어트린다. 이때 상대방의 오른팔 팔꿈치를 밑으로 내려준다.

10 ▶ 오른손으로 상대방의 나이프를 뺏는다.

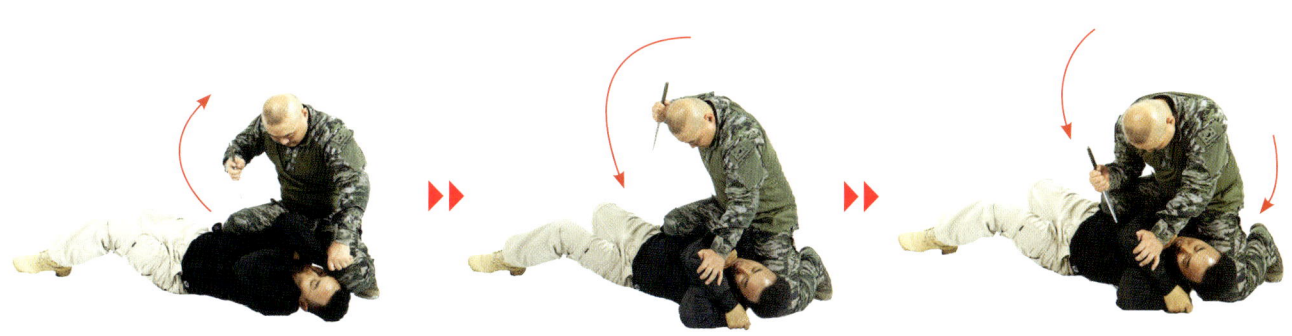

11 ▶ 꺾여있는 상대방의 팔을 왼손으로 제압한다. 이때 오른쪽 다리로 상대방의 늑골을 눌러 제압한다.

Techniques 07 Professional Skill

나이프 공격시 더블 암락 어플리케이션을 이용한 방어 테크닉
Defense techniques using double arm-lock application against a knife attack

Option 01 상대방이 중앙 복부를 향해 공격할 때 (포워드 나이프 그립) (응용동작 / Application)

01 ▶ 나이프 디펜스 자세 (knife defense stance)

02 ▶ 상대방이 나이프로 복부 정면을 공격할 때, 오른발을 45° 오른쪽으로 이동하는 동시에 투핸드 블락 홀딩으로 방어한다.

03 ▶ 방어 후 오른손 등주먹으로 상대방의 정면을 강하게 타격한다.

04 ▶ 오른손으로 상대방의 손목을 빠르게 잡는다. 이때 오른발이 뒤로 이동하며 상대방의 오른팔을 왼쪽 방향으로 돌려준다.

05 ▶ 오른발이 앞으로 나아가며 상대방의 오른쪽 팔을 왼쪽 방향으로 돌려 주는 동시에 왼손 능수먹으로 상대방의 정면을 강하게 타격한다.

06 ▶ 타격 후 왼발이 45° 앞으로 나아가며 오른손을 상대방의 오른 손목을 위로 올려주고 왼손목을 시계방향으로 돌리는 동시에 상대방의 왼팔 틈사이로 오른손을 넣고

07 ▶ 상대방 손목을 꺾어 올려 준다. (더블암락) 왼손으로 상대방의 오른손 손목을 강하게 잡아준다.

08 ▶ 왼손으로 상대방의 오른쪽 손목을 잡은 상태에서

09 ▶ 상대방의 복부를 오른손 역권으로 강하게 타격한다. 타격 후 주먹을 신속히 회수하고 다시 상대방의 오른팔을 잡는다.

10 ▶ 타격 후 왼쪽 다리로 상대방의 오른다리 오금 부분을 45° 각도로 밟아 타격한다.

11 ▶ 타격 후 상대방을 오른팔 팔꿈치 부분을 잡고 앞으로 밀어서 던진다.

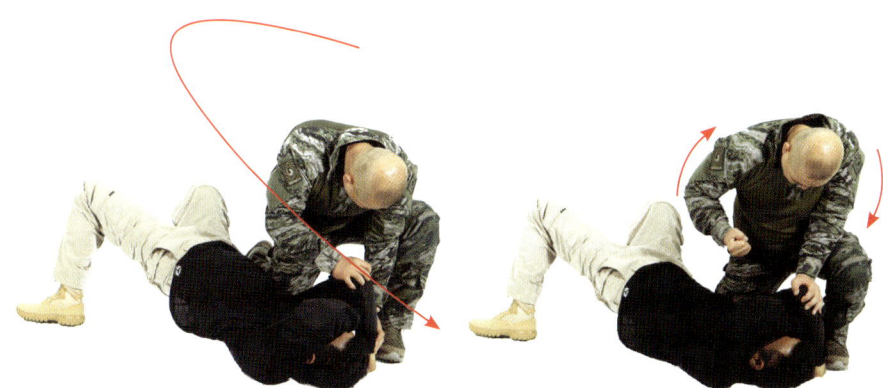

12 ▶ 상대방을 완전히 넘어트린다.

13 ▶ 왼손으로 상대방의 오른쪽 팔꿈치를 눌러 제압한다.

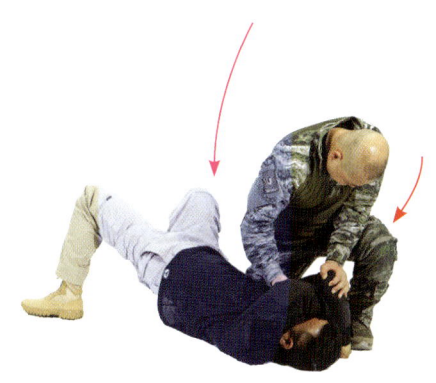

14 ▶ 상대방의 복부를 오른쪽 손 종권으로 타격하여 제압한다.

나이프 공격시 더블 암락 어플리케이션을 이용한 방어 테크닉
Defense techniques using double arm-lock application against a knife attack

Technique 06 상대방이 목 정면을 향해 공격할 때 (포워드 나이프 그립)

01 ▶ 나이프 디펜스 자세 (knife defense stance)

02 ▶ 상대방이 나이프로 목을 공격한다 .

03 ▶ 왼발이 45°왼쪽 방향으로 이동하는 동시에 왼손 바닥으로 상대방의 오른쪽 손목을 쳐냄과 동시에 오른손으로 상대방의 오른 손목을 잡는다 .

04 ▶ 방어 후 왼손 등주먹으로 상대방의 정면을 강하게 타격한다 .

05 ▶ 타격 후 왼발이 45° 방향 앞으로 나아가며 오른손으로 상대방의 손목을 위로 올려준다 .

06 ▶ 왼쪽 손목을 시계방향으로 돌리는 동시에 상대방의 왼팔 틈 사이로 오른손을 넣고 상대방의 오른 손목을 꺾어 올려 준다. (더블암락)

07 ▶ 나이프를 든 상대방의 오른팔 팔꿈치에 어깨를 밀착 시킨다. 오른발이 앞으로 이동하면서 상대방의 중심을 밑으로 무너트려 잡아 던진다.

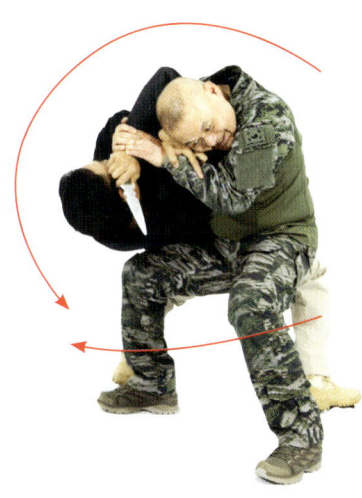

08 ▶ 마무리 제압 동작은 앞에 설명한 1번 상대방이 왼쪽 목을 향해 공격할 때와 동일하다.

나이프 공격시 더블 암락 어플리케이션을 이용한 방어 테크닉

Defense techniques using double arm-lock application against a knife attack

Option 01 상대방이 목 정면을 향해 공격할 때 (포워드 나이프 그립) (응용동작 / Application)

01 ▶ 나이프 디펜스 자세 (knife defense stance)

02 ▶ 상대방이 나이프로 정면 목을 공격할 때, 오른발이 45° 오른쪽 방향으로 나아가면서 인사이드 투핸드 블락 홀딩으로 방어한다.

03 ▶ 타격 후 오른손으로 상대방의 오른쪽 어깨를 잡는다.

04 ▶ 상대방의 오른팔을 강하게 끌어 당기면서

05 ▶ 부인각으로 상대방의 무릎을 45° 각도로 타격한다.

06 ▶ 가격 후 오른손으로 상대방의 오른팔 팔꿈치 바깥쪽으로 밀어 넣는다.

07 ▶ 상대방의 오른팔을 위로 꺾어 올려 준다.

08 ▶ 나이프를 든 상대방의 오른팔을 더블암락으로 꺾는다.

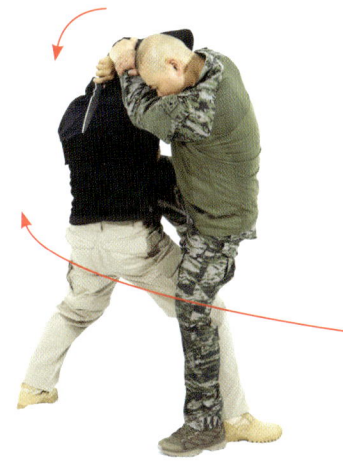

09 ▶ 오른쪽 다리 무릎차기로 상대방의 복부를 타격한다. 오른발 무릎차기 후 앞으로 나아갈 수 있도록 몸에 반동을 준다.

10 ▶ 오른쪽 발이 앞으로 이동해 상대방의 중심을 무너트려 잡아 던진다.

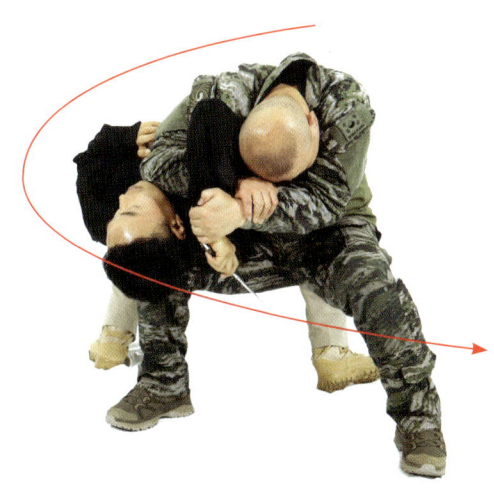

11 ▶ 마무리 제압 동작은 앞에 있는 1번 상대방이 왼쪽 목을 향해 공격할 때와 동일하다.

그라운드 나이프 공격시 방어동작 메커니즘
The mechanism of defense posture against a ground knife attack

Technique 01 원핸드 페리 블락

01 ▶ 나이프 디펜스 자세 (knife defense stance)

 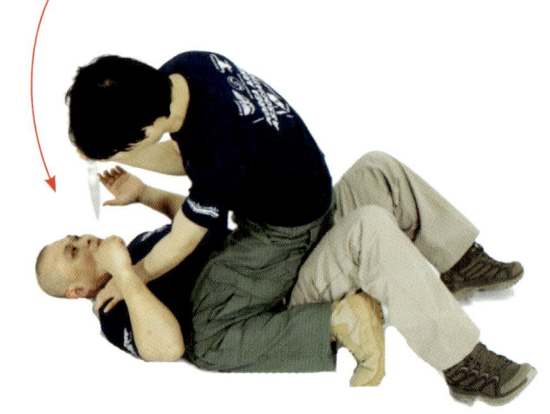

02 ▶ 상대방이 나이프로 목을 직선으로 공격한다. （반대편 각도）

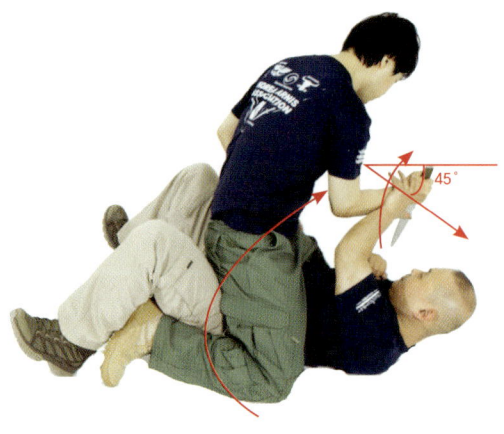 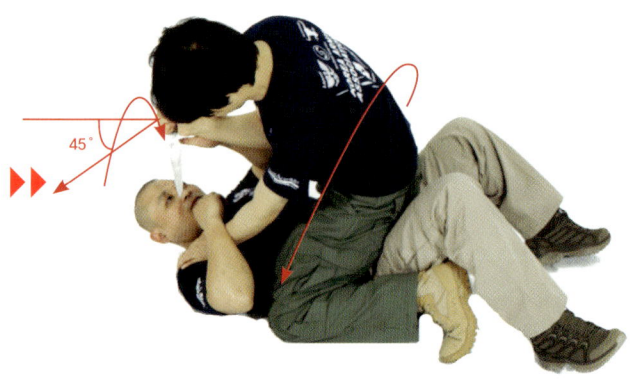

03 ▶ 허리를 오른쪽 방향으로 강하게 틀어 왼손 손바닥으로 상대방의 나이프로 공격하는 오른손 손목 부분을 45° 각도로 강하게 쳐내 방어한다. （반대편 각도）

04 ▶ 이때 허리를 오른쪽 방향으로 강하게 틀어준다.

(반대편 각도)

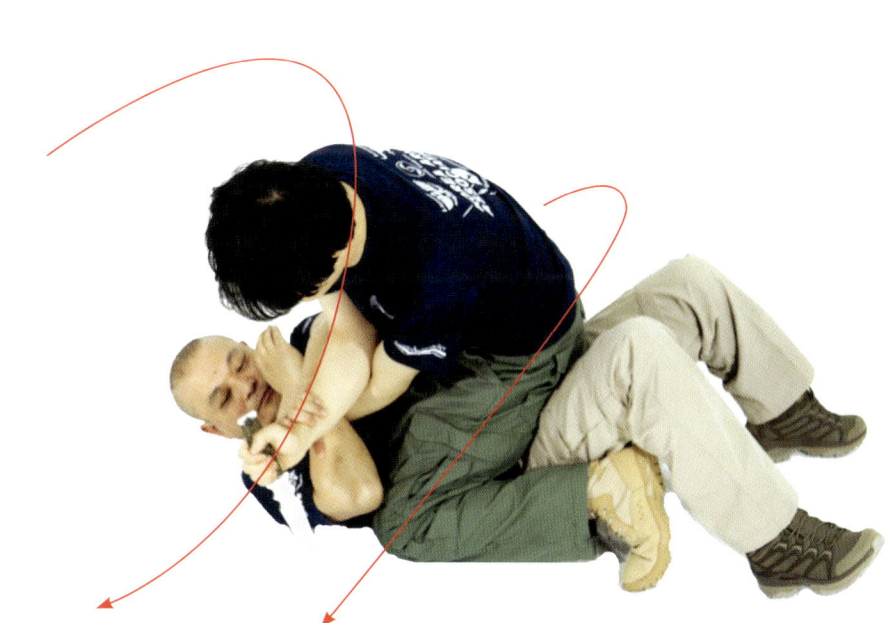

05 ▶ 오른쪽으로 허리를 트는 동시에 체중을 오른쪽 방향으로 이동시켜 상대방의 나이프 공격을 방어한다.

Techniques 08 Professional Skill

그라운드 나이프 공격시 방어동작 메커니즘
The mechanism of defense posture against a ground knife attack

Technique 02 투핸드 인사이드 타피 블락

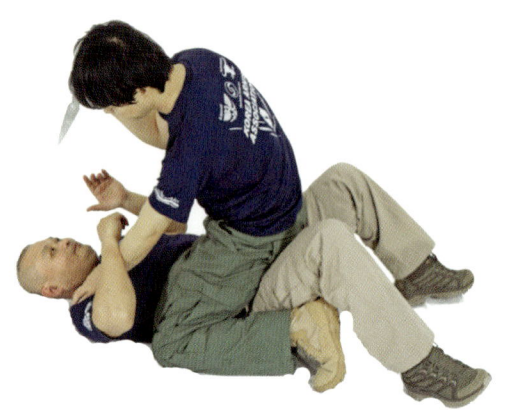

01 ▶ 나이프 디펜스 자세 (knife defense stance)   (반대편 각도)

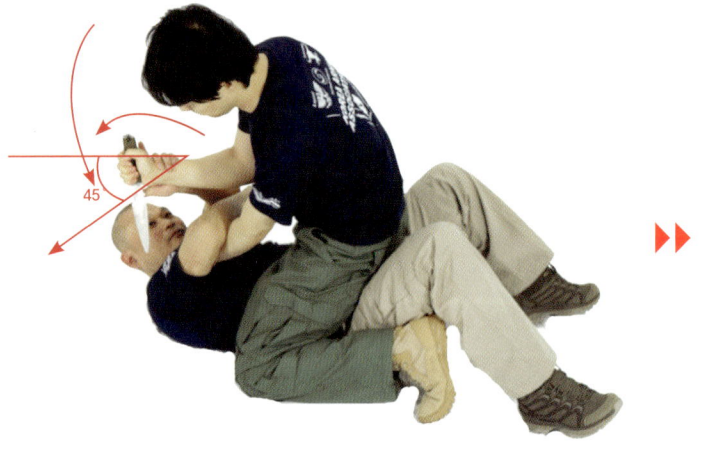
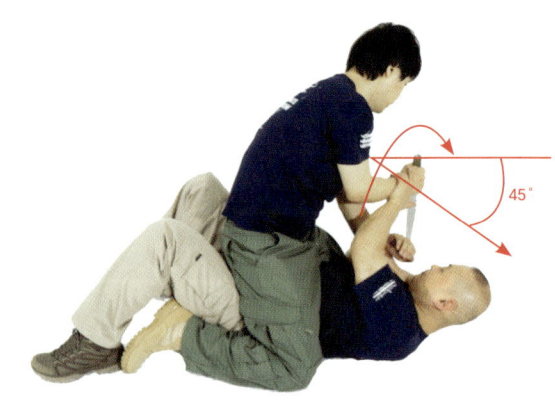

02 ▶ 상대방이 나이프로 목을 직선으로 공격한다. 이때 왼손 손바닥으로 상대방의 나이프로 공격하는 오른팔 손목, 손등 부분을 강하게 45° 각도로 쳐내서 방어한다.   (반대편 각도)

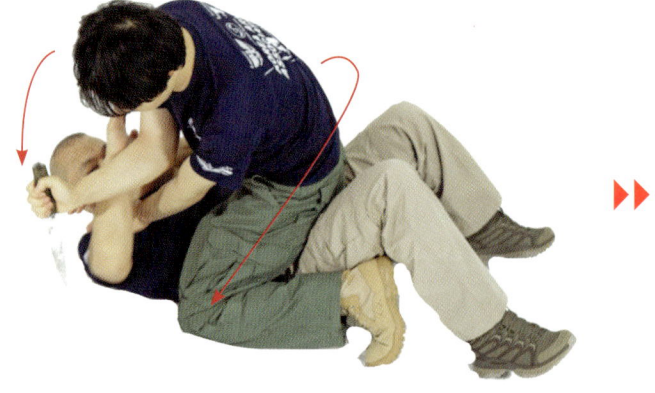
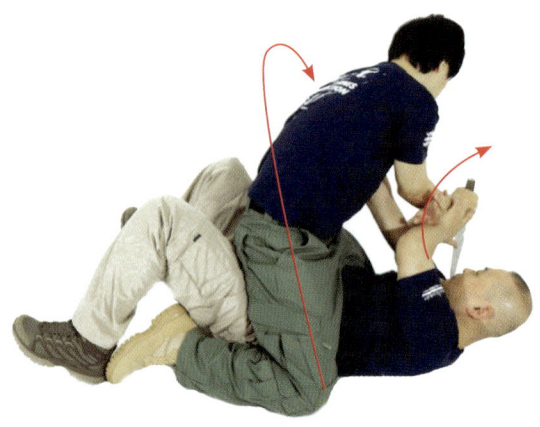

03 ▶ 이때 허리를 오른쪽 방향으로 강하게 틀어 왼손 손바닥으로 상대방의 오른손 손목 부분을 강하게 쳐내 방어한다.   (반대편 각도)

04 ▸ 왼손으로 방어한 후 오른손 팔날 부분으로 상대방의 나이프를 든 오른손을 동시에 방어한다. 이때 상대방의 나이프를 든 손목을 잡아준다.

(반대편 각도)

그라운드 나이프 공격시 방어동작 메커니즘
The mechanism of defense posture against a ground knife attack

Technique 03 투핸드 아웃사이드 엘보우 블락

 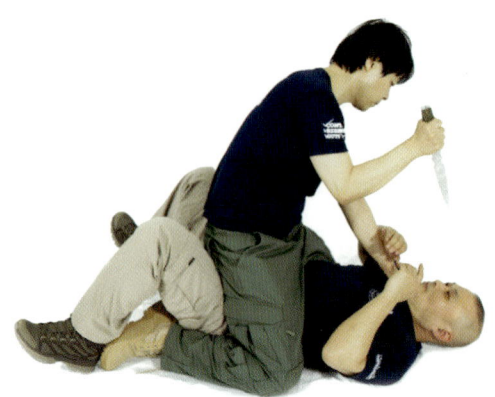

01 ▶ 나이프 디펜스 자세 (knife defense stance)　　　　　　　　　　　(반대편 각도)

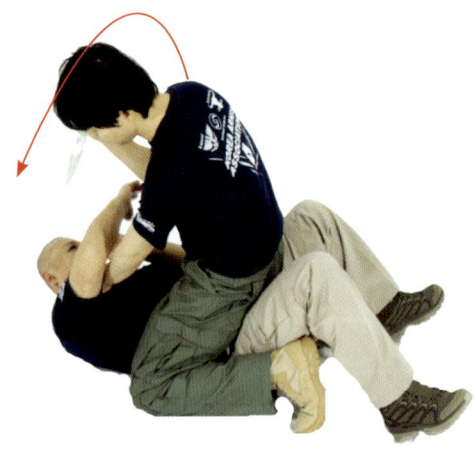

02 ▶ 상대방이 나이프로 목을 직선으로 공격한다.

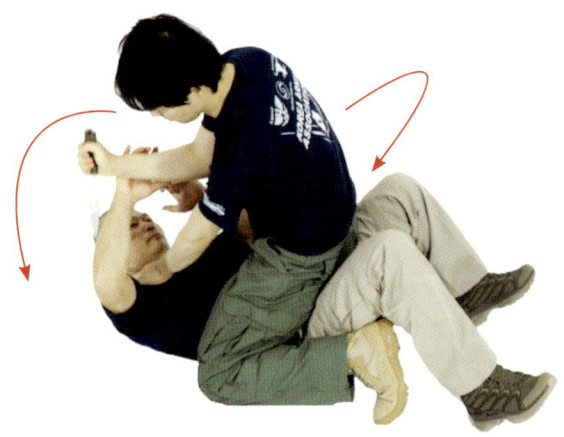 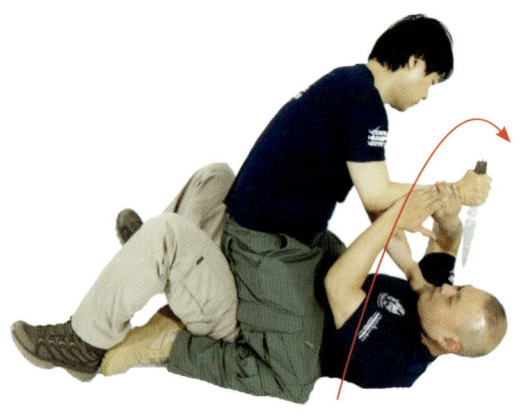

03 ▶ 허리를 오른쪽 방향으로 강하게 틀어 오른손 손바닥 부분으로 상대방의 오른손 손목 부분을 강하게 쳐내 방어한다.　　　　　　(반대편 각도)

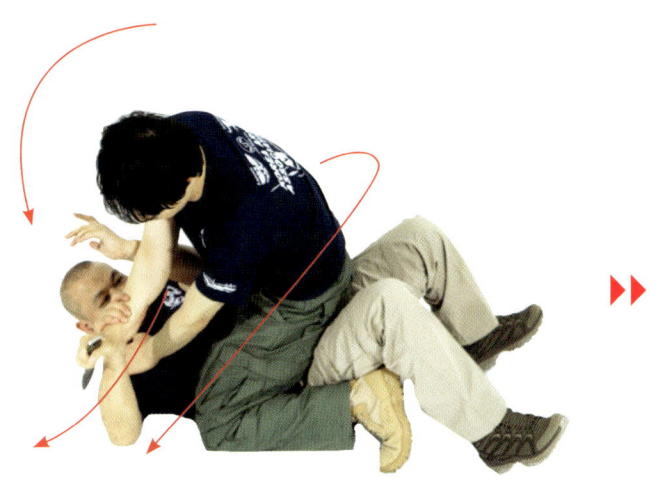
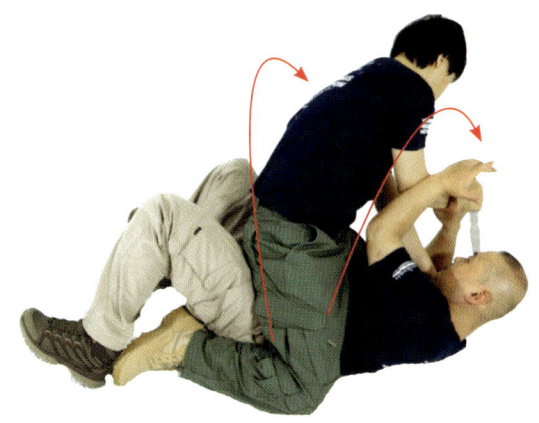

04 ▸ 오른손으로 상대방의 오른손을 방어 후 왼손 팔날 부분으로 동시에 상대방의 오른손 팔꿈치 부분을 방어한다.

(반대편 각도)

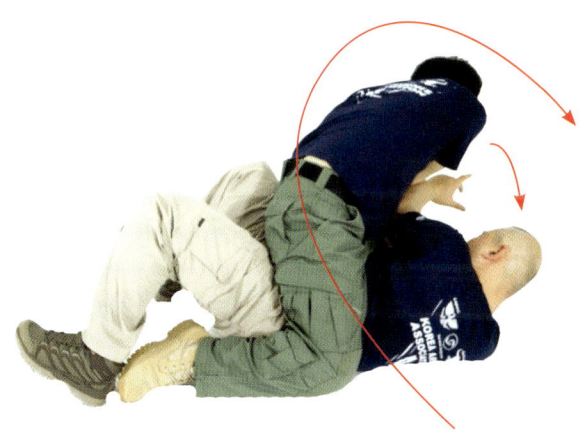

05 ▸ 오른쪽 방향으로 허리를 틀어 상체의 체중을 오른쪽으로 이동시켜 상대방의 나이프공격을 방어한다.

(반대편 각도)

Techniques 09 Professional Skill
그라운드 나이프 공격시 디펜스 테크닉
Defense techniques against a ground knife attack

Technique 01 상대방이 하프 스텐딩 할때 나이프 공격 디펜스 테크닉

01▶ 상대방이 나이프로 목을 직선으로 공격한다.   (반대편 각도)

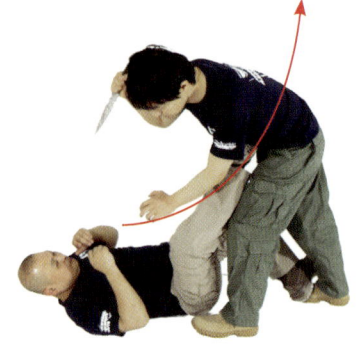

02▶ 상대방이 공격시 오른발로 상대방의 왼쪽 옆구리를 강하게 차준다.

03▶ 오른발로 상대방의 왼쪽 옆구리를 차며 상대방의 나이프 공격을 저지 한다.

04▶ 허리를 오른쪽 방향으로 강하게 틀어 왼손 손바닥으로 상대방의 손목 부분을 45° 각도로 강하게 쳐내 방어한다.

(반대편 각도)

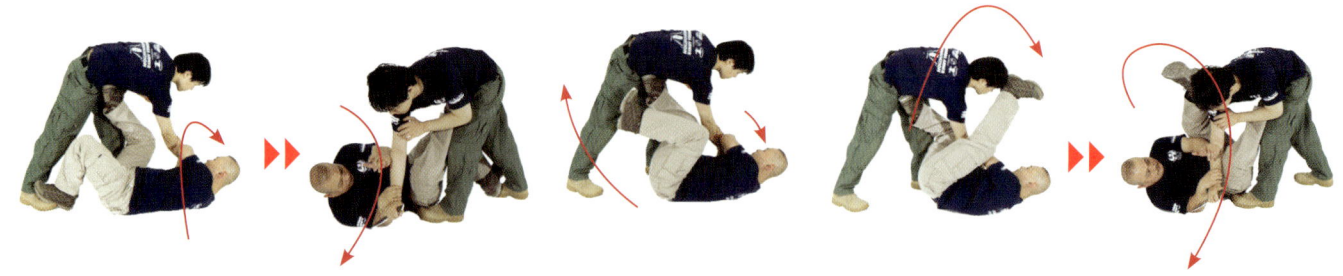

05▶ 왼손으로 상대방의 나이프 공격을 방어한 후 오른손 팔날 부분으로 동시에 상대방의 오른손 나이프 공격을 방어한다.

(반대편 각도)

06▶ 나이프를 든 상대방의 오른팔을 방어한 후 상대방의 오른손 손목을 강하게 잡는다.

07▶ 왼발로 상대방의 얼굴 측면을 타격한다.

(반대편 각도)

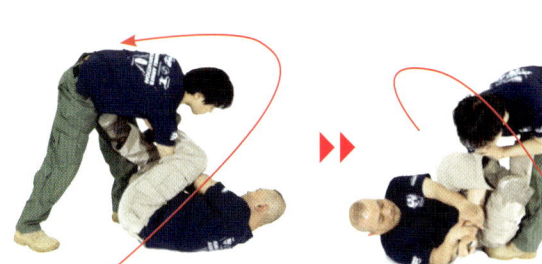
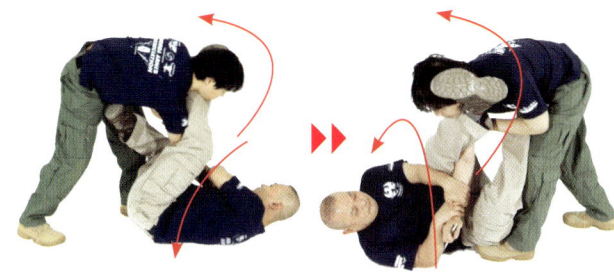

08 ▶ 타격 후 왼발을 상대방의 오른팔 팔꿈치 안쪽으로 밀어 넣는다. (반대편 각도)

09 ▶ 허리를 왼쪽 방향으로 강하게 틀어 왼발로 상대방의 턱을 타격한다. (반대편 각도)

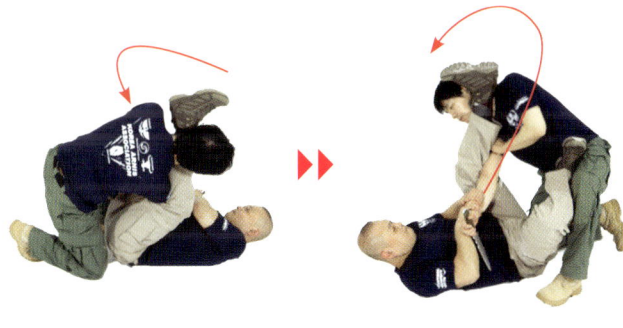

10 ▶ 타격 후 왼발을 상대방의 목에 걸어 던진다. (반대편 각도)

11 ▶ 상대방의 나이프를 든 오른손 손목을 오른손과 왼손으로 꺾어 내려준다.

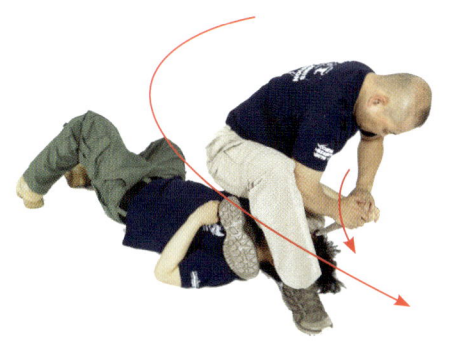

12 ▶ 이때 허리에 반동을 이용해 상대방의 몸 위에 올라 탄다.

13 ▶ 오른손으로 상대방의 나이프를 뺏는다.

14 ▶ 왼발로 상대방의 목부분의 기도를 압박해 제압한다.

그라운드 나이프 공격시 디펜스 테크닉
Defense techniques against a ground knife attack

Technique 02 상대방이 하프 마운트 할때 나이프 공격 디펜스 테크닉

01▶ 나이프 디펜스 자세 (knife defense stance)

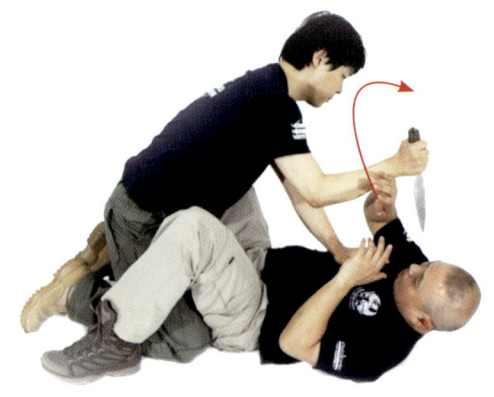

02▶ 상대방이 나이프로 목을 직선으로 공격한다.

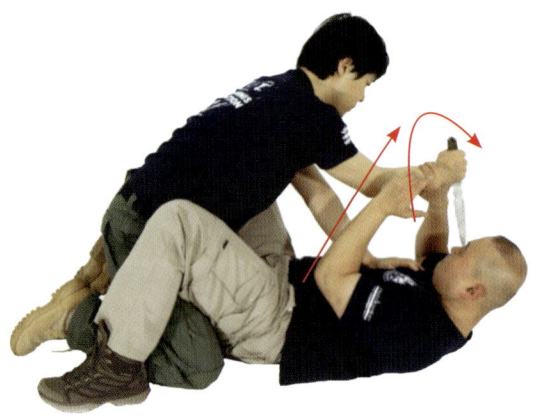

03▶ 허리를 오른쪽 방향으로 강하게 틀어 왼손 손바닥으로 상대방의 오른손 손목 부분을 강하게 쳐내서 방어한다.

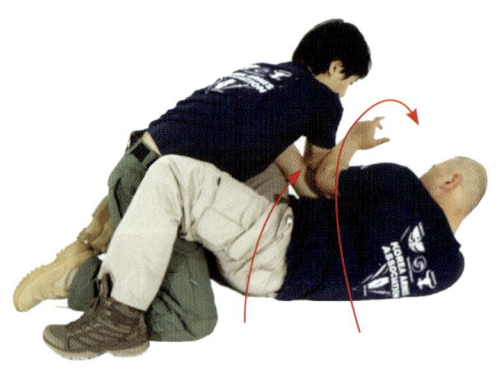

04▶ 왼손으로 방어 후 오른손 팔날 부분으로 상대방의 오른팔 팔꿈치 부분을 동시에 방어한다.

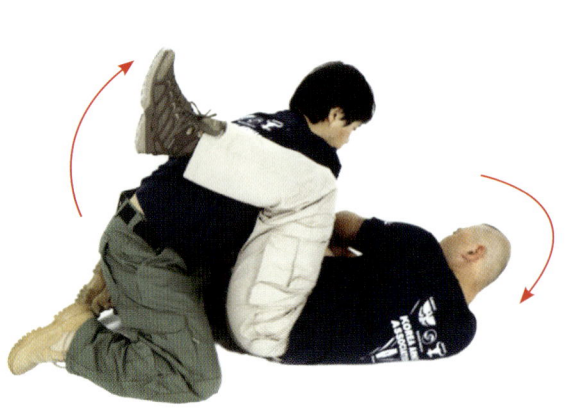
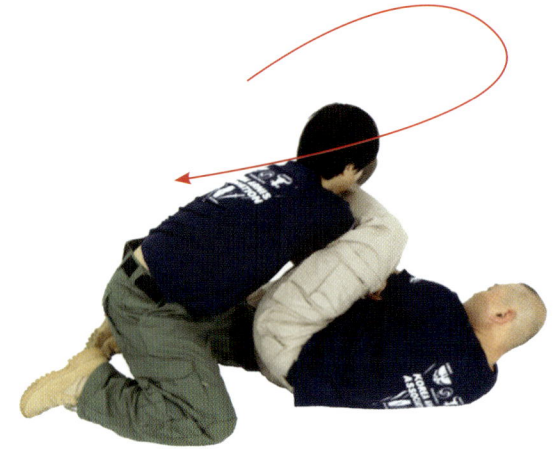

05▶ 허리를 오른쪽 방향으로 틀면서 왼발을 상대방의 목에 걸어 준다.

06 ▶ 허리를 왼쪽 방향으로 강하게 틀어 왼발로 상대방의 목을 걸어서 던진다.

07 ▶ 허리의 반동을 이용해서 상대방의 몸위에 올라선다. 이때 오른손으로 상대방의 오른손 손목을 내려 꺾어준다.

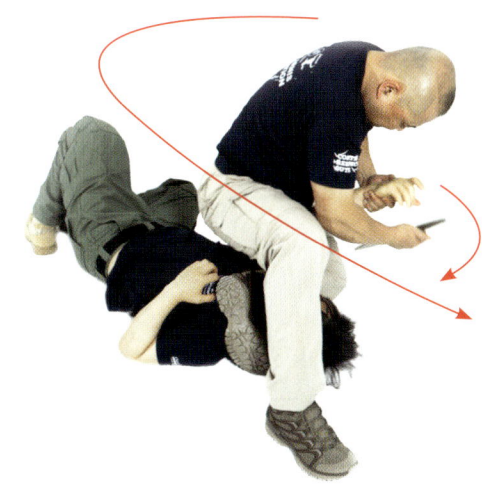 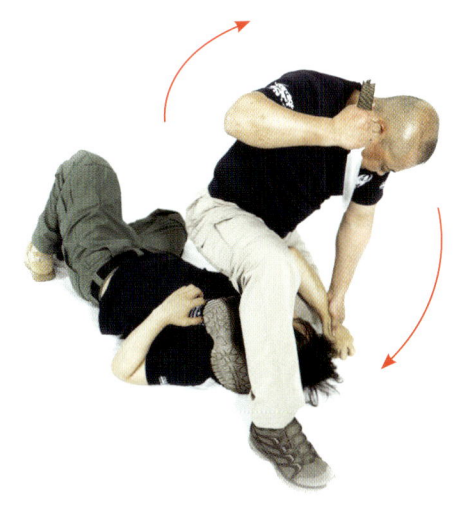

08 ▶ 오른손으로 상대방의 나이프를 뺏는다.

09 ▶ 왼발로 상대방의 목부분 기도를 압박해 제압한다.

그라운드 나이프 공격시 디펜스 테크닉
Defense techniques against a ground knife attack

Option 01 상대방이 하프 마운트 할때 나이프 공격 디펜스 테크닉 (응용동작 / Application)

01 ▶ 나이프 디펜스 자세 (knife defense stance)

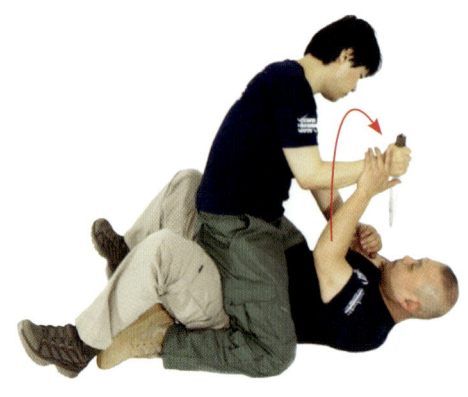

02 ▶ 상대방이 나이프로 목을 직선으로 공격한다.

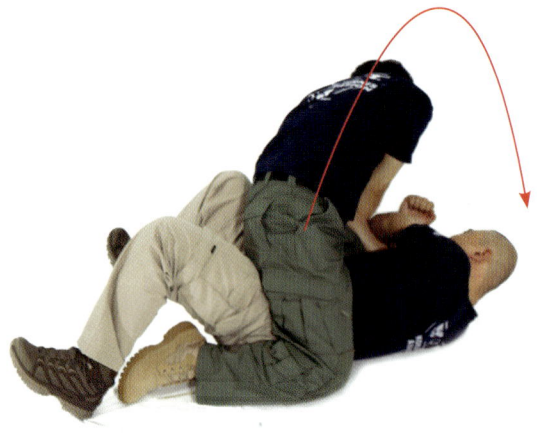

03 ▶ 허리를 오른쪽 방향으로 강하게 틀어 왼손 손바닥으로 상대방의 오른손 손목 부분을 강하게 쳐내서 방어한다.

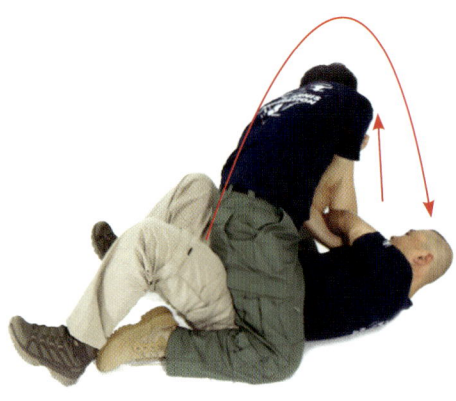

04 ▶ 왼손으로 방어 후 오른손 종권으로 상대방의 얼굴 부분을 강하게 타격한다.

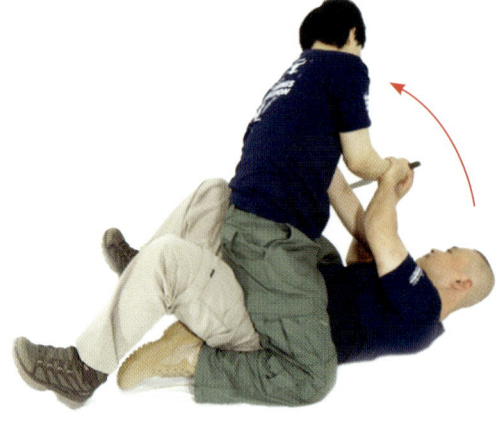

05 ▶ 타격 후 상대방의 오른손 손목을 오른손으로 강하게 잡는다.

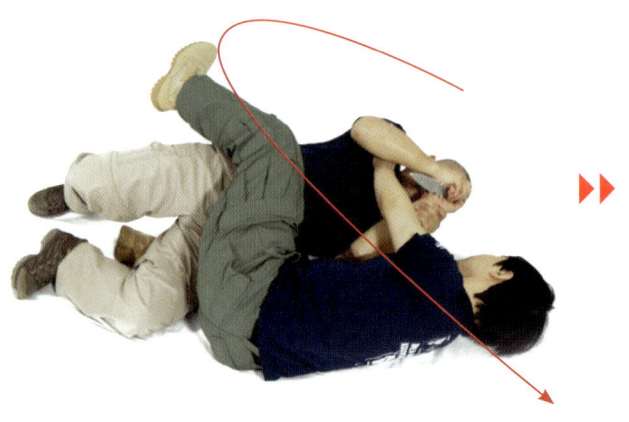

06 ▶ 허리를 강하게 왼쪽 방향으로 틀어 허리 반동을 이용해 상대방의 몸위에 올라 선다.

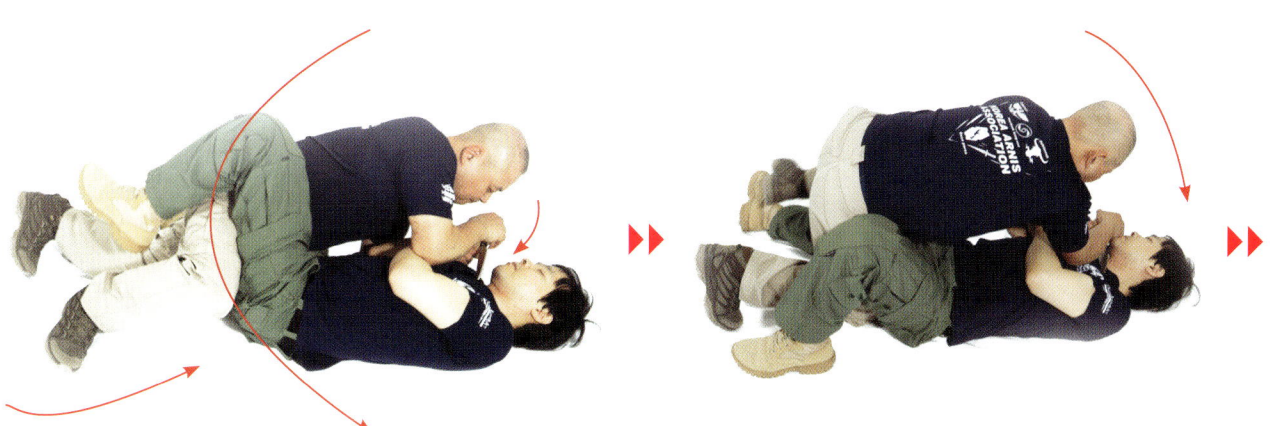

허리에 반동을 이용해 상대방 위에 올라서고 상대방의 오른팔 손목을 밑에 방향으로 강하게 꺾어준다.

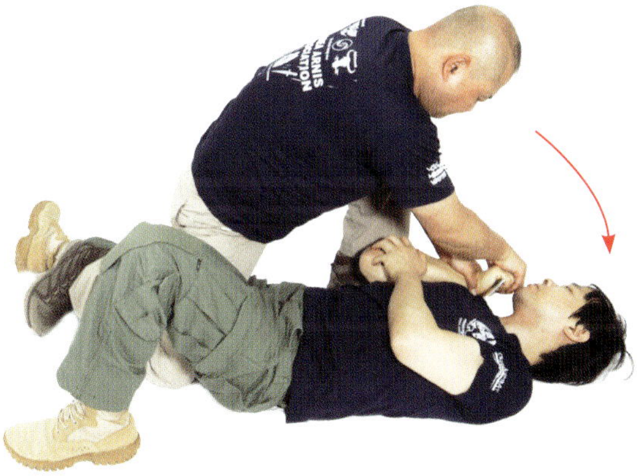

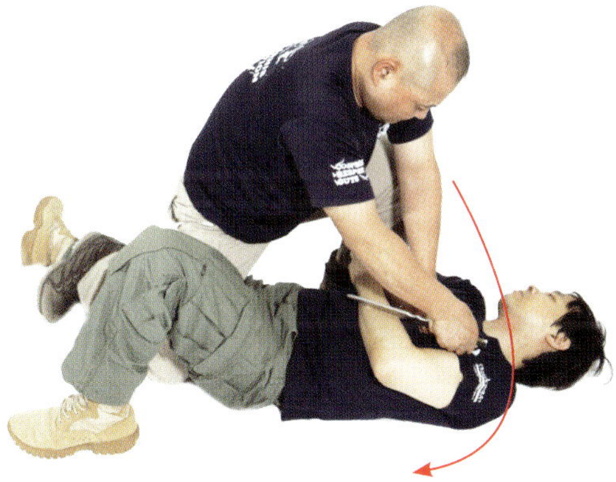

07 ▶ 오른손으로 상대방의 나이프를 뺏는다.

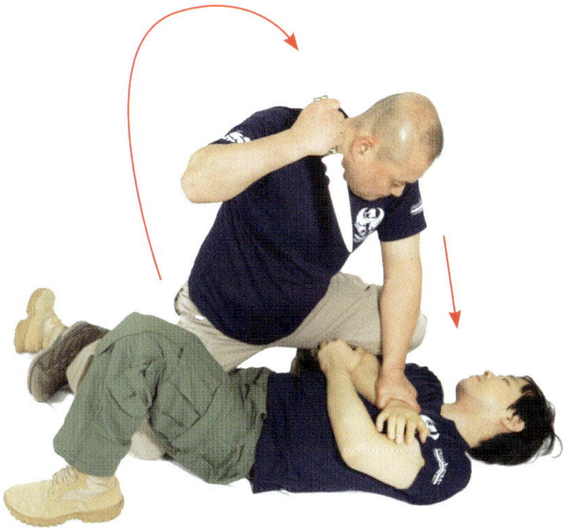

08 ▶ 왼손으로 상대방의 오른팔을 눌러서 상대방을 제압한다.

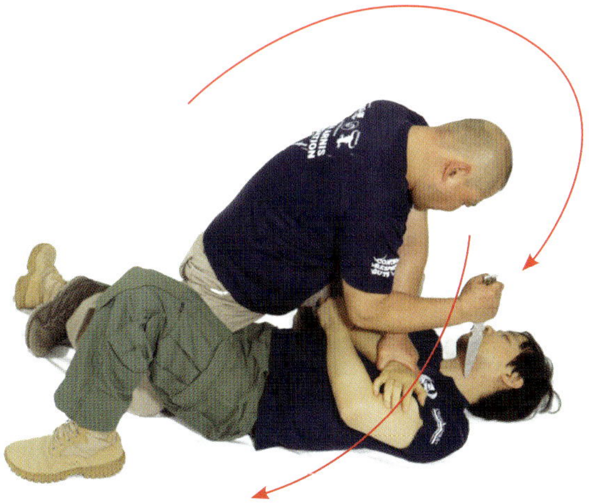

09 ▶ 상대방의 목에 찔러 넣는다.

그라운드 나이프 공격시 디펜스 테크닉

Defense techniques against a ground knife attack

Technique 03 상대방이 풀 마운트 할때 나이프 공격 디펜스 테크닉

01 ▶ 상대방이 나이프로 목을 직선으로 공격한다.

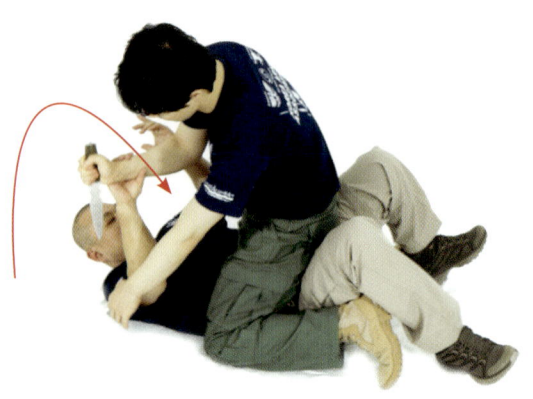

02 ▶ 허리를 오른쪽 방향으로 강하게 틀어 오른손 손바닥 부분과 왼손 팔날부분으로 동시에 상대방의 오른손 손목 부분을 강하게 쳐내 방어한다. 이때 오른손으로 상대방의 오른손 손목을 잡는다.

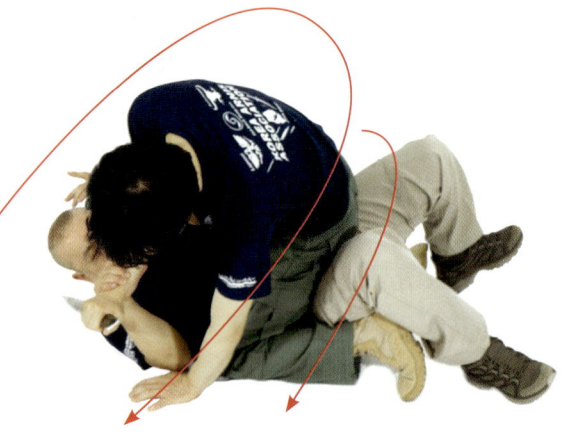

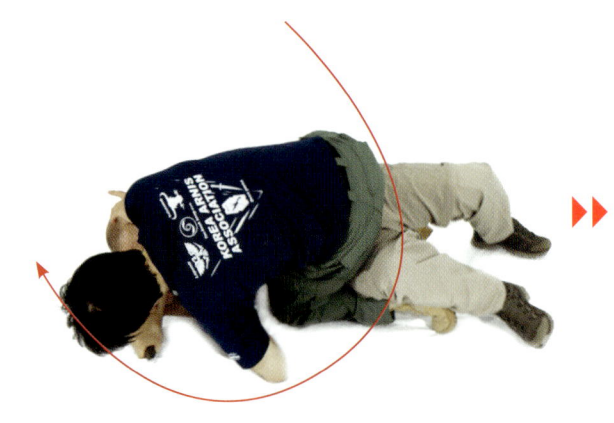

03 ▶ 방어와 동시에 허리의 반동을 이용해 상대방에게 올라선다.

허리의 반동을 이용해 상대방에게 올라서는 동시에 왼팔 팔날로 상대방의 오른팔 삼두근 부위를 눌러서 상대방 오른팔을 봉쇄한다.

04 ▶ 왼팔로 상대방의 팔등을 잡고 오른손으로 상대방의 나이프를 뺏는다.

05 ▶ 왼손으로 상대방의 오른팔을 강하게 눌러서 상대방을 제압하고 나이프로 상대방의 목을 찌른다.

나이프 파이팅 교전시 락킹 테크닉
Locking techniques under the Knife Fighting

Technique 01 상대방이 왼쪽 목을 향해 공격할 때 (리버스 나이프 그립)

01 ▶ 나이프 파이팅 스탠스 (knife fighting stance)

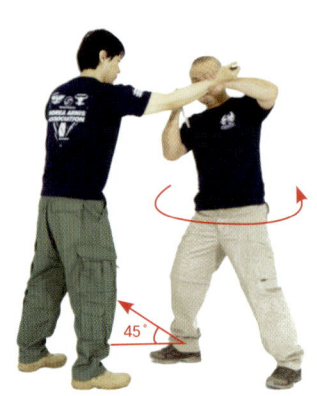

02 ▶ 상대방이 나이프로 왼쪽목을 공격할 때 , 오른발을 오른쪽 방향 45°로 이동하는 동시에 나이프로 상대방의 오른팔을 방어하고 왼손으로 상대방의 오른 손목을 동시에 잡아준다 .

(반대편 각도)

03 ▶ 방어 후 나이프를 회수한다 .

04 ▶ 회수한 후 나이프로 상대방 목을 찌른다 .

이때 상대방의 나이프 공격을 왼손으로 방어한다 .

(반대편 각도)

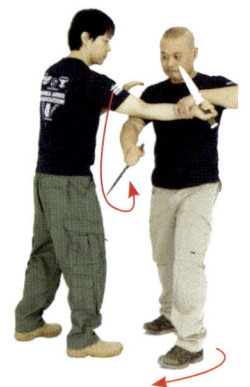

05 ▶ 상대방에게 나이프 공격후 왼발이 앞으로 나아가며 오른팔을 상대방의 오른팔 팔꿈치 안쪽으로 밀어 넣어 준다 .

(반대편 각도)

06 ▶ 나이프를 상대방의 오른손 손목에 걸어준다 .

(반대편 각도)

07 ▶ 왼손으로 상대방의 나이프를 뺏는다. （반대편 각도）

10 ▶ 상대방에게 뺏은 나이프를 상대방 목에 걸어 준다. （반대편 각도） 이때 나이프를 든 오른손으로 상대방의 손목에 걸어 최대한 몸에 밀착시킨다. （반대편 각도）

12 ▶ 왼발이 뒤로 이동하면서 상대방의 목을 나이프로 걸어 잡아 던진다. （반대편 각도） **13 ▶** 상대방을 던진후 상대방의 목(경동맥)을 베어 버려 제압한다.

Techniques 10 Professional Skill

나이프 파이팅 교전시 락킹 테크닉
Locking techniques under the Knife Fighting

Technique 02 상대방이 오른쪽 목을 향해 공격할 때 (리버스 나이프 그립)

01 ▶ 나이프 파이팅 스탠스 (knife fighting stance)

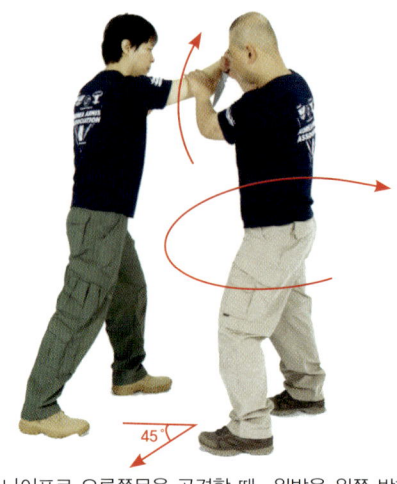

02 ▶ 상대방이 나이프로 오른쪽목을 공격할 때 , 왼발을 왼쪽 방향 45°이동 하는 동시에 나이프로 상대방의 오른팔 손목부분을 방어하고 동시에 왼손 손바닥부분으로 상대방의 오른팔 팔꿈치 부분을 방어한다 .

03 ▶ 방어한 후 나이프로 상대방의 오른손 손목을 베어 버린다 .

04 ▶ 왼발이 앞으로 나아가며 상대방의 목을 나이프로 찌른다 . 이때 상대방이 나이프를 왼손으로 방어한다 .

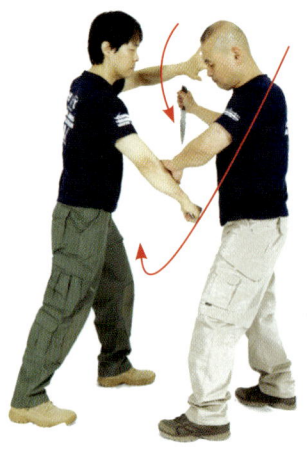

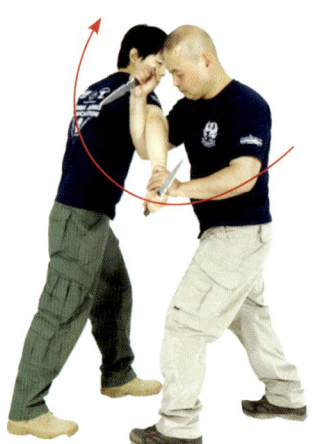

05 ▶ 나이프 공격 후 오른팔을 안으로 돌려서 상대방의 오른쪽 팔꿈치 안쪽으로 밀어 넣어 준다 .

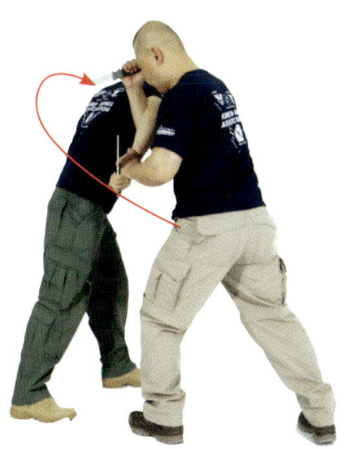

06 ▶ 오른손을 상대방 오른쪽 어깨에 밀착 시킨다.

07 ▶ 나이프를 상대방의 오른쪽 어깨에 걸어 밑으로 강하게 내려 꺾는다.

08 ▶ 이때 왼손으로 상대방의 오른손 손목을 꺾어준다.

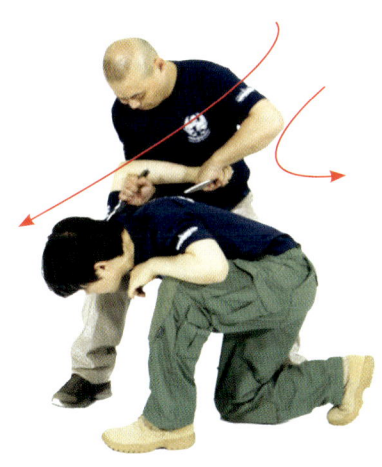

09 ▶ 왼손으로 상대방의 나이프를 뺏는다.

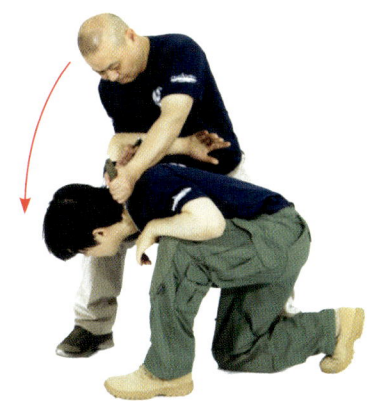  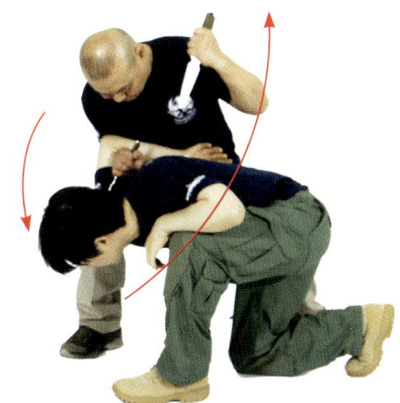

10 ▶ 상대방의 오른쪽 어깨를 나이프로 눌러서 꺾어준 상태에서 나이프로 상대방의 목을 베어 제압한다.

Techniques 10 Professional Skill
나이프 파이팅 교전시 락킹 테크닉
Locking techniques under the Knife Fighting

Technique 03 상대방이 왼쪽 옆구리를 향해 공격할 때 (리버스 나이프 그립)

01 ▶ 나이프 파이팅 스탠스 (knife fighting stance)

02 ▶ 상대방이 나이프로 왼쪽 옆구리를 공격할 때 , 오른발을 오른쪽 방향 45°로 이동하는 동시에 나이프로 상대방의 오른팔을 방어하고 왼손으로 상대방 오른손 손목을 동시에 잡아준다 .

03 ▶ 방어한 후 나이프를 회수한다 .

04 ▶ 회수한 후 나이프로 상대방의 목을 찌른다 . 이때 상대방이 나이프를 왼손으로 방어한다 .

05 ▶ 나이프 공격 후 오른팔을 상대방의 오른팔 팔꿈치 안쪽으로 밀어 넣어 준다 .

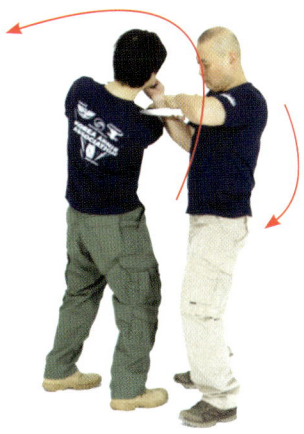

06 ▶ 나이프로 상대방의 목에 걸어 준다.

07 ▶ 왼손으로 상대방의 나이프를 뺏는다.

08 ▶ 상대방에게 뺏은 나이프를 상대방의 목에 걸어 준다.

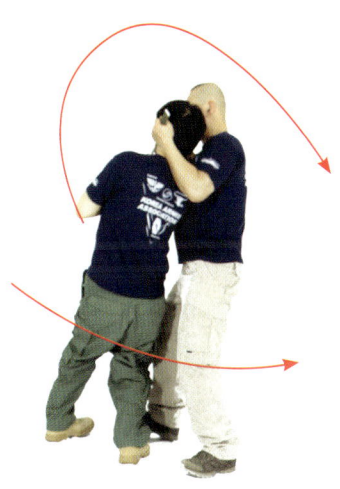

09 ▶ 왼발을 뒤로 이동하면서 상대방의 목을 나이프로 걸어서 잡아 던진다.

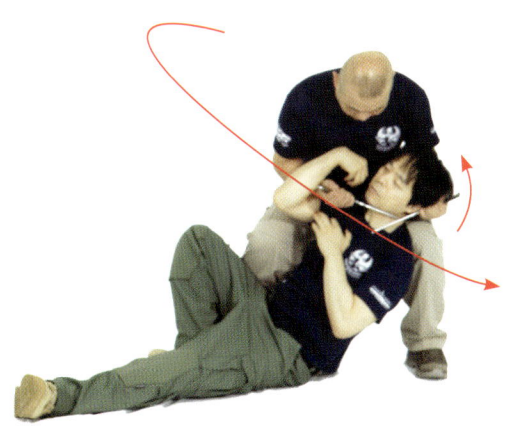

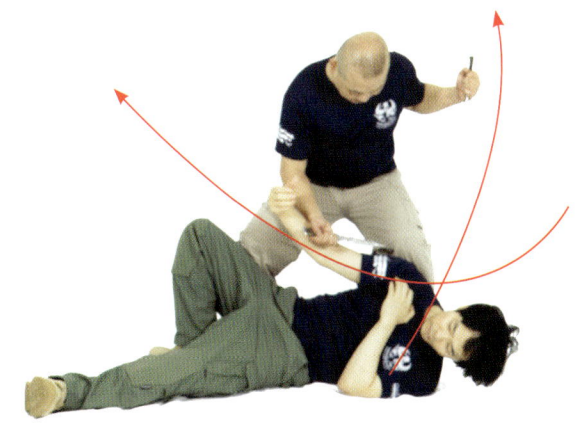

10 ▶ 상대방을 던진 후 상대방의 목(경동맥)을 베어 버려 제압한다.

Techniques 10 Professional Skill

나이프 파이팅 교전시 락킹 테크닉
Locking techniques under the Knife Fighting

Technique 04 상대방이 오른쪽 옆구리를 향해 공격할 때 (리버스 나이프 그립)

01 ▶ 나이프 파이팅 스탠스 (knife fighting stance)

02 ▶ 상대방이 나이프로 오른쪽 옆구리를 공격할 때, 왼발을 왼쪽방향 45°로 이동하는 동시에 나이프로 상대방의 오른손 손목을 방어하고 동시에 왼손 손바닥 부분으로 상대방의 오른팔 팔꿈치 부분을 방어한다.

03 ▶ 방어 후 나이프로 상대방 오른손 손목을 베어 버린다.

04 ▶ 상대방의 손목을 베어 버린 후 나이프로 상대방의 목을 찌른다. 이때 상대방이 나이프를 왼손으로 방어한다.

05 ▶ 잡고 있는 나이프로 나이프를 방어한 상대방의 왼손 손목을 안쪽으로 돌려 준다.

06 ▶ 오른팔을 상대방의 오른팔 팔꿈치 안쪽으로 밀어 넣어 준다.

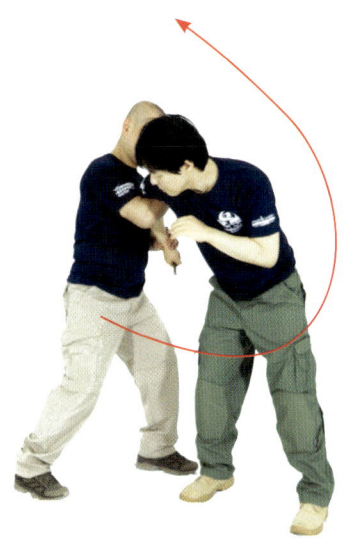

07 ▶ 오른손으로 상대방의 오른팔 팔꿈치를 꺾어 올려 준다.

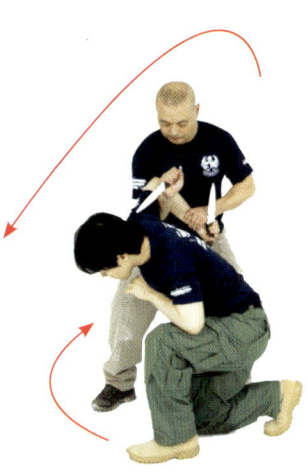

08 ▶ 나이프를 상대방의 오른쪽 어깨에 밀착시켜서 상대방의 어깨를 눌러서 꺾는다.

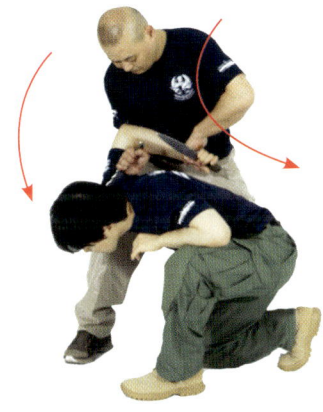  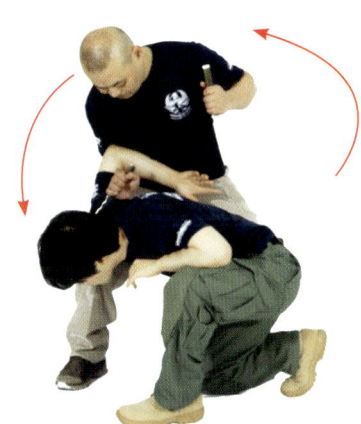

09 ▶ 왼손으로 상대방의 나이프를 뺏는다. 오른손에 있는 나이프로 상대방의 오른쪽 어깨를 눌러 꺾어준다.

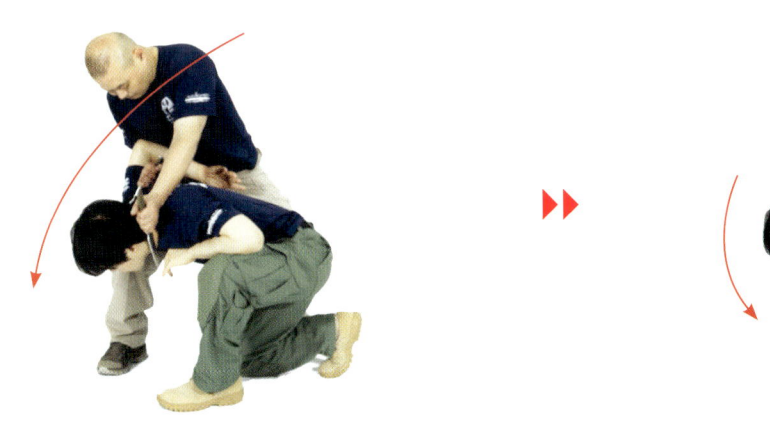

10 ▶ 상대방의 오른쪽 어깨를 눌러서 꺾어진 상태에서 나이프로 상대방 목을 베어 제압한다.

나이프 파이팅 교전시 락킹 테크닉
Locking techniques under the Knife Fighting

Technique 05 상대방이 중앙 복부를 향해 공격할 때 (포워드 나이프 그립)

01 ▶ 나이프 파이팅 스탠스 (knife fighting stance)

02 ▶ 오른쪽 방향 상대방이 나이프로 중앙 복부를 공격할 때, 오른발을 오른쪽 방향 45° 이동하는 동시에 나이프로 상대방의 오른팔을 방어하고 왼손으로 상대방의 손목을 동시에 잡아준다

03 ▶ 방어 후 나이프로 상대방의 오른쪽 팔등 안쪽을 베어준다.

04 ▶ 나이프를 회수한 후 나이프로 상대방의 목을 찌른다. 이때 상대방이 왼손으로 나이프를 방어한다.

05 ▶ 상대방에게 나이프로 공격한 후 왼발이 앞으로 나아가면서 오른팔을 상대방 오른팔 팔꿈치 안쪽으로 밀어 넣어 준다.

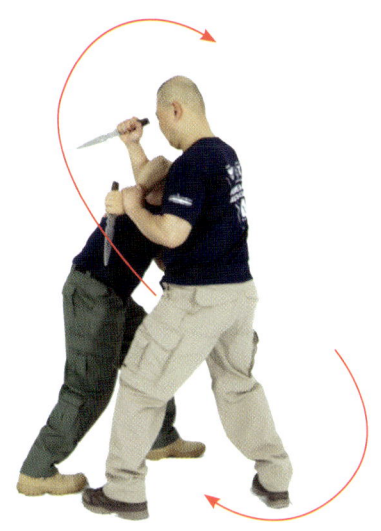

06 ▶ 오른손을 상대방 오른쪽 어깨에 밀착 시킨다.
이때 오른발이 뒤로 이동한다.

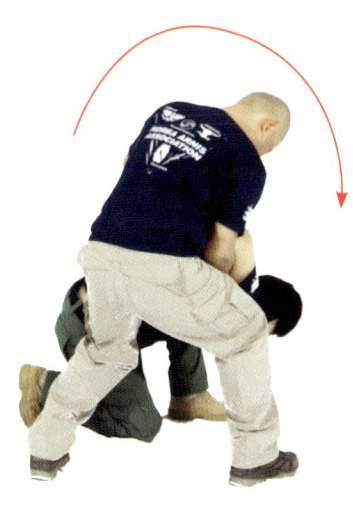

07 ▶ 나이프로 상대방의 오른쪽 어깨에 걸어 밑으로 내려서 꺾는다.

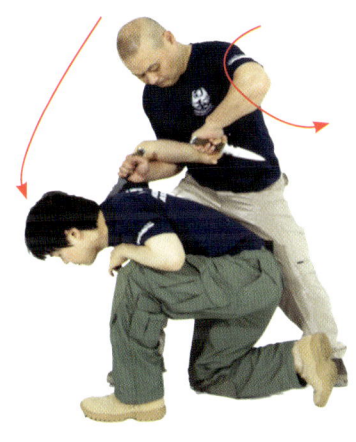  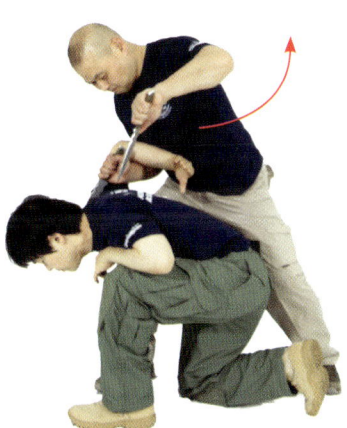

08 ▶ 왼손으로 상대방의 오른손에 있는 나이프를 뺏는다. 이때 나이프 손잡이 끝부분을 잡아 직각으로 밑으로 내려서 뺏는다.

09 ▶ 상대방의 어깨를 눌러서 꺾어준 상태에서 나이프로 상대방의 목을 베어 제압한다.

Techniques 10 Professional Skill

나이프 파이팅 교전시 락킹 테크닉
Locking techniques under the Knife Fighting

Technique 06 상대방이 목 정면을 향해 공격할 때 (포워드 나이프 그립)

01▶ 나이프 파이팅 스탠스 (knife fighting stance)

02▶ 상대방이 나이프로 목을 정면으로 공격할 때, 오른발을 오른쪽 방향 45°로 이동하는 동시에 나이프로 상대방의 오른팔을 방어하고 왼손으로 상대방의 오른손 손목을 동시에 잡아준다

03▶ 방어한 후 나이프로 상대방의 목을 찌른다. 이때 상대방이 나이프를 왼손으로 방어한다.

04▶ 공격 후 나이프를 회수 하는 동시에 오른팔 팔꿈치로 상대방 오른팔 팔꿈치 관절을

05▶ 가슴쪽 안으로 밀어서 상대방의 오른팔 팔꿈치 관절을 밑으로 꺾는다.

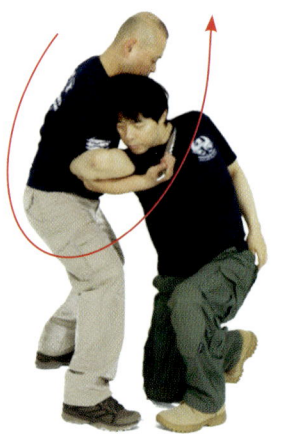

06▶ 상대방의 오른팔 팔꿈치 관절을 꺾은후 상대방의 목에 나이프를 걸어준다.

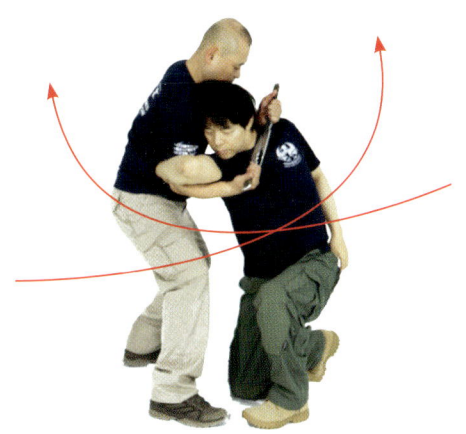

07 ▶ 이때 왼손으로 상대방의 오른손에 있는 나이프를 뺏는다.

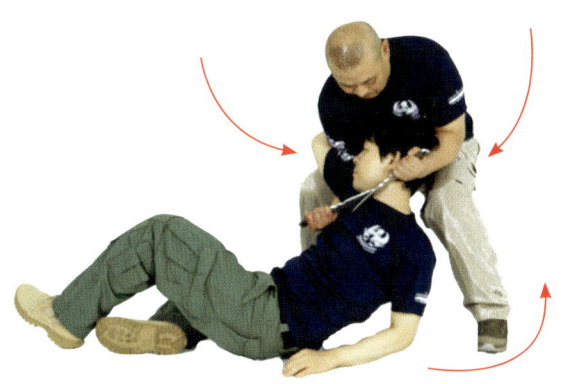

08 ▶ 왼발이 뒤로 이동하면서 나이프로 상대방의 목을 걸어 잡아 던진다.

09 ▶ 상대방을 던진 후 상대방 목(경동맥)을 베어 버려 제압한다.

나이프 파이팅 교전시 락킹 테크닉
Locking techniques under the Knife Fighting

Option 01 상대방이 목 정면을 향해 공격할 때 (리버스 나이프 그립) (응용동작 / Application)

01 ▶ 나이프 파이팅 스탠스 (knife fighting stance)

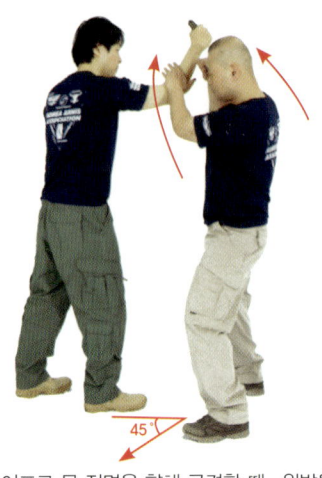

02 ▶ 상대방이 나이프로 목 정면을 향해 공격할 때 , 왼발을 왼쪽 방향 45°로 이동하는 동시에 나이프로 상대방의 오른손 손목을 방어하고 왼손으로 상대방의 오른팔 팔꿈치 부분을 방어한다 .

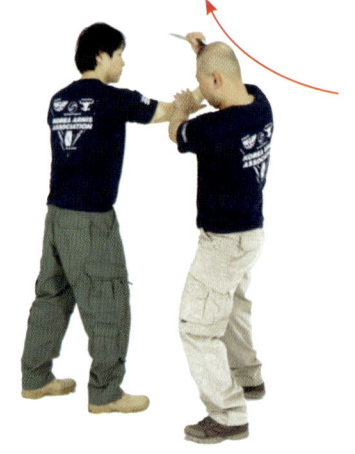

03 ▶ 방어와 동시에 상대방의 오른손 손목을 나이프로 베어 버린다 .

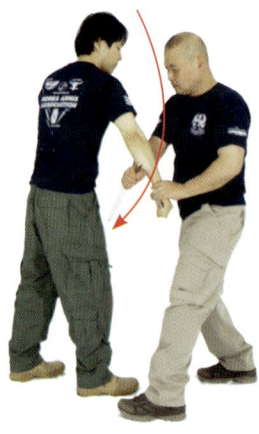

04 ▶ 상대방의 오른팔 손목을 베어 버린 후 오른손 팔날 안쪽 부분으로 상대방의 오른쪽 팔꿈치 안쪽으로 밀어 넣어준다 .

05 ▶ 상대방의 오른팔 팔꿈치 안쪽을 꺾어 올린다 .

06 ▶ 오른발이 뒤로 이동하면서 동시에 상대방 오른쪽 어깨에 나이프를 걸어 준다 .

07 ▶ 나이프로 상대방의 오른팔 어깨를 눌러서 꺾는다.

(반대편 각도)

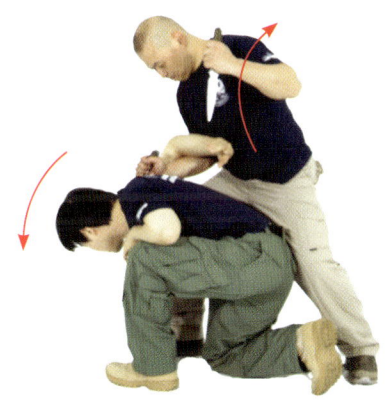

08 ▶ 왼손으로 상대방의 오른팔에 있는 나이프를 뺏는다.

09 ▶ 상대방의 어깨를 눌러서 꺾어진 상태에서 나이프로 상대방의 목을 베어 제압한다.

Chapter 3
톤파를 이용한 교전 테크닉
Combat technique of using Tonfa

Techniques 01 Professional Skill

나이프 공격시 톤파 방어 교전 테크닉 (락킹 제압술)
Defense skills using Tonfa against a knife attack (Locking Suppression)

Technique 01 상대방이 왼쪽 목을 향해 공격할때 (리버스 나이프 그립)

01 ▶ 센트럴 톤파 스탠스 (central Tonfa stance).

02 ▶ 상대방이 나이프로 왼쪽목을 공격할 때 오른발을 오른쪽 45°로 이동하는 동시에 톤파로 상대방의 오른팔 팔꿈치 부분을 방어하고 왼손으로 상대방의 손목을 동시에 잡아준다.

03 ▶ 방어한 후 톤파로 상대방 정면을 강하게 타격한다.

04 ▶ 상대방의 정면을 타격 후 톤파로 상대방 나이프를 쳐서 디스암 한다.

(반대편 각도)

05 ▶ 나이프를 디스암 후 톤파로 상대방의 목 뒷부분으로 돌려서 타격한다.

(반대편 각도)   (반대편 각도)

06 ▶ 오른발이 앞으로 나아가면서 왼손으로 톤파 끝부분을 잡는다.

(반대편 각도)

07 ▶ 왼발을 뒤로 이동하면서 상대방의 목에 걸려 있는 톤파를 가슴 안쪽으로 강하게 끌어당겨서 던진다.

(반대편 각도)

08 ▶ 왼손 팔날 부분으로 상대방의 목을 강하게 조이면서 톤파로 상대방의 목을 압박해 제압한다.

나이프 공격시 톤파 방어 교전 테크닉 (락킹 제압술)
Defense skills using Tonfa against a knife attack (Locking Suppression)

Technique 02 상대방이 오른쪽 목을 향해 공격할때 (리버스 나이프 그립)

01 ▶ 센트럴 톤파 스탠스 (central Tonfa stance).

02 ▶ 상대방이 나이프로 오른쪽 목을 공격할 때 왼발을 왼쪽 45°로 이동하는 동시에 톤파로 상대방의 왼손 손목을 방어한다.

03 ▶ 왼손으로 상대방의 팔꿈치 부분을 방어한다.

04 ▶ 방어 후 톤파로 상대방의 오른손 손등을 타격해 나이프를 디스암 시킨다.

05 ▶ 나이프 디스암 후 톤파 손잡이 끝부분으로 상대방의 목을 타격한다.

06 ▶ 톤파를 회수한다.

07 ▶ 왼발이 앞으로 나아가면서 톤파로 상대방의 목뒷 부분을 돌려 타격한다.

08 ▶ 왼손으로 톤파 끝부분을 잡는다.

09 ▶ 상대방을 가슴 안쪽으로 강하게 끌어당긴다.

10 ▶ 톤파 손잡이 부분을 상대방의 왼쪽 겨드랑이 안쪽으로 밀어 넣는다.

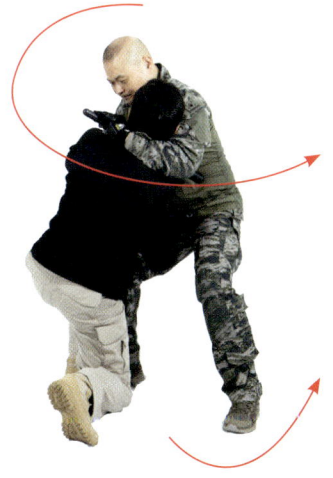

11 ▶ 왼발을 뒤로 이동하면서 상대방을 잡아서 던진다.

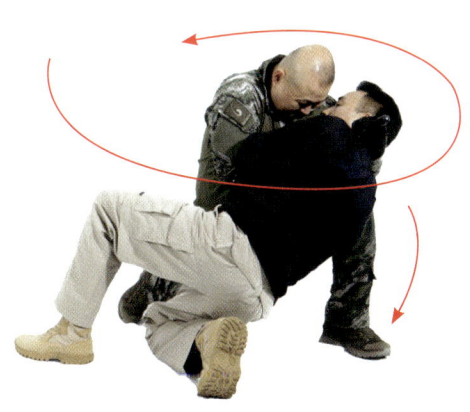

12 ▶ 톤파로 상대방의 목을 압박해 제압한다.

나이프 공격시 톤파 방어 교전 테크닉 (락킹 제압술)
Defense skills using Tonfa against a knife attack (Locking Suppression)

Technique 03 상대방이 왼쪽 옆구리를 향해 공격할때 (리버스 나이프 그립)

01▶ 센트럴 톤파 스탠스 (central Tonfa stance).

02▶ 상대방이 나이프로 왼쪽 옆구리를 공격할 때 오른발을 오른쪽 45°로 이동하는 동시에 톤파로 상대방의 오른팔 팔꿈치 안쪽 부분을 방어하고 왼손으로 상대방의 손목을 동시에 잡아준다.

03▶ 방어 후 톤파로 상대방의 정면을 강하게 타격한다.

04▶ 타격 후 톤파로 상대방의 오른손 손목 부분을 타격해 나이프를 디스암 한다.

05 ▶ 나이프 디스암 후 톤파 손잡이 끝부분으로 상대방의 복부를 타격한다.

06 ▶ 타격 후 오른팔을 상대방의 오른팔 겨드랑이 안쪽으로 밀어 넣는다.

07 ▶ 오른발을 뒤로 회전하면서 톤파로 상대방의 오른쪽 어깨를 꺾는다.

08 ▶ 이때 상대방의 손목을 왼손으로 꺾어서 올려준다.

09 ▶ 상대방의 오른팔 어깨와 손목을 톤파로 꺾어서 제압한다.

나이프 공격시 톤파 방어 교전 테크닉 (락킹 제압술)
Defense skills using Tonfa against a knife attack (Locking Suppression)

Technique 04 상대방이 오른쪽 옆구리를 향해 공격할때 (리버스 나이프 그립)

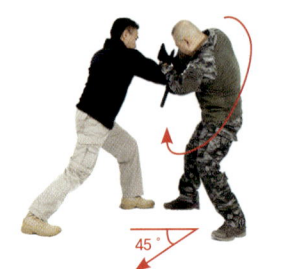

01 ▶ 센트럴 톤파 스탠스 (central Tonfa stance).

02 ▶ 상대방이 나이프로 오른쪽 옆구리를 공격한다.

03 ▶ 왼발을 왼쪽 45°로 이동하는 동시에 톤파로 상대방의 오른손 손목을 방어하고 왼손 팔날 부분 으로 상대방의 팔꿈치 부분을 방어한다.

(반대편 각도)

04 ▶ 방어와 동시에 왼손으로 상대방의 오른쪽 손목을 잡아준다.

(반대편 각도)

05 ▶ 톤파로 상대방의 손등을 타격해 나이프를 디스암 시킨다.

(반대편 각도)

06 ▶ 나이프를 디스암 후 톤파 손잡이 끝부분으로 상대방의 목을 타격한다.

(반대편 각도)

07 ▶ 톤파를 회수한다.

08 ▶ 회수 후 톤파를 밑으로 돌려서 잡는다.

(반대편 각도)

09 ▶ 상대방의 겨드랑이 안쪽에 톤파를 밀어 넣는다.

(반대편 각도)

10 ▶ 오른발을 뒤로 회전하면서 톤파로 상대방의 오른팔 어깨를 꺾는다.

11 ▶ 이때 상대방의 오른손 손목을 왼손으로 잡아서 꺾어 올려준다.

12 ▶ 상대방의 어깨와 손목을 톤파로 꺾어 제압한다.

나이프 공격시 톤파 방어 교전 테크닉 (락킹 제압술)
Defense skills using Tonfa against a knife attack (Locking Suppression)

Technique 05 상대방이 중앙 복부를 향해 공격할때 (포워드 나이프 그립)

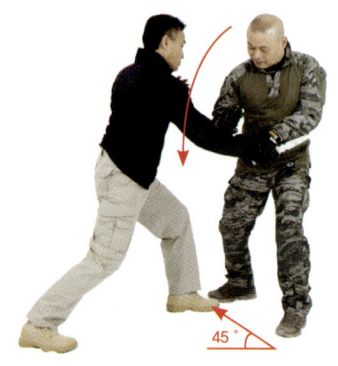

01 ▶ 센트럴 톤파 스탠스 (central Tonfa stance).

02 ▶ 상대방이 나이프로 중앙 복부를 공격할 때, 오른발을 오른쪽 45°로 이동하는 동시에 톤파로 상대방의 오른팔 팔꿈치 안쪽 부분을 방어하고 왼손으로 상대방의 오른손 손목을 동시에 잡아준다.

03 ▶ 방어 후 톤파로 상대방의 정면을 강하게 밀어 타격한다.

04 ▶ 타격한 톤파를 상대방의 목을 향해서 정면에 밀어 넣는다.

(반대편 각도)

05 ▶ 왼팔로 톤파 손잡이 부분을 잡는다.

(반대편 각도)

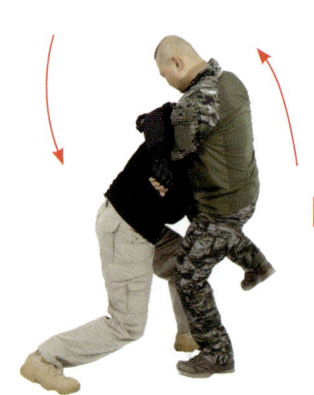

06 ▶ 상대방의 목을 가슴쪽으로 끌어당기면서 무릎차기로 상대방의 안면을 타격한다.

(반대편 각도)

(반대편 각도)

07 ▶ 타격 후 톤파를 상대방의 목 부위로 돌려준다. 이때 오른발이 앞으로 나아간다.

08 ▶ 왼손으로 톤파 끝부분을 잡아준다.

09 ▶ 왼발이 뒤로 회전하면서 톤파로 상대방의 목을 잡아서 던진다.

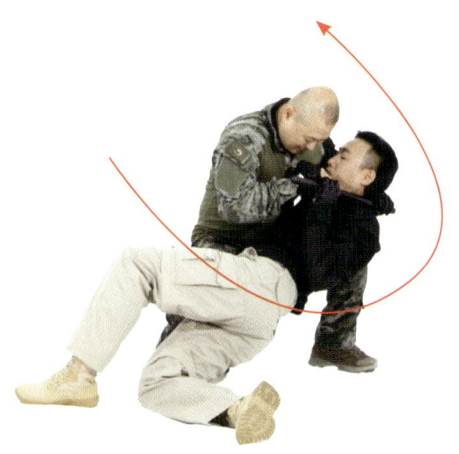
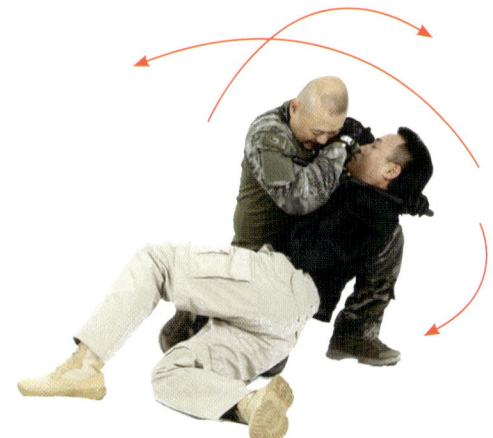

10 ▶ 왼팔을 톤파 손잡이 바깥쪽 부분으로 강하게 감싼다.

11 ▶ 톤파로 상대방의 목을 강하게 가슴 쪽으로 끌어당기면서 압박해 제압한다.

나이프 공격시 톤파 방어 교전 테크닉 (락킹 제압술)
Defense skills using Tonfa against a knife attack (Locking Suppression)

Technique 06 상대방이 목 정면을 향해 공격할때 (포워드 나이프 그립)

01▶ 센트럴 톤파 스탠스 (central Tonfa stance).

02▶ 상대방이 나이프로 정면 목을 공격 한다

03▶ 왼발이 왼쪽 45° 방향으로 이동하는 동시에 왼손바닥으로 상대방의 손목을 쳐내고 동시에 톤파로 상대방의 오른손 손목을 쳐낸다.

04▶ 상대방의 손목을 톤파로 강하게 타격해 상대방의 나이프를 디스암 한다.

05▶ 나이프를 디스암 후 톤파 손잡이 끝부분으로 상대방의 목을 타격한다.

06 ▶ 왼발이 앞으로 나아가면서 톤파로 상대방의 목뒷 부분을 돌려 타격한다.

07 ▶ 왼손으로 톤파를 잡고, 상대방을 가슴 안쪽으로 강하게 끌어당긴다.

08 ▶ 톤파 손잡이 부분을 왼쪽 겨드랑이 안쪽으로 밀어 넣는다.

09 ▶ 왼발을 뒤로 이동하면서 상대방 뒤쪽으로 간다.

10 ▶ 그대로 주저 앉아 왼손 팔날과 톤파로 상대방의 목을 가슴 안쪽으로 끌어당겨 압박해 제압한다.

나이프 공격시 톰파 방어 교전 테크닉 (락킹 제압술)
Defense skills using Tonfa against a knife attack (Locking Suppression)

Option 01 상대방이 목 정면을 향해 공격할때 (포워드 나이프 그립) (인사이드 응용동작 / Inside Application)

01 ▶ 센트럴 톰파 스탠스 (central Tonfa stance).

02 ▶ 상대방이 나이프로 목을 정면으로 공격할 때 오른발을 오른쪽 45°로 이동하는 동시에 톰파로 상대방의 오른팔 안쪽 부분을 방어하고 왼손으로 상대방의 손목을 동시에 잡아준다.

03 ▶ 상대방의 오른팔 안쪽을 강하게 타격해 나이프를 디스암 시킨다.

04 ▶ 방어한 후 톰파로 상대방 정면을 강하게 타격한다.

05 ▶ 톰파를 회수한다.

06 ▶ 톰파 손잡이 끝부분으로 상대방의 복부를 타격한다.

07 ▶ 타격 후 톤파를 오른쪽으로 돌려서 상대방 목을 타격한다.

08 ▶ 타격 후 왼손으로 톤파를 잡는다.

09 ▶ 왼발이 뒤로 빠지면서 톤파로 상대방의 목을 끌어당기면서 잡아 던진다.

10 ▶ 상대방의 목을 왼쪽 무릎으로 끌어당겨 상대방 목을 압박하여 제압한다.

야구배트 및 무성무기 공격시 톤파 방어 교전 테크닉 (락킹 제압술)

Techniques 02 Professional Skill

Defense skills using tonfa against baseball bat or soundless weapon attack (Locking Suppression)

Technique 01 | 상대방이 왼쪽 머리를 향해 공격할때

01 ▶ 센트럴 톤파 스탠스 (central Tonfa stance).

02 ▶ 상대방이 야구배트로 왼쪽 머리를 공격할 때 오른발이 오른쪽 45°로 나아가며 톤파 야구배트 하단 부분을 막는다. 이때 왼손으로 톤파가 밀리지 않도록 가드를 해준다.

03 ▶ 방어 후 톤파로 상대방의 정면을 강하게 타격한다.

04 ▶ 타격 후 왼손으로 상대방의 왼손 손목을 돌려 내려준다.

05 ▶ 동시에 상대방의 복부를 톤파로 타격한다.

06 ▸ 왼손을 밑으로 강하게 내려서 상대방의 야구배트를 디스암 한다.

07 ▸ 톤파를 오른쪽으로 돌려 상대방의 목뒤 부분을 타격한다.

08 ▸ 왼손으로 톤파를 잡고, 상대방을 가슴 안쪽으로 강하게 끌어당긴다.

09 ▸ 왼발을 뒤로 이동하면서 상대방을 잡아 던진다.

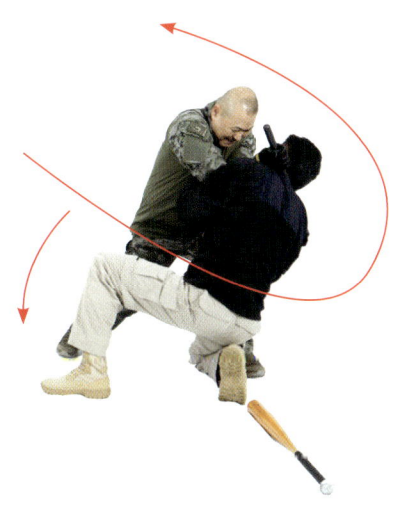

10 ▸ 왼손 팔날 부분으로 상대방의 목을 강하게 안쪽으로 조이면서 톤파로 상대방 목을 압박해 제압한다.

Techniques 02 Professional Skill

야구배트 및 무성무기 공격시 톤파 방어 교전 테크닉 (락킹 제압술)
Defense skills using tonfa against baseball bat or soundless weapon attack (Locking Suppression)

Technique 02 상대방이 오른쪽 머리를 향해 공격할때

01 ▶ 센트럴 톤파 스탠스 (central Tonfa stance).

02 ▶ 상대방이 야구배트로 오른쪽 머리를 공격할 때 왼발이 왼쪽 방향 45°로 나아가며 톤파로 야구배트 하단 부분을 막는다. 이때 왼손으로 톤파가 밀리지 않도록 가드를 해준다.

03 ▶ 왼손으로 상대방의 야구배트를 잡아 내린다.

04 ▶ 톤파 손잡이 끝부분으로 상대방의 목을 타격한다.

05 ▶ 톤파를 회수한다.

06 ▶ 오른손으로 상대방의 두 팔목을 감싸올려 내려준다. (스네이크 홀)

07 ▶ 톤파로 상대방의 두 팔 손목을 강하게 밑으로 내려 쳐준다.

08 ▶ 상대방의 야구배트를 디스암 한다.

09 ▶ 톤파를 왼쪽으로 돌려 상대방의 목뒷 부분을 타격한다.

10 ▶ 왼손으로 톤파를 잡고, 상대방을 가슴 안쪽으로 강하게 끌어당긴다.

11 ▶ 톤파를 오른쪽 겨드랑이 안쪽으로 밀어 넣는다.

12 ▶ 상대방의 목을 톤파로 압박하고 왼손으로 톤파 끝부분을 잡는다. 이때 왼발을 뒤로 이동하면서 상대방을 잡아 던진다.

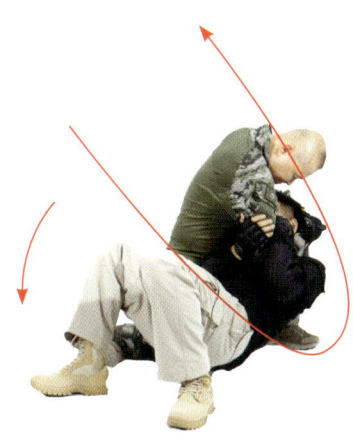

13 ▶ 오른팔과 톤파로 상대방의 목을 압박해 제압한다.

야구배트 및 무성무기 공격시 톤파 방어 교전 테크닉 (락킹 제압술)
Defense skills using tonfa against baseball bat or soundless weapon attack (Locking Suppression)

Option 01 상대방이 오른쪽 머리를 향해 공격할때 (응용동작 / Application)

09 ▶ 앞쪽 (P 267 쪽 09) 에 이어서 톤파를 왼쪽으로 돌려 상대방의 목뒷 부분을 타격한다.

10 ▶ 왼손으로 톤파를 잡고, 상대방을 가슴 안쪽으로 강하게 끌어당긴다.

11 ▶ 톤파 손잡이 부분을 왼쪽 겨드랑이 안쪽으로 밀어 넣는다.

12 ▶ 왼발을 뒤로 이동하면서 상대방의 뒤편으로 간다.

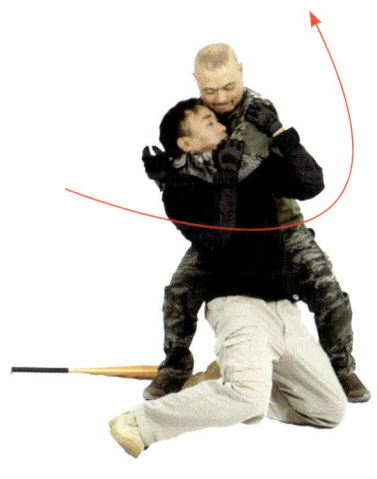

13 ▶ 상대방의 중심을 밑으로 끌어내린다.

14 ▶ 그대로 주저 앉아 왼손 팔날과 톤파로 상대방의 목을 압박해 제압한다.

Techniques 02 Professional Skill

야구배트 및 무성무기 공격시 톤파 방어 교전 테크닉 (락킹 제압술)
Defense skills using tonfa against baseball bat or soundless weapon attack (Locking Suppression)

Technique 03 상대방이 왼쪽 옆구리를 향해 공격할때

01 ▶ 센트럴 톤파 스탠스 (central Tonfa stance).

02 ▶ 상대방이 야구배트로 왼쪽 옆구리를 공격할 때, 오른발이 45°로 나아가며 톤파로 야구배트 하단 부분을 막는다. 이때 왼손으로 야구배트 하단 부분을 잡는다.

03 ▶ 방어 후 톤파로 상대방의 정면을 강하게 타격한다.

04 ▶ 톤파를 회수한다.

05 ▶ 회수 후 오른팔을 상대방의 왼팔 안쪽으로 밀어 넣는다.

06 ▶ 오른팔을 들어 올려 상대방의 왼팔 팔꿈치 관절에 건다.

07 ▶ 왼발이 뒤로 빠진다.

08 ▶ 톤파로 상대방의 왼팔 팔꿈치 관절을 꺾어 제압한다.

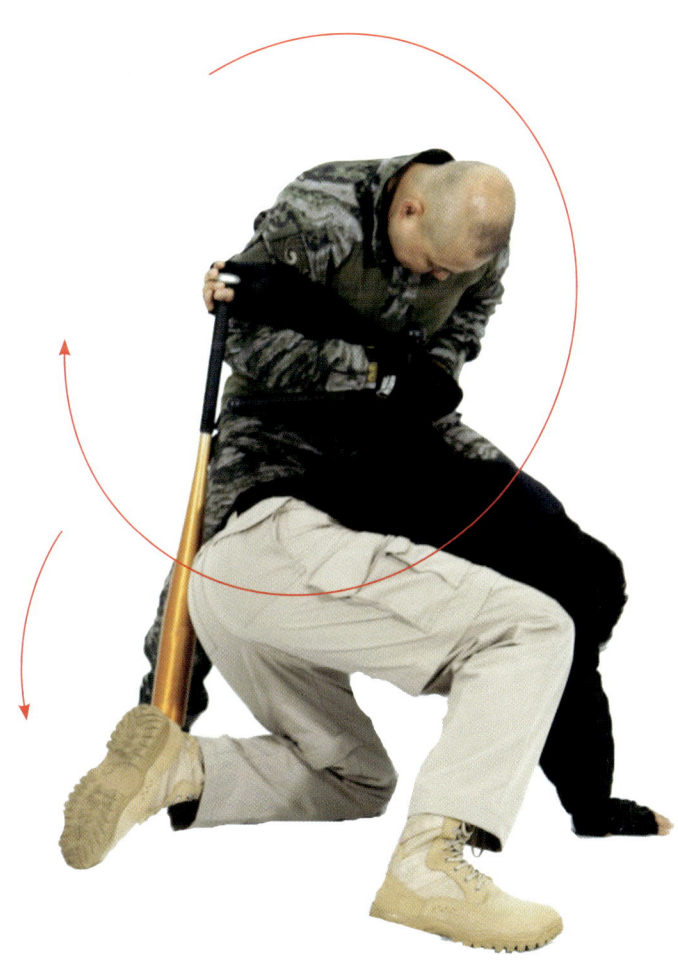

09 ▶ 상대방을 완전히 제압한다.

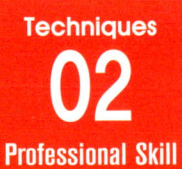

야구배트 및 무성무기 공격시 톤파 방어 교전 테크닉 (락킹 제압술)
Defense skills using tonfa against baseball bat or soundless weapon attack (Locking Suppression)

Technique 04 　상대방이 오른쪽 옆구리를 향해 공격할때

01▶ 센트럴 톤파 스탠스 (central Tonfa stance).

02▶ 상대방이 야구배트로 오른쪽 옆구리를 공격할 때, 왼발이 왼쪽 45°로 나아가며 톤파로 야구배트 하단 부분을 막는다. 이때 왼손으로 톤파가 밀리지 않도록 가드를 해준다.

03▶ 방어 후 왼손으로 야구배트를 잡는다.

04▶ 상대방의 야구배트를 위로 올려 상대방 머리를 타격한다.

05▶ 타격 후 톤파 손잡이 끝부분으로 상대방의 목을 타격한다.

06▶ 톤파를 회수한다.

07 ▶ 톤파를 왼쪽으로 돌려 상대방의 목뒤 부분을 타격한다.

08 ▶ 왼손으로 톤파를 잡고, 상대방을 가슴 안쪽으로 강하게 끌어당긴다.

09 ▶ 톤파를 왼쪽 겨드랑이 안쪽으로 밀어 넣는다.

10 ▶ 상대방의 목을 톤파로 압박하고 왼발이 뒤로 이동한다.

11 ▶ 상대방을 잡아 던진다.

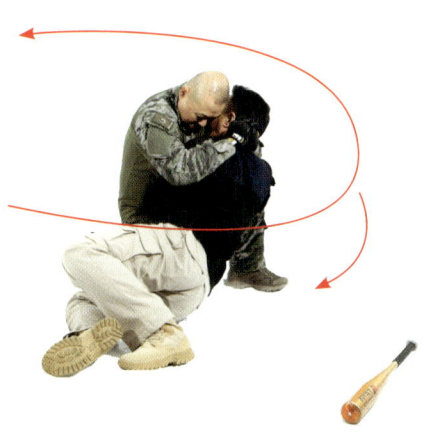

12 ▶ 톤파로 상대방의 목을 끌어당기면서 압박해 제압한다.

Techniques 02 Professional Skill

야구배트 및 무성무기 공격시 톤파 방어 교전 테크닉 (락킹 제압술)
Defense skills using tonfa against baseball bat or soundless weapon attack (Locking Suppression)

Technique 05 상대방이 얼굴 정면을 향해 공격할때

01 ▶ 센트럴 톤파 스탠스 (central Tonfa stance).

02 ▶ 상대방이 야구배트로 직선으로 내려치며 머리를 공격할 때 오른발이 오른쪽 15°로 나가면서 이동한다.

03 ▶ 톤파로 야구배트 하단 부분을 수평으로 막는다.

04 ▶ 방어와 동시에 왼손으로 야구배트를 잡는다.

05 ▶ 상대방의 양 손목을 톤파로 내려쳐 야구배트를 디스암 한다.

06 ▶ 톤파를 오른쪽으로 돌려서 상대방의 목뒤 부분을 타격한다.

07 ▶ 왼손으로 톤파를 잡고, 상대방을 가슴 안쪽으로 강하게 끌어당긴다.

08 ▶ 왼발을 뒤로 빼면서 톤파로 상대방을 잡아 던진다.

09 ▶ 상대방의 목을 왼쪽 무릎쪽으로 끌어당겨 상대방의 목을 꺾어서 제압한다.

전성용 마스터 약력 (profile)

- 사단법인 한국 아르니스 협회장
  President of KOREA ARNIS ASSOCIATION

- 동아시아 최초 국제 공인 International Lapunti arnis de abanico 인터네셔날 라푼티 아르니스 데 아바니코 그룹 칼리 아르니스 시니어마스터 SENIOR MASTER
  (LAKAN WARO / 8 DAN)
  SGM (Supreme Grand Master) Ondo Caburnay 님께 직접 사사 받음

- World Eskrima Balintawak (nickelstick) Guro Instructor
  칼리 아르니스 월드 에스크리마 발렌타웍 인스트렉터
  Grandmaster Nick Elizar 님께 직접 사사 받음

- (사) 한국 공수도 협회 공수도 태극관 5 단 (구 지도관) 지부장

- WEKAF (World Escrima Kali Arnis Federation) KOREA Representative
  워카프 월드 에스크리마, 칼리, 아르니스 연맹 한국대표

- WEKAF (World Escrima Kali Arnis Federation) Vice Chairman
  워카프 월드 에스크리마, 칼리, 아르니스 연맹 부의원장

- WEKAF World Championships Team Korea Leader
  워카프 월드 에스크리마, 칼리, 아르니스 연맹 월드 챔피언쉽 대회 대한민국 대표팀 단장
  금메달 1 개, 은메달 1 개, 동메달 4 / 시범 경기 금메달 2 개, 은메달 2 개 획득

- WEKAF (World Escrima Kali Arnis Federation) Referee
  워카프 월드 에스크리마, 칼리, 아르니스 연맹 경기 심판

- 해병대 1 사단 무술수석교관 역임 (부사관 220 기)
  Served as a Marine Martial Arts Senior Instructor at Marines' 1st Division (220 non-commissioned officers)

- 해병대 1 사단 특수 수색대 근접 격투 교관 및 기술 자문 의원
  Close-Combat Fighting Instructor and Technical Advisor at Special Force Recon at Marines' 1st Division

- 국내 최초 칼리 아르니스 교본 "모두를 위한 칼리 & 아르니스" 저자
  The first Author of Kaliarnis textbook in Korea "Kali & Arnis"

- (사) 한국재난 안전관리 협회 재난안전 근접 호신술 교육 교관
  Close-Combat defense training instructor at Korea Disaster Safety Management Association

최종희 Jong Hee Choi

- (사) 한국 아르니스 협회 블랙 벨트
- KOREA ARNIS ASSOCIATION BLACK BELT
- 인터네셔날 라푼티 아르니스 데 아바니코 그룹블랙 플레인 (라칸) 지도자
- International Lapunti arnis de abanico BLACK PLAIN (LAKAN)

전성용 Sung Yong Chun

- (사) 한국 아르니스 협회 협회장
- KOREA ARNIS ASSOCIATION PRESIDENT

김승진 Seung Jin Kim

- (사) 한국 아르니스 협회 블랙 벨트
- KOREA ARNIS ASSOCIATION BLACK BELT
- 인터네셔날 라푼티 아르니스 데 아바니코 그룹블랙 플레인 (라칸) 지도자
- International Lapunti arnis de abanico BLACK PLAIN (LAKAN)

김주헌 joo hun kim

- (사) 한국 아르니스 협회 블랙 벨트
- KOREA ARNIS ASSOCIATION BLACK BELT
- 인터네셔날 라푼티 아르니스 데 아바니코 그룹블랙 플레인 (라칸) 지도자
- International Lapunti arnis de abanico BLACK PLAIN (LAKAN)
- 태권도, 특공무술, 우슈 (영춘권) 수련

임진욱 Jin Wook Lim

- (사) 한국 아르니스 협회 기술위원장
- The chairman of the technical committee of Korea Arnis Association

백문선 Mun Seon Baek

- (사) 한국 아르니스 협회 블랙 벨트
- KOREA ARNIS ASSOCIATION BLACK BELT
- 인터네셔날 라푼티 아르니스 데 아바니코 그룹블랙 플레인 (라칸) 지도자
- International Lapunti arnis de abanico BLACK PLAIN (LAKAN)

모두를 위한
칼리 & 아르니스 (Kali & Arnis) Ⅱ
전술무기 운용편

Kali & Arnis for everyone Ⅱ Tactical Weapon Application

초판인쇄 | 2018년 7월 19일
초판발행 | 2018년 7월 28일
저자 | 전성용 · 임진욱
발행인 | 김상일
발행처 | 혜성출판사
발행처 주소 | 서울시 동대문구 난계로26길23 삼우빌딩 A동205호
전화 | 02)2233-4468   FAX | 02)2253-6316
출력 | 삼진프린택
인쇄 | 삼진인쇄
등록번호 | 제6-0648호
hyesungbook@live.co.kr

정가 40,000원

ISBN 979-11-91423-34-1 (03690)

∗ 동영상 강좌: (사) 한국 아르니스 협회 네이버 카페
　　　　https://cafe.naver.com/lapuntikorea
∗ 이 책의 무단복제 또는 무단전재는 법으로 금지되어 있습니다.